KB175028

남북 통일경제론

-진보의 새로운 미래전략

남북 통일경제론
-진보의 새로운 미래전략

김성훈 지음

리아트 코리아

목 차

통일경제가 남북을 함께 살리는 길이자 통일의 밑거름이다

2008년 미국에서 시작된 세계 자본주의의 위기가 끝이 보이지 않고 있습니다. 미국은 '양적완화'라는 사상 초유의 처방으로 경제위기를 봉합하는 듯 보였습니다만, 그것은 미봉책일 뿐이었습니다. 왜냐하면 미국이 '양적완화'를 시작한 지 7년이 지난 오늘까지 그 어떤 출구전략도 시도하지 못하고 있기 때문입니다.

미국이 세상에 뿌려놓은 돈을 거두어들이기 시작했을 때, 세계경제에 어떤 영향을 미칠지 예측하기란 대단히 어렵습니다. 그것은 미국을 정점으로 하는 세계 자본주의 질서가 여전히 취약하다는 점을 의미합니다.

미국으로부터 시작된 경제 위기의 유탄을 맞은 유럽 국가들은 공식 실업률 10퍼센트를 웃도는 실업난과 재정난 등으로 여전히 어려운 국면에 놓여있습니다. 세계 2위의 경제대국이었던 일본 역시 미국을 따라 '양적완화'에 동참했지만 지난 20년 동안 계속된 경기 침체의 늪에서 탈출하지 못하고 있습니다.

이처럼 미국 외에 다른 나라들까지 뚜렸한 해법을 찾지 못하고 있는 현실을 보면, 현재의 경제 위기가 일시적인 위기가 아니라 구조적인 위기라는 점이 더욱 선명하게 드러납니다.

세계 경제 질서에 깊이 발을 담그고 있는 한국 경제의 상황도 나 홀로 나아질 수 없는 것은 당연합니다. 오히려 2015년이 되면서 수출이 큰 폭으로 감소하는 등 그 동안 미봉된 채 가려져 있던 위기 요인들이 또렷하게 드러나는 양상입니다. "수출만이 살 길이다"를 외치며 외길을 달려 온 한국 경제인만큼 현재의 위기는 출로를 찾기가 더욱 어려워 보입니다.

박근혜 정부는 수출이 급감하자 부랴부랴 긴급 대책회의를 여는 등 대책 마련에 부심하고 있지만, 다른 나라들도 먹고살기 어려운 상황에서 한국만이 수출을 늘일 방도는 없어 보입니다. 박정희 정권 당시의 '수출입국'에 대한 향수 때문인지, 아니면 아직도 미국을 경제구원의 동아줄로 믿고 있어서인지는 모르겠지만, 좌우와 보수·진보를 떠나 이대로 가면 한국 경제가 침몰하고 말 것이라는 우려의 목소리가 생소하지 않은 현실입니다.

만약 이러한 우려가 사실이라면, 그것이 현실로 닥치기 전에 과감하게 배를 갈아타야 합니다. 더 늦기 전에 결단이 필요합니다.

그렇다면 한국 경제의 활로(活路)는 어디에 있을까요? 한국 경제의 미래, 나아가 세계경제의 중심으로 부상하는 아시아 대륙의 협력을 질적으로 강화하기 위한 방법은 통일밖에 없습니다. 통일이 되면 중국과 러시아, 그리고 저 너머 중앙아시아와 유럽까지 이어지는 광활한 유라시아 대륙이 드디어 한반도와 연결됩니다. 분단으로 인해 사실상 섬처럼 고립된 한국이 해양과 대륙을 잇는 '가교'가 되는 것입니다.

통일이 되면 국민경제를 왜곡시키는 과도한 안보비용을 해소해 생산적으로 투자할 수 있게 되고, 북한에 매장된 풍부한 지하자원도 민족 전체의 재부로 개발·이용할 수 있게 됩니다. 이를 통해 경제 효율을 극대화하고 나라 경제가 국민 생활 향상에 이바지하게 됩니다.

한국경제의 출로가 통일에 있다는 사실은 박근혜 정부도 잘 알고 있습니다. 박근혜 대통령은 2014년 내내 "통일 대박"을 이야기했습니다. 국민들의 기대도 없지 않았습니다. 그 동안 한국의 보수층이 통일에 대해 '부담론'이나 '회의론'을 설파하는데 열심이었던 것을 생각하면 박근혜 정부의 "통일 대박" 바람은 매우 생소하기는 하나 신선한 면도 없지 않았기 때문이었을 겁니다.

하지만 아직까지 "통일 대박"은 구두선에 그쳤을 뿐 어떠한 진전도 보지 못하고 있습니다. 대통령 직속 '통일준비위원회' 내에 흡수통일 연구팀이 있다는 정종욱 부위원장의 발언이나, 정보기관에서 북한 주요 인사의 '처형설' 등을 흘리는 것을 보면 집권층에서는 여전히 '북한 급변사태'를 염두에 둔 통일을 준비하고 있는 것은 아닌지, 하는 의구심이 드는 것이 사실입니다.

이른바 '북한민영화'에 기초한 '통일대박론'은 한국경제의 고질병인 대미의존도와 재벌독식체제가 심화되는 방향의 통일이며, 그것은 진정한 '통일'도 '대박'도 이룰 수 없습니다.

진짜 '통일대박'의 꿈은 6·15공동선언의 정신을 실천할 때 비로소 이루어질 수 있습니다. 6·15정신은 남북이 상생하고 두루 번영하자는 정신입니다. 남과 북이 함께 번영하는 통일만이 우리에게 부강번영한 미래를 가져다 줄 수 있습니다.

통일이 우리 민족 전체의 대박이 되려면 사유화가 아닌, 공공성을 강화하는 방향으로 이뤄져야 합니다. 민족 구성원 전체가 혜택을 얻기 위해서는 정부가 직접 나서서 경제협력을 주도해야 합니다. 남북경제협력과 통일로 마련한 막대한 경제적 가치들을 어떻게 민족 전체를 위해, 서민들을 위해 사용할지도 정부 차원에서 직접 고민해야 합니다. 통일경제로 국가미래 성장동력을 찾으면서 동시에 성장의 결과가 민생에 돌아가는 구조를 만들어야 합니다.

이 책은 통일경제의 필요성과 기대효과, 그리고 통일경제를 실현하기 위한 과제와 방법을 연구하고 실천해 온 많은 이들의 고민을 담고 있습니다. 수많은 이들의 노력을 한 권의 책으로 담아내기에는 많이 부족합니다. 희망찬 미래를 꿈꾸는 우리 국민들의 소중한 바람을 담아내기에도 부족합니다. 하지만 이 책이 해방 70

년, 분단 70년을 맞아 진정한 해방, 살 맛 나는 세상을 꿈꾸는 많은 이들의 마음을 두드려 민족의 통일을 향해 나아가는 발걸음을 조금이라도 홍겹게 할 수 있다면 그것으로 족할 것입니다.

다가올 통일경제시대의 주역은 자라나는 새 세대 청춘들입니다. 청춘들의 기개와 희망이 약동하는 통일된 한반도를 그리며, 모두가 잘 사는 풍요로운 나라를 만드는 길에 함께 합시다.

2015년, 6·15공동선언 발표 15돌에 즈음하여
김 성 훈

제1장 한국경제, 대안이 필요하다

"미국에서 비롯된 세계 경제 위기의 출구가 보이지 않고 있다. '침체의 장기화'와 '성장 동력의 상실'로 대표되는 현 경제 위기상황을 돌파하기 위해 우리는 과연 어떤 대안을 가지고 있는가? 한국경제가 난파선의 운명을 면하려면 지난 70년간 '외자주도' '수출중심'의 외길을 고집해 온 자신의 노정과 그것이 드리운 그림자를 냉정히 돌아보고, 새로운 대안을 모색해야 할 시점이다."

1. 미국패권의 쇠퇴와 전환기 세계경제

　'힘의 논리'가 좌우하는 세계에서, 패권은 군사력으로부터 출발하고 군사력으로 보장된다. 나라의 군사력이 강해야 상대방 앞에서 목에 힘을 줄 수 있다. 물론 한 나라의 군사력은 최소한의 '돈' 없이는 탄생할 수 없고, 유지·확대될 수도 없다. 그러나 세계 패권의 역사가 알려주는 바와 같이, 군사력의 질적인 측면이라 볼 수 있는 혁신적인 군사 전략은 적은 돈으로 더 많은 돈을 벌 결정적인 기회를 제공한다.

　대표적인 사례가 바로 스페인과 영국의 해상패권 교체다. 대항해시대의 패권자였던 스페인의 무적함대는 영국 함대를 맞이하여 백병전 위주의 재래식 해상전투전략을 고집했다. 반면 군사전력에서 열세였던 영국은 개량된 함포를 해전에 적극 활용하는 혁신적인 전략을 사용했다. 당황한 스페인은 영국 함대에 제대로 대응하지 못하고 결정적인 패배를 당하고 말았다.

이처럼 세계 패권의 향배는 군사력의 우세, 특히 상대방을 압도하는 군사전략에 의해 최종 결정되어왔다. 따라서 세계 패권의 현주소를 파악하려면 군사력을 중심으로 경제상황을 배합하여 살펴보는 것이 필요하다.

1) 표류하는 미국의 '아시아·태평양 재균형 전략'

미국이 자신의 패권유지를 위해 2011년 제기한 군사 전략은 '아시아·태평양 재균형 전략'으로 압축된다. '재균형'이라는 표현에서도 드러나고 있지만, 미국은 2000년대 들어와 중국과 러시아의 부상, 북한의 연이은 핵시험 등에 의해 타격 받은 동북아지역 패권을 회복해야 하는 입장이다.

사실 미국은 아시아에서의 패권유지에 자신의 사활을 걸고 있다. 《경향신문》에 따르면 에반 메데이로스 백악관 국가안전보장회의(NSC) 아시아담당 선임보좌관은 2014년 4월 21일, "아시아·태평양 재균형 전략은 지정학적 유행이나 정치적 시급성을 좇는 것이 아니라 미국의 경제적 이해, 안보 이해를 보호하기 위해 종합적으로 계산한 결과물"이라며 "미국은 아·태 지역에 올인하고 있다"고 말했다.

미국이 "재균형"을 실현하기 위해서는 동북아지역에 무력을 집중해 북한, 중국, 러시아를 힘으로 제압해야 한다. 오바마 행정부

는 당면하여 북한에 대응하고 중장기적으로 중국과 러시아를 견제
하기 위한 포위망을 구축하기 위해 한·미·일 3각 군사동맹을 전면
화·제도화하며, 대구 미군기지에 고고도미사일방어체계(THAAD)[1]
를 배치하는 등 한반도를 미사일 방어체제의 최전선으로 만들려
하고 있다.

이와 같은 오바마 행정부의 동북아 정책이 실현되기 위해서는
전통적 대러시아 전선인 동유럽과 이란, 시리아 등 반미국가가 도
사리고 있는 중동지역에서의 절대적 안정을 필요로 한다. 또한 미
국은 경제위기에서 탈출해 국가 재정과 민생을 안정화하여 세계
공용화폐인 '달러'가 여전히 신뢰할 만하다는 점을 내외에 과시해
야 하는 복잡하고 어려운 상황에 처해 있다.

러시아에게 망신당한 미국

하지만 미국의 구상은 세계 주요 전장에서 커다란 난관에 부딪
쳤다. 먼저 미국은 대러시아 견제의 요충지인 우크라이나에서 러
시아에게 망신당했다.

---

1) 최종단계 고고도 지역방어(THAAD: Terminal High Altitude Area Defense)
는 지역적 위협에 대한 대탄도미사일 미사일 방어 시스템을 개발하는 미국의
프로젝트로, 전국 미사일 방어(TMD: Theater Missile Defense)의 하나이다.
THAAD 시스템은 다가오는 미사일을 조준하여 요격미사일을 발사, 파괴 충
돌 기술(hit-to-kill-technology)을 이용하여 공중 충돌로 접근하는 탄도미사일
을 파괴하는 것을 목적으로 한다.

러시아는 2014년 3월 1일 흑해함대 기지가 있는 우크라이나 남부 크림반도의 공항·정부청사 등 주요 시설을 장악한 후, 3월 21일 크림반도의 러시아연방 병합을 원하는 크림자치공화국 의회의 결의와 주민투표 결과를 받아들여 '병합안'에 최종 서명했다. 한 발의 총성도 울리지 않고 이 지역을 사실상 접수해버린 것이다. 러시아는 실질적 군사행동을 하지 못한 채 우크라이나 내의 정치공작에 매달리는 미국에 군사작전으로 대응하면서 흑해함대의 안정적 주둔근거지를 마련하였으며, 이를 통해 향후 유럽에 대한 영향력을 한층 강화할 수 있는 기반을 닦게 되었다.

크림반도가 러시아 연방에 병합된 것을 풍자한 만평

(자료 : hassanbieibel.com)

중동에서 발목 잡힌 미국

중동에서 무력을 철군시켜 아시아로 집중하려던 미국의 구상도 어그러지고 말았다.

종전을 선언하고 2011년 12월 16일 이라크에서 완전히 철군했던 미국은 '이라크-레반트 이슬람국가(ISIL)'를 선포한 무장세력이 맹위를 떨치자 이를 빌미로 이라크와 시리아에 또 다시 공습을 감행했다. 미국은 ISIL을 핑계로 눈엣가시인 시리아 반미정부를 공습하는 기회를 얻었는지 몰라도, 미국의 중동 작전은 이미 재정에 상당한 부담으로 작용하고 있다. 미 일간지 《USA투데이》에 따르면, 미국이 이라크와 시리아에서 벌이는 '이슬람국가(ISIL)' 공습에 하루 최대 1천만 달러, 우리 돈으로 약 100억 원의 비용이 들어간다고 한다.

버락 오바마 미국 대통령을 비롯한 국방부 관계자들의 예상처럼 공습이 수년간 이어진다면 전쟁비용은 눈덩이처럼 불어날 것으로 보인다. 미국 외교전문지 《포린폴리시》에 따르면, 실제로 ISIL에 대한 공습이 시작된 지 한 달이 지난 2014년 10월 말까지, 미국이 들인 비용은 무려 1조 원에 이르렀다. 이에 따라 미국이 또다시 수렁에 빠지는 것이 아니냐는 우려가 현실화되고 있다.

북핵 막지 못하는 미국

미국은 동북아에서 "재균형"은커녕 기존의 입지마저 심각하게 흔들리고 있다. 미국의 군사적 패권에 대항해 가장 두드러지게 마찰을 빚는 국가는 북한이다. 북의 김정은 국방위원회 제1위원장은 2013년 초 북미 간 긴장이 고조되자 '경제건설과 핵무력 건설 병진노선'을 채택하고 핵 증산을 표방하며, 미국에 대한 핵 선제타격 능력과 보복타격 능력을 동시에 강화하겠다고 선언했다. 심지어 2015년, 북한은 SLBM(잠수함 발사 탄도미사일)까지 시험발사하며 미국을 압박했다. 북한이 '사실상의 핵보유국'의 지위에 오른 이후, 미국의 동북아 군사전략은 심각한 도전에 직면하고 있다.

미국은 거대한 태평양함대를 거느리고 있고 한·미연합사령부를 두고 있지만 아직까지 북한의 핵과 미사일을 효과적으로 제지할 방법을 찾지 못하고 있는 것으로 보인다. 미사일 방어체제의 명중률이 100%가 되지 못하는 상황에서 상대 미사일을 요격하려면 매개 미사일마다 여러 기의 요격미사일을 계속 발사해야 하기 때문이다. 게다가 SLBM이 실천배치 되었을 경우, 미국의 미사일 방어체제는 사실상 무용지물이 되고 만다.

지금까지 살펴본 바와 같이, 세계 패권을 유지하려는 미국의 군사전략은 동유럽과 중동, 그리고 동북아에서 하나같이 아무런 성과를 내지 못하고 있다. 오바마 행정부의 지지율은 무능한 대외 정책과 개선되지 않는 국내 경제상황이 복합적으로 작용하면서

40%대로 떨어진 지 오래이며, 미국 공화당의 거센 정치적 비난에 시달리고 있다.

2) 군사력 약화시키는 경제난

미국의 군사패권이 점차 허약해지는 것은 2008년 경제위기 이후 미국의 경제 상황이 여전히 침체의 늪에서 벗어나고 있지 못한 것과 깊이 관련되어 있다. 미국의 경제난·재정난은 여전하다. 특히 미국은 2013년 연방정부 폐쇄사태까지 벌어질 정도로 심각했던 재정난을 타개하기 위한 고육지책으로 예산 강제삭감, 이른바 '시퀘스터(sequester[2])' 조치를 단행해야 했다. 이 때문에 2000년대 이라크전을 치르며 급격히 증가했던 미 국방예산은 2013년을 기점으로 점차 감소하고 있다.

재정난으로 인한 미국의 군사력 약화는 현실이 되고 있다. 시퀘스터가 발효된 지 반년이 조금 지난 2013년 7월 31일, 당시 척 헤이글 미 국방장관은 "만일 의회가 내년(2014년) 예산감축 계획을 그대로 승인한다면 항공모함 3척의 운항을 중단하는 데 이어 육

---

2) 미 연방정부 예산을 강제로 삭감하는 법적 장치다. 가압류라는 의미를 지닌 시퀘스터가 실제로 발동되면 국방 및 비국방(국내) 부문의 정부 지출이 2013년 1월 2일부터 2021년까지 8년 동안 최대 1조2천억 달러 삭감된다. 이 중 국방 예산이 절반을 차지하며, 사회보장, 메디케어(노인 의료보장), 메디케이드(저소득층 의료보장) 등 각종 혜택도 축소된다.

군은 (54만 명에서) 38~45만 명으로, 해병대는 18만2,000명에서 15~17만5,000명으로 급격히 감축하는 명령을 내려야 할지도 모른다"고 의회에서 발언하였다.

미국이 경제위기를 해소하고 패권을 유지하기 위해서는 경제성장에서 가장 커다란 비중을 차지하는 미국 내 소비를 늘려야 하며, 이를 위해 일자리를 늘리고 소득양극화 문제를 해결해야 한다. 이와 함께 또 다른 거품경제가 형성되는 것을 사전에 막기 위해 2008년 금융위기의 직접적인 도화선이었던 금융업계의 문란한 투기행위에 대한 규제를 강화해야 한다. 하지만 경제위기를 촉발시켰던 이러한 구조적인 문제들은 전혀 해결되지 못하고 있다.

심화된 양극화

먼저 미국의 경제성장을 가로막고 있는 소득 양극화 현상은 최악의 상황에서 벗어나지 못하고 있다.

미국에서 경제위기가 나타나기 시작한 2007년의 소득 양극화 수준은 대공황이 있었던 1929년과 비슷한 양상을 보였다. 소득이 많은 상위 10%가 전체 소득의 절반을 가져가는 상황이었던 것이다. 하지만 5년여가 흐른 2012년 현재 미국의 소득 불균형은 오히려 악화되어 50%를 넘어섰다. 미국 내에서 소득이 가장 높은 상위 1% 집단의 경우 2012년 전체 가계소득의 19%를 독점하고 있다. 이 역시 대공황 이후 최악의 상황이다.

미국 상위 10%의 소득점유율

Top income shares, United States, 1913–2012

Sources: The World Top Incomes Database, http://topincomes.g-mond.parisschoololeconomics.eu/
Piketty & Saez(2007)

Top 10% income share-including capital gains

(자료 : The World Top Incomes Database, 단위 : %)

양극화가 해소되기는커녕 더 심화되는 원인은 미 당국이 시행하는 양적완화 정책으로 시중에 풀린 달러가 국민들의 일자리 창출 등 경제난 해소에 투자되지 않고 주식시장이나 부동산 등으로 흘러들어갔기 때문이다. 미국 대표지수인 '다우존스 산업지수'는 사상 최고치를 연일 갱신하여, 2009년 3월 6,547.05포인트에서 2014년 12월 29일 18,038.23포인트로 무려 3배 가까이나 폭등했다.

부동산가격도 만만치 않다. 2008년 위기의 직접적인 원인이 되었던 미국 부동산 가격은 이후 또 다시 25%나 폭등한 상황이다. 이는 미국 경제가 성장하는 속도보다 훨씬 빠른 가격 상승추세이다.

이 때문에 미국의 최근 경제실적은 송두리째 주식이나 부동산을 가진 부유층이 독차지하고 있다. 최근 버클리(Berkeley) 대학 경제학자들이 내놓은 지난 2009년부터 2012년까지의 미국 내 사회계층별 소득수준 변동상황을 보면, 상위 1%의 이른바 '부자들'은 해당기간 동안 무려 '30.4%'의 소득상승을 보인 반면, 나머지 99%는 불과 '0.4%'만 상승했을 뿐이다. 이를 두고 노벨경제학상을 수상한 로버트 쉴러(Robert Shiller) 예일대 교수는 "현재의 불평등이 우리가 오늘 당면하고 있는 가장 큰 문제이다"라고 지적했다.

실업난 해결하지 못하는 미국 경제

소득 양극화 현상을 완화해줄 수 있는 근본적인 방법은 일자리를 늘려 노동자 계층의 임금 소득을 인상하는 것이다. 하지만 미국의 일자리 현황은 여전히 경제위기 이전인 2007년 수준으로도 올라서지 못했고, 이는 2차 석유파동의 여파로 인해 400만 명의 실업자가 양산되었던 1980년대 초반이후 가장 낮은 수준이다. 이 같은 추세대로라면 일자리 사정이 경제위기 이전 수준으로 개선되는 것은 상당기간 불가능해 보인다.

실제로 2014년 말을 기준으로 미국 국민 중 자신이 원하는 풀타임 일자리를 찾지 못한 사람은 680만 명으로, 2008년 이전의 410만 명을 크게 웃돌고 있다. 아예 구직을 포기해버린 사람도 230만 명으로, 2008년 이전 130만 명의 두 배에 가깝다. 제조업체들이 노동자를 해고한 자리를 로봇으로 대체하는 현상도 더 가속화되었다.

국민소득이 늘어나지 못하면 소비가 늘지 못하고, 이는 결국 기업의 생산 정체로 이어지는 악순환에 빠지게 된다. 미 당국이 경제위기가 극복되었음을 선언하려면 취업 사정과 기업의 생산과 투자가 경제위기 이전 수준으로 회복되어야 한다는 점에서, 소득 양극화 현상은 경제 위기의 해소를 가로막고 있는 중요한 요인 중에 하나이다.

경제위기를 촉발시켰던 구조적인 문제를 제대로 해결하지 못하는 이상 지금과 같이 미국이 시도하는 각종 정책은 미봉책일 뿐이다. 한마디로 세계 경제는 언제든지 또 다른 파국적인 상황으로 빠질 수 있는 가능성을 안고 있는 것이다.

3) 가시화된 패권 붕괴

최근 몇 년 동안 미국이 보여준 군사적·경제적 조치들은 미국이 가진 세계 패권의 유통기한이 끝나가고 있음을 여실히 증명하고 있다. 미국 경제를 지탱하고 있는 달러 패권은 그 어느 때보다 거센 도전에 직면하고 있다.

달러 중심의 세계질서에 정면 승부를 걸어온 세력은 다름 아닌 브라질·러시아·인도·중국·남아프리카공화국으로 이루어진 이른

2014년 브라질에서 NDB(New Development Bank) 설립안에 합의한 브릭스 정상들(자료 : http://www.dailymaverick.co.za)

바 '브릭스(BRICS)' 국가들이다. 전 세계 인구의 46%, 전 세계 국내총생산(GDP)의 21.1%를 차지하는 브릭스 5개국은 2014년 7월 15~16일 정상회담 직후 공동 성명을 내고 미국의 금융 패권에 맞서 새로운 거대 개발은행(NDB·New Development Bank)과 1천억 달러 규모의 외환안정기금을 설립하기로 했다.

브릭스 5개국이 내놓은 개발은행과 외환안정기금 설립안은 2차 세계대전 직후 미국이 주도하여 창설한 세계은행(World Bank)과 국제통화기금(IMF)에 대항하는 국제금융기구가 될 전망이다. 한마디로 전후 미국 중심의 경제질서 구축에 핵심적 역할을 담당했던 두 기구가 강력한 대항마를 만난 셈이다.

브릭스의 움직임이 달러 중심의 세계 금융기구를 겨냥한 대응이라면, 중국의 위안화 유통 확대 전략은 달러의 세계화폐 지위를 위협하고 있다. 세계은행은 2025년 위안화가 기축통화가 될 것이

팍스아메리카나의 종언을 상징하는
《American Review》 표지

라고 전망했으며 시간이 지날수록 그 예측 시기가 앞당겨지고 있다.

실제로 위안화가 국제무역에서 결제 통화로 사용되는 비중은 2012년 1월 1.9%에서 2013년 10월 8.7%로, 네 배 이상 급상승하고 있다. 2013년 기준으로 중국이 세계 GDP(국내총생산) 점유율에서 12.4%, 세계 무역점유율에서 11.4%를 차지하여 각각 2위와 1위를 기록하고 있음을 볼 때, 전체 국제결제통화 중 위안화가 차지하는 비중은 앞으로도 계속 높아질 것으로 보인다.

전 세계적 달러 기피현상도 심화되고 있다. 가장 중요한 사례는 바로 원유 거래에 대한 달러 기피 현상이다. 중동의 원유생산국들과 중국, 프랑스 등은 2018년부터 위안화와 유로, 페르시아만 지역에서 새로 만들려고 하는 공동화폐 등을 묶어 원유대금을 결제하기로 했다는 설이 수차례 언론을 통해 보도되었다. 만약 이 계획이 현실화되어 국제 원유 거래에서 더 이상 달러를 사용하지 않게 되면, 전체 국제결제통화 중 달러의 비중은 눈에 띄게 줄어들 수밖에 없고, 그렇게 되면 달러의 세계화폐 기능은 치명타를 입게 된다.

《로이터통신》의 보도에 의하면 "정유사 Total CEO가 이제 달러화가 아닌 유로화로 결제해야 한다"고 발언한 바 있으며, 프랑스 중앙은행 총재도 "이제 유로존도 유로-위안화 직결 시스템을 갖춰 미국 달러에 대응하자"며 직격탄을 날렸다고 한다.

설상가상으로 중국과 러시아, 카자흐스탄, 우즈베키스탄, 키르기스스탄, 타지키스탄을 중심으로 한 상해협력기구(SCO) 회원국들도 공동의 화폐를 새로 도입하려는 움직임을 보이고 있다.

물밑에서 서서히 진행되는 달러 퇴출 움직임이 수면위로 올라오게 되면, 미국 중심의 경제 질서도 막을 내리게 된다.

'팍스 아메리카나'의 종말은 곧 인류 역사에 새로운 지평이 열리고 있음을 의미한다. 지금 인류는 또 다른 제국의 등장에 의한 새로운 지배질서가 성립되느냐, 아니면 평등과 연대에 기초한 다극화 시대로 가느냐의 갈림길에 서 있다.

지극히 당연한 이야기지만, 우리에게는 또 다른 제국이 아니라 새로운 체제와 세계 경제 질서가 필요하다. 2013년 10월 중국 관영매체인《신화통신》은 아주 노골적으로 미국의 재정위기가 "미국의 패권에서 벗어난 새로운 국제질서를 구축할 좋은 기회"라는 논평을 냈다.《신화통신》은 이어 "미국이 2차 세계대전 이후 패권을 유지해왔다"면서, "이런 구도 밑에서 많은 나라의 운명이 한 위선국에 의해 좌지우지되는 시대는 이제 끝나야 한다"고 주장했다.

우리는 19세기 말, 전환기에 들어선 세계정세의 도도한 흐름에 능동적으로 대처하지 못함으로써 일본 제국주의의 지배를 받은 치욕적인 경험을 갖고 있다. 더 늦기 전에 대안을 모색하고 실행에 옮겨야 할 절박한 이유다.

2. 나라 망치는 대외의존경제

세계경제는 바야흐로 질서 재편의 소용돌이 속으로 빨려 들어가고 있다. 그러나 한국 경제는 미국이 주도해 온 세계 경제질서에 편입된 대외의존적 성격으로 인해 속수무책으로 피해를 입고 있다.

한국경제의 대외의존적 성격이 단적으로 드러난 사례는 바로 수출이다. 2012년 기준 한국의 수출 비중은 국내총생산(GDP) 대비 56.5%로 매우 높다. GDP 대비 수출비중(2011년 기준)의 경우 OECD 평균은 27.6%로 한국의 절반수준이고, 미국(14.0%), 일본(15.1%), 중국(31.4%) 등도 한국보다 크게 낮다. 보통 일본이나 중국 등이 수출을 많이 하는 것처럼 보이지만 그 나라 경제규모에 대비해 볼 때 수출비중은 한국과 큰 차이를 보인다. 더군다나 한국의 수출비중은 1990~1994년 평균 26.5%에서 2008~2012년 평균 53.5%로 빠르게 확대되는 추세이다.[3]

경제 전반이 수출에 의존하다보니 한국의 국내총생산 성장률은 세계경제 둔화와 더불어 곤두박질 칠 수밖에 없는 운명이다. 한국의 1년간 실질 국내총생산(GDP) 성장률은 2007년 5.1%에서 2014년 3분기에 이르러 3.2%까지 추락했다. 심지어 언론에서는 1990년대 일본과 같은 장기적인 경기침체가 시작될지도 모른다는 보도를 심심치 않게 내보내고 있다.

1) 수출경제는 미국의 전략적 요구

'수출드라이브 정책'을 주도적으로 실행해 옮긴 세력은 다름 아닌 재벌이다. 따라서 한국경제를 이해하기 위해 반드시 살펴보아야 할 대상이 바로 재벌이다. 먼저 재벌의 탄생과 성장과정부터 살펴보자.

한국은 2차 세계대전 이후 펼쳐진 동서냉전의 최전선인 한반도에 위치한 탓으로 패권국가 미국의 강력한 영향력 아래 놓이게 되었다. 1950년대 후반 사회주의권의 고도성장에 대응해야 했던 미국은 한국 경제의 균형적 발전 보다는 단기간 내에 고도성장을 달성하기 위해 몇몇 대기업 중심의 수출주도 성장 전략을 추진했다.[4] 이러한 미국의 전략에 따라 작성된 계획이 바로 '경제개발 5

---

3) 이정훈(2013), 「수출의 부가가치 유발 효과 감소 원인과 대응방향」, 우리금융 경영연구소 『주간금융경제동향』 제3권 제46호.

개년 계획'이다.[5]

한국의 재벌은 일반적인 자본주의 경제에서와는 달리 여러 기업이 경쟁을 하며 점차 독점적인 대기업이 탄생하는 방식이 아니라 미국이 박정희 정권에게 차관을 주고 정권과 미국에 밀착된 기업인, 곧 재벌 창업자들에게 정책 자금을 무더기로 몰아주는 방식으로 탄생, 성장했다.

삼성의 창업주 이병철 등 소수 자본가가 재벌이 되는 데 결정적으로 기여한 것은 바로 미국 등지에서 차관으로 들어와 헐값에 넘겨진 낡은 설비다. 당시 차관을 통해 들어온 생산설비로 설립된 기업들로는 섬유업계의 제일합섬, 선경, 코오롱, 홍한(현 원진레이온) 등이, 화학업계에는 삼성석유화학, 호남석유화학, 럭키석유화학(현 LG석유화학) 등이, 정유업계에는 경인에너지(현 SK에너지), 극동정유(현 현대오일뱅크) 등이 있다. 이와 같은 대규모 화학시설들은 당시 한국경제의 규모나 국민 경제 생활에 대한 고려 없이

---

4) 각 산업들을 골고루 발전시키고, 국내수요를 형성해 가면서 균형적으로 성장을 추구는 것보다 몇몇 대기업에 자원을 집중시키고 이미 형성되어 있는 해외시장에 상품을 파는 것이 빠른 성장을 위해서는 유리했을 수도 있다. 물론 이는 불균형 발전으로 이어져 향후 한국 경제에 많은 문제점들을 야기시키게 되었다.

5) 이완범 한국학중앙연구원 정치학 교수는 《신동아》 2007년 2월호에서 이 당시 미국의 한반도 정책이 "공산주의에 대한 방벽을 쌓고 한국을 자본주의 발전의 쇼윈도로 만들려는 것"이었음을 지적한 바 있다. '경제개발 5개년 계획'은 이와 같은 미국의 전략에 따라 미 국방부 연구소인 '랜드 코퍼레이션(Rand Corporation)'의 찰스 울프(Charles Wolf, Jr.) 박사와 미 오리건대학교 경제자문단의 의견을 반영하여 1950년대 후반 작성되었다.

도입된 것들이다.

차관 설비 중에는 부산, 마산, 서울 당인리 등지로 이전된 화력 발전소 시설도 있었다. 이 발전 시설들은 모두 석유를 원료로 하는 발전 설비였다. 이 때문에 당시 한국의 에너지원은 무연탄에서 급격하게 석유로 전환되었다. 석유를 미국 메이저 석유회사를 통해 수입해야 했음은 물론이다.

그 이후 수출은 한국경제에 있어 침범할 수 없는 신화로 자리 잡았다. 박정희 정권은 1980년까지 '수출 100억 달러 달성'6)이라는 목표를 제시하고 '우리는 수출을 해야 먹고 산다'는 이데올로기를 유포하면서 대기업 중심의 수출확대를 추구했다. 저임금과 장시간 노동에 시달린 노동자, 물가 안정이라는 미명하에 농산물을 헐값에 내다 팔아야 했던 농민들의 희생은 '수출' 목표 달성을 위해서는 어쩔 수 없는 것으로 치부되었다.

이에 따라 애초부터 중소기업은 재벌이 관심을 갖지 않는 낙후한 산업에 머물러 있거나 재벌의 하청기업으로 편입되고 만다. 서로 상생하며 발전해야 할 대기업과 중소기업의 관계는 일방적인 하청관계로 왜곡되어, 재벌은 성장해도 중소기업은 몰락하는 경제가 된 것이다.

---

6) 한국이 수출 1억 달러를 넘어선 것이 1964년 말이었다.

'하청업체'로 전락한 한국경제

차관이라는 명목으로 한국에 들어온 공업 설비의 특징은 한마디로 낡은 공해 유발 설비, 단순 가공 설비다. 미국과 일본의 입장에서는 자기 나라에서 공해를 유발하여 주민들의 반발을 사게 된 화학, 섬유, 정유 설비들을 제3국으로 이전하고, 한국에서 저렴한 노동력과 결합하여 생산한 제품들을 다시 수입해 감으로써 자기 나라의 골치 아픈 문제들을 해결하려 했다. 지금도 한국 정유업계는 미국 석유 메이저의 주요 고객으로, 2% 남짓한 원유 정제 마진만을 남기고 대량 수출을 통해 근근이 그 명맥을 유지하고 있다. 참고로 휘발유, 경유 등 석유정제제품은 한국의 10대 수출품의 하나이다.

또 미국과 일본은 단순 가공 설비만을 한국에 넘겨줌으로써 원자재와 중간재, 그리고 사소한 기계 설비 부품들까지 덤으로 한국에 수출하게 되었다. 차관을 주고 원금과 이자만 받는 것이 아니라 '꿩도 먹고 알도 먹는' 장사를 하게 된 셈이다. 그 결과 1960~70년대 한국으로 수입된 상품 중 원자재와 부품의 비중은 60~70%에 달했다.

한국 공장에서 만들어진 제품들은 상당부분 미국으로 팔려나갔다. 1970년 기준 전체 수출에서 미국으로의 수출이 차지하는 비중은 47.3%로 압도적이다.[7] 이후 미국으로의 수출은 1980년 26.3%,

---

7) 일본 28.1%, 중국 0.9%, 유럽연합 8.1%, 아세안 2.8%(유럽연합과 아세안은

1990년 29.8%를 차지해 한국경제의 고도 성장기에 미국 시장으로의 수출비중은 계속 높은 수준을 유지했다.

물론 최근 미국으로의 수출비중은 2012년 기준으로 10.7%까지 줄었다. 대신 중국으로의 수출 비중이 24.5%, 아세안 국가들의 비중이 14.4%로 많이 늘어난 모습이다. 하지만 중국은 한국이나 일본으로부터 부품 등의 중간재를 수입해 저렴한 노동력을 이용해 조립한 후 다시 미국이나 유럽연합 쪽으로 수출을 하는 구조를 가지고 있고, 아직은 미국이 세계 최대의 소비 시장이다. 따라서 한국의 대중국무역이 늘었다고 해서 최종적인 미국시장에 대한 의존도가 줄었다고 평가하는 것은 겉만 보고 속은 보지 못한 분석이다.

'수출주도형' 경제는 국민 생활과는 동떨어진 미국, 일본의 '하청경제'일 따름이며, 미국, 일본 경제에 의존하는 '대외 의존 경제'일 뿐이다.

2) 한계에 봉착한 수출주도 성장

'수출주도 성장전략'은 이른바 '선택과 집중'을 극대화하여 해외의 판매시장에 의존하는 정책이다. 수출경쟁력이 있는 산업에 자원을 집중하고 국제시장의 수요에 따라 상품을 생산, 판매한다는 것이다. 따라서 국민들의 생활과 소비에 근거해 농업으로부터

1971년 기준).

중화학공업에 이르는 산업 간의 종합적이고 균형적인 성장 발전을 추구하지 않는다.

이에 따라 한국기업은 세계적인 경쟁구도 속에서 수출경쟁력을 확보해야 생존할 수 있다. 정부는 중소기업의 이익이나 노동자들의 임금을 올려 국내 소비 여력을 높이기보다 각종 특혜를 동원해 수출산업을 일방적으로 지원한다. 당연히 국내 노동자들의 생활여건이나 임금, 그리고 임금상승을 유발하는 농산물 가격 상승 등은 가격 경쟁력 확보를 위한 억제 대상이다.

수출주도 성장전략이 시행되던 초기에는 공장이 많이 건설되고 그에 따라 고용이 늘어나 경제가 활성화된다. 초창기 아무것도 가진 것이 없는 마당에 경제가 잘 돌아가는 것처럼 보이는 것은 당연하다. 하지만 이 전략이 지속되려면 임금과 농산물 가격 인상이 계속 억제되어야 하며, 그렇게 되면 노동자와 농민들의 삶은 무너져 내릴 수밖에 없다. 이에 따라 서민들의 소비로 먹고사는 영세 자영업들과 대기업의 하청을 받지 못하는 중소기업은 같은 운명에 처하게 된다. 결국 이른바 '내수경제'로 통칭되는, 국민들의 소비 생활에 기초한 경제는 점차 몰락의 운명을 면치 못하게 된다.

국민의 경제생활이 무너진 조건에서 나라 경제의 지속적이고 안정적인 성장은 불가능해진다. 이는 구체적으로 한국 사회의 양극화 현상, 극심한 가계 빚 문제로 드러나고 있다. 2014년 현재 가계 빚의 규모는 무려 1,000조 원을 훌쩍 뛰어넘은 것으로 조사되고 있다.

나아가 수출주도 정책은 대외여건에 취약한 구조를 만들게 된다. 예를 들어 중국으로의 상품수출에 경제를 의존한다면, 중국 경기가 둔화되거나 중국의 대외 정책이 바뀔 경우 혼란을 피할 수 없다. 또한 신자유주의 경제 질서 속에서는 우리가 수출을 많이 하려면 그만큼 개방 압력도 증가하므로 결국 한국경제는 대외여건에 더 큰 영향을 받게 된다. 게다가 외국 투기자본들의 급격한 유출입은 한국경제를 흔드는 기본적인 요인으로 자리 잡는다. 우리는 이미 IMF위기 당시 이를 혹독하게 경험한 바 있다.

유통기한 끝난 수출주도 경제

한국경제의 경우 수출주도 전략의 초기에 나타났던 성장 효과는 더 이상 나타나지 않고 있다.

먼저 수출은 더 이상 국내 경제에 많은 부가가치를 가져다주지 않는다. 나라 살림이 늘어나려면 생산 활동에서 만들어지는 부가가치의 크기가 중요하다. 이때 최종 생산물이 1개 만들어질 때 직간접적으로 생기는 부가가치의 비율을 부가가치유발계수[8])로 표

8) 부가가치유발 계수란 최종수요가 한 단위 발생할 경우 국민경제 전체에서 직간접적으로 유발되는 부가가치를 말한다. 소비, 투자, 수출 등 최종수요가 생기면 국내생산을 유발하고 생산 활동에 의해서 부가가치가 창출된다. 예를 들어 가계가 자동차를 1대 구매한다면 자동차 생산이 이전보다 늘어나게 되고 그에 따라 생산과정에서 부가가치가 만들어 진다. 부가가치유발계수가 0.54라는 것은 최종수요가 한 단위 발생할 경우 직간접으로 유발되는 부가가치가 0.54단위란 것이다.

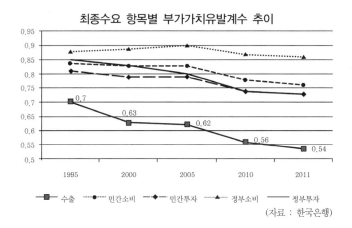

최종수요 항목별 부가가치유발계수 추이

0.95
0.9
0.85
0.8
0.75
0.7   0.7
0.65   0.63
0.6   0.62
0.55   0.56
0.5   0.54

1995   2000   2005   2010   2011

━■━ 수출   ┈●┈ 민간소비   ━◆━ 민간투자   ┈▲┈ 정부소비   ━━ 정부투자

(자료 : 한국은행)

현한다. 한국은행 보고서에 따르면 한국이 1,000원 어치를 수출했을 때 국내에서 창출된 부가가치는 587원에 그쳤다. 이는 EU 27개국과 미국, 중국, 일본 등 주요국 평균인 617원에 못 미치는 수준이다. 일본의 861원, 미국의 832원을 따라잡기는 고사하고, 중국의 729원에 비해서도 훨씬 낮은 실정이다.

이렇게 수출산업이 만들어내는 부가가치가 낮은 이유는 수출제품 속에 들어가는 수입 부품의 양이 많기 때문이다. 한국의 경우 수출이 1,000원 늘어날 때 수입은 460원이 늘어난다. 이 수치[9]는 제조업 강국으로 평가받는 일본에 비해 2배 이상 높은 것이다.《연합뉴스》보도에 의하면, 마쓰무라 히데키 일본종합연구소(JRI) 상석주임연구원은 한국과 일본의 비교 가능한 제조업 18개 업종에

---

9) 수입유발계수. 최종수요가 한 단위 증가할 때 각 산업부문에서 직·간접으로 유발되는 수입액 단위.

대해 종합 수입유발계수를 산출한 결과 한국의 수입유발계수는 0.4100으로 일본(0.1926)의 2배를 넘는 것으로 집계했다. 게다가 한국의 수입유발계수는 1995년의 0.3에 비해 빠른 속도로 증가하고 있다.

특히 석유제품(0.720), 화학제품(0.503), 전기 및 전자기기(0.477)의 수입유발계수는 제조업 평균 수입유발계수(0.410)보다 훨씬 높다. 구체적인 산업별 사례를 살펴보자면, 한국의 주력 수출 업종이라 할 수 있는 반도체는 생산 장비의 70%를 외국에서 수입하며, LCD디스플레이의 핵심 부품·소재인 액정과 편광판 보호용 TAC필름은 100%, 편광판은 64% 이상을 수입하고 있다.

자동차 산업에서도 전장 부품의 대부분을 해외에서 수입하며, 세계 시추선의 대부분을 생산하는 조선업에서도 정작 시추선의 핵심인 시추장비는 100% 수입하고 있는 실정이다. 차세대 에너지 관련 업종도 마찬가지다. 풍력(85%), 태양광(79%), 연료전지(91%) 할 것 없이 중간 자본재의 수입의존도가 높으며, 전통적인 화력발전 설비조차도 수입의존도가 56%에 이른다.

수출이 일자리를 만들어내는 능력도 거의 사라졌다. 수출 제조업이 반도체, 가전제품, 자동차, 석유화학 등 대규모 기계를 사용하는 장치산업에 속하는 분야가 많기 때문이다. 수출이 10억 원 늘어나는데 따라 고용이 몇 명 늘어나는지를 보여주는 수출의 고용유발계수는 1995년 22.2에서 2011년 4분의 1인 5.5로 급격히 하락했다.[10] 이렇게 되면 수출이 아무리 늘어나도 노동자, 서민들의 고용 안정에 도움이 되지 않을뿐더러, 수출로 벌어들인 돈이 노동자계층의 임금으로 돌아가 소비로 이어지는 등 전체 경제 활성화에 기여하지도 못한다.

3) 경제주권의 상실

한국의 수출 경제는 국민의 이익에 도움이 되기는커녕 오히려 삶의 발전을 가로막고 있는 거대한 장벽이라 할 수 있다. 자기 나라 국민의 생활 향상을 위해 존재해야 할 경제가 어쩌다가 이 지경이 되었을까. 그 이유는 바로 경제주권을 상실했기 때문이다.

일반적으로 주권이 국가의 정치 형태와 구조, 그리고 각종 정책을 최종적으로 결정하는 권력이며 그 권력은 국민으로부터 나온다고 했을 때, 경제주권이란 경제 영역에 적용되는 각종 권력이라 볼 수 있다. 이를 좀 더 구체적으로 살펴보자면, 경제주권은 생산활동에 필수적인 수단인 기계 등의 도구, 나아가 기업의 소유권과 운영권, 그리고 생산된 물건의 판매로부터 얻어지는 수익의 분배 등을 어떻게 할 것인가를 결정하는 권리라 할 수 있다.

일반적인 자본주의 국가에서는 생산수단을 가진 조직인 기업이 소수 기업가, 자본가의 소유가 되고 이들이 생산할 상품의 종류와 질, 양을 결정하며 다수를 차지하는 노동자 서민들은 결정권에서

---

10) 고용유발계수는 2000년 10.9, 2005년 8.0, 2010년 5.9였다.

소외되어 있다. 또 생산물을 판매하여 얻는 수익은 일차적으로 기업주의 몫이 되며, 고용된 노동자에게 돌아가는 몫을 결정하는 권리도 최종적으로 기업주에게 있다.

그런데 한국경제는 대량으로 유입된 외국자본이 국내 자본에 대해 확고한 우위를 점하면서 자본가와 노동자의 대립 관계가 외국자본 - 국내자본 - 노동자의 관계로 이루어져 있으며, 국내 자본은 또 다시 극소수 수출 재벌과 대다수 하청 중소기업과 영세 자영업의 대립 관계를 형성하는 복잡한 양상을 보이고 있다.

여기서 최상위 '슈퍼 갑'에 해당하는 외국자본은 한국경제에 들어와 '기계를 돌리는 순간부터 상품이 팔리는 마지막 순간까지' 자신들의 이익을 가져가기 위해 혈안이 되어 있다. '무역 1조 달러 달성, 세계 9위 무역 강국'이 서민들에게 공허하게 들리는 것도 이 때문이다. 외국자본이 한국경제를 어떻게 잠식하였는지, 서민들의 삶이 어떻게 수탈당하고 있는지 자세히 살펴보자.

외국자본이 집중 공략한 한국 주요 산업

미국 월스트리트와 영국 런던, 일본 도쿄 그리고 조세피난처에 주요 근거지를 둔 외국자본은 주식, 채권, 직접투자 할 것 없이 한국에 마구 자본을 들이밀었다. 그렇다고 외국자본이 아무런 전략도 없이 한국 시장으로 진입한 것은 아니다.

먼저 〈표 1-1〉, 〈표 1-2〉를 보면, 외국자본은 철저히 이익이 집

〈표 1-1〉 KOSPI 시가총액 상위 20개 종목 중 비금융법인의 지분관계

순위	종목명	특수관계인 지분*(%)	외국인 지분율(%)	5% 이상 주요 외국인 대주주*(%)
1	삼성전자	17.65	49.17	Citibank ADR(5.14)
2	현대차	25.97	43.78	
3	POSCO	5.99	51.41	Bank of New York Mellon(15.86), NIPPON STEEL & SUMITOMO METAL CORPORATION(5.04)
4	현대모비스	30.17	49.62	The Capital Group(6.61)
5	기아차	35.63	33.74	JP MORGAN(6.17)
7	SK하이닉스	21.05	28.8	
8	한국전력	51.11	24.13	
9	삼성전자우	0.15	83.04	
11	LG화학	30.09	32.92	
12	SK텔레콤	25.22	44.77	Citibank ADR(24.0)
13	현대중공업	21.32	17.65	
14	LG전자	37.70	20.04	
15	NHN	9.25	53.38	Oppenheimer Developing Markets Fund (5.54)
17	SK이노베이션	33.40	35.06	템플턴자산운용(6.42)
18	롯데쇼핑	69.36	14.63	
19	LG	48.59	26.38	First State Investment Management(5.03)
20	KT&G	6.93	59.64	라자드에셋매니지먼트엘엘씨(5.49), First Eagle Investment Management, LLC(5.49)

(자료 : 한국거래소(2013년 4월 30일 기준), 금감원 전자공시시스템,
* 특수관계인 및 외국인 대주주 현황은 각 법인 2012년 12월 말 정기보고서 인용)

중된 ① 이른바 수출 대기업, ② 국내에서 독점적으로 서비스를 공급하는 SK텔레콤 등 대기업, ③ KT, 한국전력, 한국담배인삼공사(KT&G) 등 민영화된 공기업 등 한국경제의 노른자위를 중심으

〈표 1-2〉 KOSPI 상장 금융법인의 지분관계

순위	종목명	특수관계인 지분*(%)	외국인 지분율(%)	5% 이상 주요 외국인 대주주*(%)
10	신한지주	7.28	62.86	BNP Paribas S.A.(6.35)
16	KB금융	8.58	65.62	The Bank of New York Mellon(9.07), ING Bank N.V.(5.02)
23	하나금융지주	9.35	62.00	Capital Group(8.97)
26	우리금융지주	56.97	23.75	
75	BS금융지주	13.59	63.07	Aberdeen Asset Management Asia Limited (12.34)
101	DGB금융지주	-	76.00	SAUDI ARABIAN MONETARY AGENCY (9.09), ABERDEEN GLOBAL(7.53)

(자료 : 한국거래소(2013년 4월 30일 기준), 금감원 전자공시시스템,
* 특수관계인 및 외국인 대주주 현황은 각 법인 2012년 12월 말 정기보고서 인용)

로 자본을 투하하였다. 게다가 이들은 롯데쇼핑 등 도소매업에도 진출하여 상품 유통망을 장악하였고, 금융 산업을 완전히 움켜쥠으로써 금융기관을 통한 자본 조달까지 독점하였다.

외국자본이 국내 기업과 협상을 통해 직접 투자한 분야도 위와 같다. 산업통상자원부에 따르면 1997년부터 2012년까지 외국인 직접투자는 제조업 가운데 반도체 등 전기전자에 33.56%, 석유화학에 17.21%, 자동차, 차량부품 등 운송용 기계에 14.87% 순으로 분포되어 있다.

이는 〈표 1-1〉에 나와 있는 기업 분포와 거의 유사하며, 2012년 기준 상위 10대 수출품목 중 석유화학(1위), 반도체(2위), 액정디바이스(5위), 무선통신기기(7위), 기타 가전제품(8위), 그리고 승용자동차(3위)와 자동차 부품(6위) 등과도 겹친다. 또 외국인 직접투

자는 서비스업 중 금융부문에 31.11%, 도소매 등 유통에 21.45% 순으로 집중 투자되어 역시 주식시장에서의 분포와 대체로 일치한다.

외국자본의 주식투자 업종과 직접투자 업종이 겹치는 것은 자본의 입장에서 보자면 당연한 결과이다. 한국에서 이윤이 가장 많이 남는 산업에 자본을 집중 투입하는 것이다. 그 결과 한국 산업의 기반을 이루는 주요 대기업의 지분이 외국자본에게 상당수 장악당한 상황이 되고 말았다.

외국자본의 막강한 영향력

더 심각한 문제는 재벌의 기형적인 순환출자구조 등의 요인으로 인해 주요 기업들의 경영권이 외국자본의 영향력 아래 놓여있다는 점이다.

2013년 5월 30일 공정거래위원회가 발표한 '2013년 대기업집단 주식소유현황 정보공개' 자료에 따르면 국내 10개 기업집단의 총수가 보유한 주식 지분율은 0.99%에 불과했다. 그런데 총수 일가 외에 특수 관계인과 계열회사 보유 지분을 모두 합친 내부지분율의 경우 무려 52.92%에 달하고 있다. 재벌 일가가 1%도 안 되는 주식으로 절반이 넘는 경영권을 행사하고 있는 것이다.

본래 순환출자는 재벌 총수 일가가 법의 허점을 교묘하게 이용하여 계열사에 대한 경영권을 장악하기 위한 방편이었다. 그러나 재벌 총수 일가는 순환출자구조로 인하여 오히려 외국자본에게 경영권을 위협받는 처지로 전락했다. 외국자본이 순환출자구조의 취약한 고리를 공략할 경우 재벌 지배구조 전반이 허물어질 수 있기 때문이다.

순환출자구조에서는 재벌 계열사 중 한 계열사가 부실해질 경우 다른 계열사로 악영향이 쉽게 파급되어 주가가 동반 하락한다. 또 순환출자의 규모가 클수록 주식 매매가 자유롭지 못하여 일반적으로 하위 계열사로 갈수록 주가가 저평가된다. 이런 현상들은 외국자본이 비교적 적은 자본으로도 거대 기업의 경영권을 압박할 수 있게 만드는 요인이다.

최근 외국자본의 의결권 행사 경향도 한층 강해지고 있다. 좋은기업지배연구소에 따르면, 외국인 주주의 의결권 행사는 ① 미국발 경제위기의 여파로 외국계 주주가 자신이 투자한 회사에 대한 감시활동을 늘리게 되는 점, ② 국제 대리인 기관에서 한국 주주총회와 관련한 정보를 신속 정확하게 전달하는 사례가 늘고 있다는 점, ③ 주주총회 안건 중 소액주주와 경영진의 이해 대립이 발생하는 경우 외국인 투표가 가부를 결정하는 요인이 되고 있다는 점 등에 의해 점차 그 빈도가 늘어나고 있다.

금융감독원과 금융투자협회도 '투자자보호 강화를 위한 펀드제도개선 추진안'을 발표하는 등 투자기관의 의결권 행사를 독려하고 있다. 물론 이러한 조치는 이른바 '국내 소액주주'의 권리를 보장한다는 명분으로 추진되고 있지만, 비대한 외국자본의 의결권 행사를 보장하는 결과를 초래하고 있다.

이처럼 외국자본은 한국에서 재벌들의 경영권을 충분히 압박할 수 있는 위치에 있다. 실제로 2003년에는 외국계 펀드인 소버린이 SK그룹의 경영권을 통째로 장악하려 시도한 적이 있다.

그럼에도 불구하고 한국에서 외환위기 이후 재벌계열사들에 대한 직접적인 경영권 행사 혹은 적대적인 인수합병 등은 대규모로 발생하지 않았다. 그 이유는 무엇일까.

외환위기 당시 IMF는 한국 경제 전반을 미국식으로 구조변경하면서도 유독 기형적인 순환출자구조만은 유지·온존시켰으며, 외국자본은 지금도 이에 대해 크게 문제 삼지 않고 있다. 이러한 사실들은 현재 재벌들이 외국자본의 이익을 충실하게 보장해주고 있음을 시사한다. 외국자본의 주식지분이 높은 기업, 특히 외국자본과 합작한 기업이 주주 배당을 많이 하고 있는 것이 대표적인 증거다.

이는 거꾸로 외국자본이 재벌의 순환출자구조를 해체하는 것이 그들의 이익에 부합한다고 판단한다면 언제든지 '기업 구조조정'을 요구하거나, 경영자를 그들의 입맛에 맞는 인물로 교체할 것을 요구할 수도 있음을 의미한다.

물론, 외국자본은 하나의 덩어리가 아니다. 그들 역시 다양한 이해관계를 가지고 있으며 사안에 따라 서로 다른 결정을 내리기도 한다.

하지만 주요 재벌 계열사가 국내시장보다는 해외시장에 의존하고, 외국자본의 투자와 협조를 필요로 하고 있다는 점, 그리고 자본의 규모에서 외국자본이 국내자본을 압도한다는 점에서, 국내 재벌에 대한 외국자본의 압력은 다양한 경로를 통해 나타날 수 밖에 없다.

결국 재벌 총수 일가는 외국자본의 이익을 최대한 보장함으로 써 자신의 경영권을 보장받고 있는 셈이다. 이는 앞서 살펴본 바와 마찬가지로 한국 주요 산업이 사실상 외국자본의 강력한 영향력아래 놓여 있음을 의미한다.

기계, 부품, 소재 공급까지 독점한 외국자본

외국자본은 한국 산업에서 단지 지분을 확보하고 영향력만 행사하여 이익을 얻고 있는 것이 아니다. 외국자본은 주요 산업의 원천기술과 지식을 독점·통제하고 있으며 이를 기반으로 생산기계와 부품, 소재까지 독점 공급함으로써 이익을 극대화하고 있다.

정부는 외국자본에 대한 한국의 기술 종속 현상을 한국경제의 주요 문제점 가운데 하나로 분명하게 인식하고 있다. 이명박 정부 당시 '한국경제 60년사 편찬위원회'는 2010년 발간한 『한국경제 60년사』에서 한국이 미국, 일본 등으로부터 전통적으로 "설비와 기계를 해외에서 통째로 수입하는 방식"을 고수하였다고 실토하고 있다. 위원회는 그 결과 한국경제가 "산업의 핵심기반기술이 취약해진 상황"이라고 지적하고 있다.

한국의 수출산업은 지금도 기술이 취약하여 수출을 위해 외국

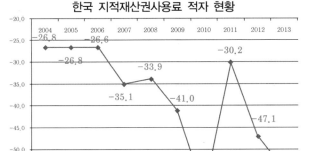

한국 지적재산권사용료 적자 현황

| 2004 | 2005 | 2006 | 2007 | 2008 | 2009 | 2010 | 2011 | 2012 | 2013 |

-26.8 -26.8 -26.6 -35.1 -33.9 -41.0 -59.9 -30.2 -47.1 -55.1

(단위 : 억달러, 자료 : 한국은행)

으로부터 원자재, 부품, 소재 그리고 생산기계를 수입해야만 하는 구조를 갖고 있다. 한국이 미국, 일본 등에 원천기술을 독점·통제 당하고 있다는 사실은 먼저 '지적재산권 등 사용료 수지'가 대규모 적자를 기록하는 것으로 나타난다. 한국은 지적재산권 등의 사용료로 2013년 약 9조 원에 가까운 돈을 외국에 지급했고, 약 5조 5,000억 원 이상 적자를 보고 있다.

원천기술을 독점당해 산업의 기반이 되는 핵심기술을 확보하지 못하니 생산기계와 부품, 소재를 제대로 개발하지 못해 상당부분을 수입하는 현상이 계속되고 있는 것이다. 이러한 상황은 한국의 무역과 산업구조에도 그대로 반영되어 있다. 관세청의 2012년 수출입동향에 따르면, 수입 원자재와 자본재 품목 중 중간부품과 소재, 기계류 등의 수입총액은 전체 수입액의 45.77%를 차지하고 있다.

제품을 만들기 위한 기계와 로봇 등 생산수단들도 수입에 의존하고 있다. 공장의 기계 등 설비투자 자본재의 경우 2011년 기준 국내 총수요는 116조3,000억 원이었으나 이중 64조2,000억 원만이 국산으로 사용되었고, 52조1,000억 원이 수입되어 수입의존도는 44.8%를 기록했다. 일본의 수입의존도가 약 20% 정도 되는 것과 비교해 보면 배 이상이다. 특히 앞선 기술력을 필요로 하는 정밀기계일수록 수입의존도가 높아 2011년 정밀기계 분야의 수입의존도는 무려 68.2%를 기록했다.

부품 소재 부분도 취약하다. 대한상공회의소가 국내 5대 수출제품(반도체, 승용차, 선박, 무선전화기, 디스플레이) 제조기업 500개사를 대상으로 실시한 '국내 수출주력제품의 해외의존도' 조사 결과에 따르면, '핵심 부품소재를 수입에 의존하고 있다'고 응답한 기업이 45.6%에 달했다. 무선전화기 관련업체들의 경우는 60%가 핵심부품을 해외에서 수입한다고 한다. 양적인 면에선 전체 부품의 34.8%를 해외에서 들여오는 것으로 조사되었다. 핵심부품 수입 기업들의 40.6%는 핵심부품 수입선으로 '일본'을 지목해 부품 소재의 경우는 일본에 대한 의존도가 큰 것으로 드러났다. 미국 역시 21.9%로 높은 비중을 차지했다.

종합적으로 볼 때, 외국자본은 한국경제의 노른자위라고 할 수 있는 수출 제조업종, 독점상태에 있는 통신, 공공서비스 등 국내 서비스업종 그리고 금융과 유통까지 장악함으로써 한국경제의 명맥을 쥐고 있다고 해도 과언이 아니다.

유출되는 '돈'

외국자본은 한국경제의 명맥을 움켜쥠으로써 기업의 생산부터 판매, 나아가 한국 정부의 재분배정책에 이르는 경제 활동의 모든 단계에서 국민들에게 돌아가야 할 이윤을 가져가고 있다.

외국자본은 그들이 절대 우위에 있는 자본시장을 통해 주요 기업에 대한 지분을 장악하고 배당이익을 거두어가고 있다. 외국자본은 2012년 12월 결산법인 기준으로 4조 원 이상을 주식 배당액으로 가져갔다. 나머지 결산 법인까지 합할 경우 약 5조 원 가량을 챙긴 것으로 추산된다.

여기에 한국 정부나 기업이 발행하는 채권에 대한 이자와 주식 매매차익도 있다. 주식 매매차익은 한국에서 세금을 내지 않으므로 그 정확한 규모를 알 수 없다. 다만 현대증권과 대신증권에 따르면 지난 20년간 외국인은 주식 매매차익으로 310~320조 원을 챙겼을 것으로 추산됐다. 이를 나누면 1년에 최소 15조 원 이상이 된다. 또한 지적재산권 독점에 의해 외국으로 지급되는 돈은 2012년 기준으로 연간 9조 원에 달했다. 채권 매매차익과 각종 이자를 빼더라도, 외국자본은 일 년에 적어도 29조 원 내지 30조 원 정도를 가져가고 있는 셈이다.

그러나 이는 빙산의 일각에 불과하다. 외국자본은 한국이 기계, 원료, 부품, 소재의 상당 부분을 외부에서 수입할 수밖에 없는 독점 구조를 만들어 놓고 비싸게 팔아, 앉아서 이익을 얻고 있다.

반면 한국 기업은 제품을 외국 시장에서 값싸게 팔아야 한다. 이는 한국 제품이 기술 제약 때문에 독점적 지위를 갖기 어렵고, 치열한 국제시장에서의 판매 경쟁 때문에 제 값을 받지 못하는 것이 주된 원인이다. 국산 제품의 저가 수출은 외국자본을 유치한 합작 기업의 계약조건에 명시된 제품/서비스에 대한 특권에 따라 강제되기도 한다.

외국자본이 대외 무역 거래에서 누리는 독점적 지위는 한국 경제의 교역조건 악화 현상으로 나타나고 있다. 한국 수출품의 가격은 계속 하락하는 반면, 수입품의 가격은 계속 상승하는 것이다. 한국은행에 의하면, 한국 수출품의 단가는 2005년을 100으로 보았을 때 1988년에는 167.5로 상당히 높았다. 그러나 한국 수출품의 단가는 지속적으로 하락하여 1997년 137.9, 2012년 106.8까지 하락했다. 그나마 이러한 수치도 2009년의 90.5에서 반등한 것이다. 반면 한국 수입품의 단가는 1997년 89.3에서 2012년 136.5까지 상승했다.

이것은 미국 주도로 진행되는 이른바 '자유무역'이 실상 불공정한 무역이라는 것을 여실히 보여주고 있다. 세계 최대 소비국가이자 지적재산권 독점국인 미국에 일방적으로 유리한 구조인 것이다. 외국자본은 자신들의 독점적 이익은 한껏 누리면서 한국에서 생산된 상품을 저가에 구매하는 구조를 만듦으로써 수치로 환산할 수 없는 막대한 양의 부를 가져가고 있다.

국내 유수의 재벌은 대외 교역에서 발생하는 손해를 국내 경제에서의 독점적 지위를 악용해 비싸게 판매함으로써 노동자 서민들에게 전가하고 있다. 가장 대표적으로 거론되는 것이 수출용 자동차와 내수용 자동차의 가격차이다. 2009년 현대자동차의 수출용 차량 평균가격은 1,389만 원이었으나 내수용 차량의 평균가격은 2,290만 원이었다. 심지어 현대차는 세계 최대 자동차 시장인 미국에서 현대 그랜저나 기아 카니발 등 대형차량을 판매하면서 아반떼나 베르나 등 소형차를 '끼워 파는' 이른바 '1+1' 행사를 하는 경우도 있지만, 독점적 지위를 누리고 있는 한국에서는 어림도 없는 이야기이다. 이렇게 재벌이 국내에서 벌어들인 이익은 또 다시 배당금 등을 통해 외국자본에게 돌아간다.

식량주권마저 장악당해

한국의 식량과 곡물 자급률이 낮아 문제가 되고 있다는 것은 이미 잘 알려진 사실이다. 사람이 먹는 식용곡물(쌀, 보리, 밀, 콩, 옥수수, 조, 수수 등)의 국내소비량 중 국내생산량을 말하는 식량자급률은 2012년 45.1%를 기록했다. 사료용 곡물까지 포함한 곡물자급률은 2012년 22.8%를 기록했다. 이는 OECD 평균 곡물자급률 83%를 크게 밑도는 수준이다. OECD 주요국들의 곡물자급률은 2009년 기준으로 스위스 205.6%, 프랑스 190.6%, 캐나다 143.5%, 미국 129.4%를 기록했으며 일본도 30.7%를 기록하고 있다.

식량자급률이 그나마 40%대가 나오고 곡물자급률이 20%가 나

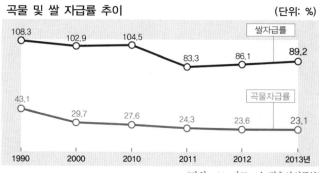

곡물 및 쌀 자급률 추이 (단위: %)

쌀자급률: 108.3 / 102.9 / 104.5 / 83.3 / 86.1 / 89.2

곡물자급률: 43.1 / 29.7 / 27.6 / 24.3 / 23.6 / 23.1

1990 / 2000 / 2010 / 2011 / 2012 / 2013년

(단위 : %, 자료 : 농림축산식품부)

오는 것은 쌀 때문이다. 쌀은 국내 전체 곡물생산량의 90% 이상을 차지하고 있다. 쌀을 제외하면 곡물자급률은 3.5% 가량에 불과하다. 하지만 쌀의 자급률도 점차 떨어지고 있는데, 2010년까지는 90% 후반대에서 100% 초반대를 기록하다가 2011년 83%로 급락했다. 박근혜 정부가 2014년 7월 18일, 쌀 시장을 전면 개방하겠다고 선언한 이상, 쌀의 자급률은 앞으로 더욱 떨어질 것이 자명하다.

현재 한국의 연간 곡물 수입량은 약 1,500만 톤 규모에 달하며 세계 5위 수준이다. 세계적인 흉작으로 인한 식량 위기를 겪었던 2007~2008년에는 국제 곡물 가격이 콩 95%, 밀 80%, 옥수수 25% 상승해 전년대비 50% 이상 상승한 금액인 5조 원을 곡물 수입에 지불하기도 했다.

심각한 것은 이러한 곡물수입을 이른바 4대 곡물메이저에 의존하고 있다는 것이다. 4대 곡물메이저란 카길을 비롯해 아처 대니얼스 미들랜드, 벙기, 루이스 드뤠퓌스를 말한다. 이들 가운데 루이스 드레퓌스만 프랑스 회사이고 나머지는 미국에 본사를 두고 있다. 한국농촌경제연구원의 보고서에 따르면 '4대 곡물메이저'는 2009년 기준 우리가 수입하는 옥수수의 87.2%, 밀의 60.8%를 공급하고 있는 것으로 나타났다. 특히 옥수수의 경우 57%를 카길 한 회사가 장악하고 있었다. 밀과 옥수수는 2009년 기준 한국 전체 곡물 수입량의 4분의 3을 차지하는 작물이다.

3. 벼랑 끝에 내몰린 민중

수출주도 성장전략은 노동자·농민 등 대다수 국민의 막대한 희생을 바탕으로 극소수 재벌과 기득권 계층, 그리고 미국을 비롯한 외국자본의 배만 불리는 결과를 낳고 있다.

중노동에 시달리는 노동자

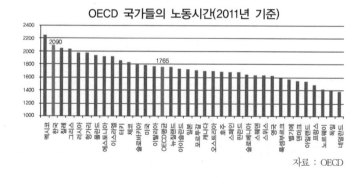

OECD 국가들의 노동시간(2011년 기준)

자료 : OECD

그 동안 한국 재벌 대기업들의 제품이 수출경쟁력을 가질 수 있었던 핵심 요인 중 하나는 저임금 장시간 노동에 바탕을 둔 가격 경쟁력이었다. 전체 국민소득 중에서 노동소득이 차지하는 비율 (노동소득분배율)[11]은 1987년까지 55%를 넘어서지 못했으며, 특히 1970년대까지는 절반도 넘지 못했다.[12]

이러한 저임금 장시간 노동에 기초한 수출정책은 최근까지 이어져 오고 있다. OECD 자료에 따르면 2011년 기준 한국 노동자들의 연간 노동시간은 2,090시간으로, OECD 국가들 중 멕시코 (2,250시간)의 뒤를 이어 2위를 기록하는 불명예를 안았다. 통계에 따르면 한국의 노동자들은 OECD 평균인 1,765시간에 비해 325시간을 더 일한다. 하루 8시간 노동을 기준으로 보면 무려 40일을 더 일하는 셈이다. 가장 긴 노동시간에 비해 한국의 연평균 실질임금은 3만5,406달러, 약 3,700만 원으로 OECD 회원국 가운데 중간 정도에 불과하다.

물론 2000년대 이전에 비해 절대적인 임금이 올라간 것은 사실이다. 하지만 늘어나는 생산성에 비해 실질임금이 따라가고 있지

---

11) 국민소득 중에서 노동소득이 차지하는 정도를 나타내는 지표이다. 한 나라 국민의 생산활동으로 발생한 소득은 기업이 이윤으로 가져가는 것과 노동자가 임금으로 받아가는 것 등 각 분야로 분배되는데, 그 중에서 노동자가 임금으로 받아가는 몫이 얼마인지를 나타내는 것이다. 노동소득분배율을 2011년 기준으로 주요국과 비교해 보면 한국(59.5%), 미국(67.3%), 일본(70.7%), 영국(69.3%), 독일(66.9%), 프랑스(72.2%)보다 크게 낮은 것을 알 수 있다 (《이투데이》, 2013.10.22). 물론 노동소득에는 자영업자들의 소득이 포함되어 있지 않아 한국처럼 자영업자의 비중이 큰 나라들은 노동소득분배율이 낮게 나오는 경향이 있다.
12) 한국은행 경제통계시스템 참조.

못하다. 특히 IMF 외환위기를 겪으면서 생산성이 증가하는 만큼 실질임금을 받지 못하는 경향은 더욱 심해지고 있다.

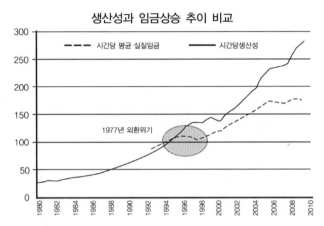

생산성과 임금상승 추이 비교

※ 제조업, 물적 생산성 기준. 1998년까지는 10인 이상, 2000년 이후는 5인 이상 사업체

자료 : 정태인(2013), 〈스티글리츠-크루그먼 논쟁과 한국 경제〉, 월간 《참여사회》 2013년 3월호.

수출대기업들은 단순히 고용노동자들의 임금을 억제하는 것에만 그치지 않는다. 최근에는 대기업들의 비용을 중소기업 등 영세 납품업체로 전가해 중소기업의 저임금 구조를 고착화시키고, 정규직 대신 저임금의 비정규직 노동자들을 파견 받는 방식을 사용해 임금을 어떻게든 줄여보려 하고 있다. 이러한 결과 서민들의 삶은 벼랑 끝으로 내몰리고 있다. 양극화가 심화되는 과정에서 상대적 빈곤13)은 커져가고, 중산층은 몰락했다.

13) 특정 사회의 구성원들 다수가 누리는 생활수준에 미치지 못하여 상대적으로

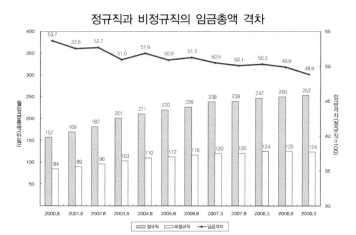

정규직과 비정규직의 임금총액 격차

(자료 : 한국노동사회연구소, 「비정규직 보호법 주요 쟁점」)

빈곤층의 비율은 1990년대에는 한 자릿수에 그쳤지만 2011년에
는 12.4%까지 치솟았다. 실제로 한 시간에 5,000원도 안 되는 최
저임금조차 받지 못하는 노동자가 209만 명으로 11.4%나 된다.[14]
2014년 2월 7일 서울연구원이 발표한 보고서에 따르면 월세 등 임
대료를 지출하고 남는 소득이 최저생계비[15)에 미달하는 가구가
서울 전체 가구의 8.8%에 달하는 31만1,000가구인 것으로 나타났

느끼는 심리적 빈곤이다. 생활의 기본적 필수품을 획득할 수 없어 최저의 생
활수준도 유지하지 못하는 절대적 빈곤과는 다른 개념이다. 사회적 관습과
생활수준에 의하여 크게 달라질 수 있다.
14) 김유선(2013), 「비정규직 규모와 실태-통계청, '경제활동인구조사 부가조
사'(2013.8) 결과」, 한국노동사회연구소.
15) 최저생계비는 말 그대로 최저생계를 위한 최소한의 비용을 정한 것으로,
2013년 4인 가족 기준 155만 원, 2014년에는 163만 원이다.

다(《서울경제》, 2014.02.07).

많은 노동자들은 한국에서 평균적인 생활을 영위하는데 필요한 표준 생계비용에 한참 미치지 못하는 수준의 임금을 받고 살아가고 있다. 민주노총이 발표한 2012년 표준생계비[16) 산출결과에 따르면 4인 가구 표준생계비는 526만1,474원으로 노동자 월평균 임금인 284만4,000원보다 2배 가까이 높았다(《머니투데이》, 2013. 03.07). 한국노총이 발표한 2013년 표준생계비에 따르면, 초등학생 자녀 2명을 둔 4인가구의 표준생계비는 527만859원에 이르렀다. 노동자 월평균 임금 306만1,096원(2012년 3분기 기준)은 표준생계비의 58.1%에 불과한 수준이다(《세계일보》, 2013.01.15).

붕괴된 농가경제

1960년대부터 지금까지 이어지고 있는 수출주도 경제성장 전략은 농촌과 농민의 희생 위에서만 가능했다. 특히 1990년대부터 끊임없이 농산물 시장개방을 확대하고, 소수의 정예농가에 정책지원을 집중시키는 농업정책은 농민의 삶을 완전히 붕괴시키고 있다.

2012년 기준으로 농가소득은 도시근로자 가구소득의 58.1%에 불과하다. 1990년을 기준으로 도시노동자 가구소득은 명목상 약 4.76배 증가했으나, 농가 소득은 그나마 약 2.83배 증가했을 뿐이다. 도시노동자 가구의 실질 소득이 물가상승률보다 더디게 인상

---

16) 평균적인 생활수준을 유지하면서 사는 데 필요한 최소한의 생계비.

되어 왔음을 감안한다면, 농민들의 실질 소득은 그보다 훨씬 열악한 상태에 놓여있다고 봐야 할 것이다.

농가소득현황

	1990	1995	2000	2005	2010	2012
농가소득(천원)	11,026	21,803	23,702	30,503	32,121	31,301
농업소득(천원)	6,264	10,469	10,897	11,815	10,098	9,197
농외소득(천원)	2,841	6,931	7,432	9,884	12,946	13,585
이전소득(천원)	1,921	4,403	4,743	8,803	9,077	8,319

(자료 : 장경호, 「농가의 빈곤화, 지속가능의 최대 위협요인」)

더욱 우려되는 사실은, 농가 소득 가운데 농업을 통해 얻는 소득이 갈수록 줄어들고 있다는 것이다. 도시 근로자들의 임금 억제를 위한 농산물 수입개방으로 국내 농산물이 제값을 받지 못함에 따라 농민들이 농사 대신 다른 일거리를 찾아 나서는 현상이 만연해 있기 때문이다. 농업농민정책연구소 장경호 부소장은 이에 대해 "2004년 추곡수매제도의 폐지에 따른 가격지지정책의 철폐와 해마다 반복되는 농산물 가격폭락으로 인한 결과"로 분석했다.

끊임없이 몰락하는 자영업자

일자리를 잃거나 얻지 못하는 서민층의 마지막 '도피처'인 한국의 자영업은 과포화 상태다. OECD 자료에 따르면 세계경제 위기가 본격화되기 전인 2008년 한국의 자영업 비중은 31.3%로 OECD 평균 15.8%에 비해 약 두 배 가량이나 높고, 유럽연합 27개 국의 평균 16.5%와 비교해서도 두 배 가까이나 높다. 공식 월급 없이 가족을 돕는 무급 가족 종사자까지 포함하면 그 비율은 더 올라가게 된다.

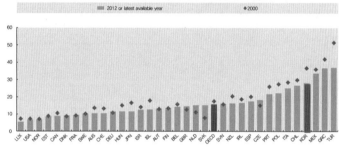

2012년 OECD국가들의 자영업자 비중

(단위 : %, 자료 : "OECD FACTBOOK 2014")

그런데 이러한 자영업 부문이 붕괴되기 시작했다. 2000년 후반으로 넘어오면서, 정해진 월급을 받지 않는 가게 주인과 가게에서 함께 일하는 가족 종업원(비임금 근로자)의 숫자가 급격히 줄어들고 있다. 양질의 일자리를 찾을 수 없는 한국의 고용현실에서 볼

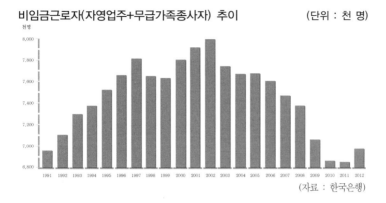

비임금근로자(자영업주+무급가족종사자) 추이   (단위 : 천 명)

(자료 : 한국은행)

때, 이들이 급격히 줄어드는 현상은 과포화상태에 있는 자영업자들이 심각한 경쟁에 내몰린 끝에 무직자로 전락하는 현상으로 해석할 수 있다.

실제로 자영업자들의 경제 상황은 매우 어려운 형편에 놓여있다. 한국은행, 통계청, 금융감독원이 발표한 '2013년 가계금융·복지조사 결과'에 따르면 2013년 3월 기준 자영업자는 9,333만원의 빚을 져 2012년 보다 5.3% 증가한 반면, 이들의 소득은 5,741만원으로 2.9% 증가하는데 그쳤다. 이런 상황에서 자영업을 유지한다 하더라도 대다수가 영세한 규모라 제대로 삶을 꾸려 갈 수 없는 실정이다.

향후 이렇다 할 노후대책이 마련되지 않은 베이비붐 세대가 생계유지 수단으로 자영업에 진출할 경우 문제는 더 심각해질 것으로 보인다. 1955~63년생 베이비붐 세대 716만 명 가운데 갓 퇴직한 1955~57년생은 매해 70만 명 선에 이르렀다. 앞으로 퇴직이 본격화 될 1958년생부터 1963년생까지는 매해 80만 명이 넘는다. 제대로 된 노령층 일자리가 없는 한국사회에서 이들은 생계를 위해 자영업에 뛰어들 가능성이 크다. 이들이 자영업으로 내몰리는 것은 새로운 일자리를 만드는 것이 아니라 일을 하더라도 가난에서 벗어날 수 없는 '워킹푸어'로 전락하게 됨을 의미한다.

4. 위기에 빠진 한국 경제

수출주도 성장이 몰고 온 민생경제의 파탄 상황은 '침몰하는 대한민국'으로 표현되고 있다. 지금과 같이 각 나라들이 경기회복을 위해 수출확대에 열을 올리는 상황에서 수출경쟁은 더욱 치열해질 수밖에 없다. 하지만 세계 경제의 침체기가 길어지면서 전 세계 무역량은 오히려 줄어들고 있다.

지난 20년간 연평균 5.3%씩 증가하던 세계무역이 2012년에는 단 2% 증가에 그쳤다. 무역증가율 2.0%는 세계경제 성장률 2.3%에도 못 미치는 수치이다. 1980년부터 2011년까지 세계 무역증가율은 연평균 7%로 세계경제 성장률(3.4%)의 두 배 이상을 기록해왔다. 그런데 세계 무역 증가 추세가 급격히 둔화된 것이다. 문제는 이러한 무역 둔화 현상이 일시적인 현상이 아니라 구조적인 현상이라는 데 있다. 《한국경제》보도에 의하면 세계무역기구(WTO)는 2013년 7월 보고서에서 "위기를 벗어나더라도 경제성장률 대비 무역증가율은 1.5배를 넘어서기 어려울 것"이라며 "지난 30년간 세계 무역성장을 이끌었던 요소들이 고갈되고 있다"고 분석했다.

전 세계적으로 무역장벽을 강화하는 이른바 '보호무역' 조치도 증가하고 있는데, 2009년부터 2013년 7월 초까지 보호주의 조치 도입 건수는 1,890건이나 된다. 특히 이전과 같이 단순한 관세장벽을 만드는 것을 넘어서서 가격담합, 독점 등을 문제 삼는다던지, 환경규제, 지적재산권에 이르는 등 보호주의 방식들이 다양해지고 있다.[17]

세계 각국의 보호주의 조치들로 인해 한국기업의 피해도 커지고 있다. 한국으로부터 수입되는 상품으로부터 자기 나라 산업을 보호하기 위한 세계 여러 나라의 구제 조치[18]는 2012년 말 기준 총 189건으로 중국의 706건에 이어 세계 2위를 기록 하고 있다. 또한 미국에서 경쟁법 위반으로 1억 달러 이상 거액의 벌금을 부과 받은 한국기업은 4개사로 나라별 건수로는 일본의 5건에 이어 2위이지만 벌금액은 11억8,500만 달러(약 1조2,600억 원)로 1위이다(일본의 경우 10억3,400만 달러). EU에서도 한국기업은 2000년 이후 총 8억3,136만 유로(약 1조2,000억 원)의 벌금을 부과받았다.

---

17) 권혁재 외(2013),『新보호주의의 확산과 대응』, 삼성경제연구소.
18) 특정 국가가 국내에 상품을 너무 싼 값에 팔거나 외국 정부의 보조금 등으로 국내 산업이 피해를 입거나 입을 우려가 있는 경우, 해당 물품의 수입관세에 추가하여 덤핑방지관세 또는 상계관세를 부과하거나 수입을 제한하여 국내 산업을 보호하는 제도를 말한다. WTO체제하에서 예외적으로 인정되는 국내산업보호제도이다(한경『경제용어사전』참조).

지적재산권 소송에 무방비로 노출된 한국

최근에는 환경규제나 지적재산권을 통한 통상마찰도 증가하고 있는데, 한국기업을 대상으로 한 국제특허 소송도 2004년 37건에서 2011년 159건으로 크게 증가하고 있다.

특히 미국은 최근 각종 자유무역협상 등에서 지적재산권, 특허권 분야에 주목하면서 지적재산권을 무기화하고 있다. 미국이 지식재산권 침해로 물품을 압류한 건수는 2005년 8,022건에서 2012년 22,848건으로 크게 늘어났다.[19]

《위키리크스》가 공개한 2013년 8월 30일 환태평양경제동반자협정(TPP) 12개 협상국 대표단에 배포된 지적재산권 분야 초안에 따르면, 미국은 자국의 제약사와 할리우드 산업을 보호하기 위해 지적재산권 보호를 강하게 주장하고 있다. 미국은 신흥국에서 제약사들의 특허취득을 용이하게 하는 동시에 특허보장 기간을 20년 이상으로 하는 안을 추진하고 있고, 특허 침해의 경우 3배까지 배상하도록 하는 징벌적 규정을 주장하고 있는 것으로 알려졌다.

저작권 보호의 경우 한·미FTA는 저작자 사후 또는 저작물 발행 이후 70년으로 규정돼 있지만 미국은 TPP에서 120년으로 늘려야 한다는 입장이다. 따라서 수출을 위해 미국, 일본 등에 기술을 의존해야 하는 한국의 경제 구조로 볼 때 향후 발전에 큰 장애요인이 될 수밖에 없다.

---

19) 권혁재 외(2013), 『新보호주의의 확산과 대응』, 삼성경제연구소.

이러한 점에서 볼 때 원천기술을 외국에 의존하고 있는 한국은 보호무역이 강화되고 특히 지적재산권을 무기로 미국 등이 조성하는 새로운 무역환경에 매우 취약하다고 볼 수 있다.

새로운 대안을 모색해야

한국경제의 대안에 대한 요구는 현재의 세계경제, 한국경제 상황을 놓고 볼 때 매우 절박하다. 우리는 더 이상 지금처럼 살아갈 수 없다.

세계는 새로운 질서를 향한 전환기에 놓여있으며, 미국이 주도하는 경제질서에 철저히 편승해 온 재벌 중심의 한국경제 역시 새로운 발전 경로를 모색해야 한다. 우리가 필요로 하는 대안은 당장의 위기를 모면해보려는 임기응변식의 대응이 아니라 한국경제가 안고 있는 구조적인 문제점들을 극복하기 위한 근본적이고 전략적인 대안이 되어야 한다.

제2장　진보의 미래전략 - 통일경제

"지금 우리에게는 '퍼주기'와 '종북' 논란을 뛰어넘어 '체제공존형' 통일방안을 수립해야 한다. '연합연방제'에 입각한 통일경제는 통일을 지향하는 우리 민족의 삶을 영위하도록 하는 물질적인 토대이며, 민족공동정부를 운영하고, 대외관계에서 우리 민족의 부강번영을 실현하기 위한 외교와 국방, 그리고 남과 북 지역 경제의 발전을 이룰 각종 자본과 설비를 제공하는 역할을 담당하게 될 것이다."

뒷걸음질 치고 있는 한국경제의 대안은 그 누가 대신해서 만들어주지 않는다. 억압받는 약자인 노동자·농민, 서민을 위한 대안을 기득권 세력에게 기대할 수는 없는 노릇이다. 민중이 사회의 당당한 주인으로 대접받고 자기 생활이 개선되는, 나아가 번영하는 미래를 열기 위해서는 민중 스스로 대안을 모색해야 한다. 이를 위해서는 우리 삶의 질적 도약을 가로막고 있는 요인이 무엇인지 찾아내고 그것을 극복하기 위한 대안이념과 정책 등을 찾아야 한다.

그런데 우리 민중은 대안 모색의 첫 걸음부터 정권을 비롯한 기득권 세력의 억압에 시달리고 있다. 그것은 바로 사상에 대한 탄압이다.

1. 진보·번영과 민족 균형발전의 관계

1) 분단으로 인해 가로막힌 사상 발전

인류의 역사는 끊임없는 투쟁의 역사라고 한다. 인류는 더 나은 삶을 실현하기 위해 자연환경과 싸워왔으며 질곡으로 작용하는 사회제도를 개선하기 위해 투쟁해왔다.

그러나 투쟁은 저절로 벌어지지 않는다. 투쟁에 나서는 인류에게는 그들의 투쟁에 정당성을 부여하고 앞길을 밝히며 그들을 단결하게 하는 사상이 있어야 한다.

유럽에서 봉건사회를 무너뜨리고 나타난 자본주의 사회는 부르주아계급의 '자유, 평등, 사적 소유권' 사상에 기반하고 있다. 왕족과 귀족의 지배 밑에 새롭게 부상했던 부르주아계급은 인간이 신분적 구속에서 벗어나 자유와 평등을 누릴 때 사회가 발전한다고 주장했다. 그리고 왕과 귀족이 독점하고 있던 토지를 비롯한 재산을 모든 개인이 누구나 소유할 수 있다고 주장했다. 부르주아 계급은 이러한 주장을 바탕으로 결국 봉건체제를 무너뜨리고 자신이 권력을 독점하는 자본주의 사회를 열고 생산력을 발전시켜 나갔던 것이다.

우리 민족이 일본제국주의에 맞서 싸워 해방될 수 있었던 것은 '민족자주사상'에 근간을 두고 있다. 많은 민족 지도자들은 일제강점 이후 "나라 잃은 백성의 신세는 상갓집 개만도 못하다"는 사실을 뼈저리게 체험하며 자주권을 되찾는 것만이 우리 민족의 살 길임을 주장했다. 우리 민족은 이에 기초하여 민족해방을 이루기 위한 다양한 투쟁을 펼쳤던 것이다.

이처럼 그 시대의 현실을 비판하고 더 나은 세상을 여는 가치를 담은, 보다 진보적인 사상은 해당 시대를 선도하여 민중을 더 나은 세상으로 나아가게 한다. 이것이 바로 인류 역사, 억압받는 민중의 역사가 우리에게 남긴 교훈이며, 진보적인 사상이 갖는 역할이다.

그러나 안타깝게도 우리 사회는 남과 북이 갈라져 대립하고 있는 분단체제로 인해 진보적인 사상의 발전이 가로막혀 있다. 적대적인 분단체제에서는 상대를 적대시하는 이데올로기가 지배하게 된다. 그리고 이는 국가보안법과 같은 법제도로 강요된다. 실제로 한국에서는 북한 체제를 비판하기 위한 목적의 사상과 학술연구는 광범위하게 허용되는 반면 북한체제의 특성에 대해 일반인들이 연구하는 것은 금기시되고 있다.

우리가 아무리 한국사회를 비판하더라도 백 가지 중에서 한 가지 좋은 점은 찾을 수 있는 법이다. 북한이라고 다르지 않을 것이다. 그런데 우리는 북한에 대해서라면 자기 생각에 좋은 것도 나쁘다고 말해야 하는 현실에 살고 있다.

그 뿐인가. 한국사회의 문제점을 비판하고 대안을 제시하면 그것은 곧바로 북한의 주장에 동조하는 것으로 낙인찍힌다. 해방 이후 줄기차게 이어져 온 '빨갱이' 논란이 바로 그것이다. '빨갱이' 논란은 21세기에 이르러 '종북' 논란으로 형태만 바뀌었을 뿐 여전히 온존하고 있다. 이러한 상황에서는 한국사회의 문제점을 해결해보려는 어떠한 대안이나 정책도 제시하기 어렵다.

서해상의 북방한계선(NLL)을 둘러싼 '종북논란'이 그 대표적인 사례다. 새누리당을 비롯한 보수 우익은 북방한계선을 마치 1953년 휴전과 더불어 그어진 군사분계선인 동시에 '영토선'인 것 마냥 주장하며 이에 대한 어떤 문제제기도 북한의 주장에 동조하는 것으로 몰아갔다. 이들은 노무현 대통령이 김정일 국방위원장과 합의했던 '서해평화협력특별지대' 설치 제안이 북방한계선을 무력화하기 위한 북한의 의도에 넘어간 것이라며 노무현 대통령을 '종북주의자'로 매도하였다.

그러나 북방한계선은 미국이 북진통일을 주장하던 이승만 대통령이 해군을 앞세워 북한을 공격할 것을 우려하여 설정한 유엔군사령부 작전 규칙의 일환이었다. 실제로 1953년 7월 27일 휴전협정 서명 당시 미국과 북한이 합의한 서해상의 해상분계선은 존재하지 않는다. 게다가 남과 북은 1992년에 발효된 '남북기본합의서'에서 "남과 북의 해상 불가침선은 앞으로 계속 협의한다"고 명시하여 북방한계선이 '영토선'이 아님을 공히 인정하고 있다. '서해평화협력특별지대' 구상은 서해상에 해상 군사분계선이 없는 관계로 남북 간에 교전이 발생하는 상황을 지혜롭게 극복하고자 했던 남북 정상의 합의였다. 수구세력은 이마저도 '종북'으로 내몰아 좁게는 서해, 넓게는 한반도의 평화를 위태롭게 하고 있다.

'종북' 논란은 남북관계와 직접적으로 관련되지 않은 영역에서도 벌어지고 있다. 수구세력은 법의 허점을 악용한 재벌 총수 일가의 계열사 지배구조인 '순환출자구조'를 정상화하고 재벌의 문어발식 사업 확장으로부터 중소기업과 영세자영업자를 보호하자는 '경제민주화' 정책도 '종북'으로 매도했다. 개인의 사유재산을 국가가 나서서 제약하는 것은 공산주의 사회에서나 가능한 일이라는 것이 이들의 억지 주장이다. 여기서 공산주의 사회란 결국 북한을 지칭한다.

수구세력이 가진 사고방식의 연장선에서 보자면, 국가의 역할을 확대해서 국민 복지를 증진시키거나 기득권의 전횡을 막기 위한 진보적인 정책은 예외 없이 '공산주의' 정책으로 비난받고, 그러한 주장을 펼치는 인사는 '종북주의자'로 낙인찍힌다. 한국의 수구세력은 진보개혁진영이 제시했던 무상급식·무상의료공약이 '공산주의'사회에서나 가능한 발상이라며 공격했다. 상위 1%의 부자들이 세금을 좀 더 내서 부족한 재원을 마련하자고 주장해도

'빨갱이'라 비난했다. 어디 그 뿐인가. 한·미FTA를 반대해도, 제주 주민들이 강정 해군기지 건설을 반대해도, 밀양 주민들이 송전탑 건설을 반대해도, 쌍용차 노동자들의 파업을 지지해도, 공무원과 교사들도 노동자라고 주장해도 '종북주의자'로 낙인찍힌다.

민주주의, 국가주권 훼손하는 분단

'종북' 논란에서 보듯, 분단체제는 사상에 대한 억압에서 출발해 민주주의와 국가주권까지 훼손하는 근원이 되고 있다.

일례로 박근혜 정권은 2012년 대통령 선거에서 국정원이 운영하는 사이버 심리전단과 국군 사이버사령부 등의 인터넷 여론 조작, 군 일선에서 벌어진 진보개혁세력에 대한 왜곡된 교육이 광범위하게 벌어지는 가운데 당선되었다. 사실 국정원과 군 일선에서 벌어진 '여론 조작'은 민주주의의 근간을 뒤흔드는 중대한 범죄행위다. 그러나 박근혜 정권은 국정원과 군 내부에 대한 범국민적 개혁 요구를 이른바 '안보논리'를 동원해 교묘히 피해갔다. 국정원과 군대에 대한 개혁은 결국 북한이 오판할 수 있는 빌미를 주고, 그 결과 안보가 위협받을 수 있다는 것이 이들의 논리였다.

새누리당을 포함한 보수우익세력은 여기서 한 발 더 나아가, 국정원과 군 개혁을 요구하는 국민들의 목소리가 결국 북한만 이롭게 한다면서 국민의 정당한 요구를 '종북주의'로 매도했다. 반면, 이들은 나라 권력의 근간이 되는 민주주의가 훼손되는 문제에 대해서는 그 어떤 문제제기도 하지 않는다.

분단체제는 또한 국가주권을 심각하게 훼손하는 뿌리가 되고 있다. 대표적인 사례가 바로 군사주권이다. 널리 알려진 바와 같이 외국 군대가 주둔하거나 연합방위를 하고 있는 나라는 많지만 작전지휘권까지 주둔군에게 통째로 헌납한 나라는 지구상에 한국밖에 없다.

그런데 박근혜 정권은 2014년, 북한 당국의 안보 위협에 대처해야 한다는 논리로 전시작전통제권 환수 시점을 또 다시 무기한 연기했다. 미국으로부터 전시작전통제권을 환수받아야 한다고 주장하는 국민들의 상식적인 요구는 '종북주의'로 비난받았다. 이는 마치 일본 제국주의자들이 나라의 자주권을 회복해야 한다고 주장하는 독립운동가들을 모조리 '공산주의자', '빨갱이'로 낙인찍고 처형했던 것과 같은 논리이다.

북한의 위협으로부터 나라를 지켜야 한다는 수구세력의 군사안보논리는 경제주권의 훼손으로 이어지고 있다. 수구세력은 한·미 FTA 체결은 곧 한·미경제동맹이라면서, 이를 체결하면 한·미군사동맹을 포괄적인 동맹으로 한 차원 끌어올릴 수 있다고 주장했다. 이들은 한·미동맹을 강화하기 위해 한국의 주권이 일부 훼손되고 경제적으로 손해를 보는 것도 감수해야 한다는 주장도 서슴없이 펼쳤다.

이처럼 분단체제는 사상에 대한 억압에서 출발해 민주주의, 국가주권을 훼손시키는 결과를 낳고 있다. 국가 주권이 국민의 이익을 보장하기 위한 기초 중의 기초이며, 민주주의가 사회발전의 원동력이자 잠재력이라는 점에서 볼 때 분단장벽은 남과 북을 지리적으로 가로막는 것을 넘어 우리 국민의 삶과 사회의 발전까지 가로막고 있는 셈이다.

막대한 손해를 가져오는 분단체제

실제로 국민들은 분단체제 때문에 막대한 경제적 손해를 보고 있다. 이는 분단체제를 유지하기 위해 발생하는 비용 즉, 분단비용을 가늠해봄으로써 알 수 있다. 분단비용은 좁게 보아 분단으로 인해 과도하게 지출되는 군사비를 가리키기도 하고, 넓게 보아 분단이 원인이 되어 낭비되는 경제, 사회, 문화 등 모든 영역의 피해 규모를 더한 것이 되기도 한다.

2014년 한국의 국방비는 35조8,000억 원으로 전체 예산 357조7,000억 원의 약 10%를 차지한다. 정부 예산중에서 10%가 무엇이 많은가, 하고 반문할 수도 있지만 한국의 국방비는 국가경제 규모에 비해 과다하게 지출되고 있다. 실제로 2013년의 경우 국방비는 국내총생산 대비 2.6%를 차지하고 있어, 주요 국가들 중에서 러시아(4.2%)와 미국(3.81%) 다음으로 많다. 이는 유엔안보리 상임이사국인 영국(2.3%)과 프랑스(2.2%), 중국(2%)보다 많은 수준이며, 일본(1%)의 2.6배, 독일(1.3%)의 두 배에 달한다.

한국이 이처럼 많은 국방비를 지출하고 있는 까닭은 1조 원에 가까운 주한미군을 위한 방위비 분담금을 내야하고, 값비싼 미국산 무기를 구입해야 하기 때문이다. 참고로 한국은 미국산 무기를 세계에서 가장 많이 수입하는 나라다.

분단비용은 일상적인 경제활동에서도 발생된다. 한국은 수시로 발발하는 교전 때문에 다른 나라 사람들에게 군사적 긴장감이 높은 나라로 인식되어 있다. 이 때문에 기업이나 은행들은 해외에서 돈을 빌릴 때 웃돈을 줘야 한다. 현대경제연구원의 분석에 따르면 분단으로 인한 위험으로 2010년의 경우 외국으로부터 돈을 빌릴 때 지불해야 하는 금리가 0.2%포인트 높게 책정되는 것으로 알려지고 있다.[20] 예를 들어 2013년 기준으로 공기업이 외국에 진 빚이 16조 원일 때, 0.2%인 320억 원의 이자를 더 줘야 한다는 의미다.

더 중요한 사실은, 한반도에서 수시로 발생하는 국지적인 교전이 언제 어디서 전면전으로 확산될지 모르는 상황이라는 점이다. 만약 21세기에 한반도에서 또 다시 전면전이 일어난다면, 우리가 지금까지 계산해 본 숫자들을 무색하게 하는 천문학적인 인명·재산피해가 발생하게 될 것이다.

사실 정확한 숫자로 계산하기 어려운 '넓은 의미'의 분단비용도 엄청나다. 과도한 군사시설을 보호하기 위해 국방부가 따로 관리하는 땅의 44%가 수도권과 6대 광역시에 집중되어 발생하는 국토이용의 비효율성, 서울 용산 등 전국 각지의 엄청난 면적의 땅을

---

20) 홍순직 외(2011), 「북한 자원 잠재적 가치 높다」, 현대경제연구원.

미군에게 무상으로 제공하는데 따르는 경제적 손실, 미국이 미군 기지 환경오염을 치유하지 않아 한국 정부가 대신 내는 비용, 왕성하게 경제활동을 해야 하는 수많은 젊은이들이 병역의무 때문에 포기해야 하는 경제적 가치, 분단을 명분으로 존재하는 국가보안법 등으로 인해 발생하는 사회적 갈등을 해소하기 위해 발생하는 비용, 진보세력 탄압을 주된 목적으로 하는 국정원과 검·경의 관련 부서 예산 등도 분단이 되지 않았다면 없애거나 대폭 줄일 수 있는 비용이다.

나아가 이산가족문제 해결에 드는 비용, 남북이 경쟁을 위해 세계 각국에 들이는 막대한 외교비용, 남북이 해외 대사관 등을 중복 유지해야 하는 비용, 분단에 따른 산업 구조의 왜곡 때문에 초래되는 손실 등도 분단비용이다.

이렇게 한국경제는 다른 나라들과 달리 분단이라는 특수성으로 인해 지불해야 하는 비용이 너무나 많다. 사실 분단 상황에 무뎌진 우리 국민들은 분단이 우리 삶에 얼마나 많은 경제적 피해를 주고 있는지 잊고 살아가고 있다. 하지만 중요한 사실은 이러한 분단비용이 통일이 될 때까지 끝없이 발생한다는 점이다. 분단비용 지출은 평화번영을 가로막는 중요한 요인이다.

'연합연방제' 통일로 본격화 될 진보와 번영

통일이 되지 않는다고 우리 삶의 개선 가능성이 전혀 없는 것은 아니다. 하지만 진보적인 사상의 발전을 가로막는 '종북' 논란, 사회 발전의 기본이 되는 민주주의와 국가주권의 훼손, 경제에 막대한 손해를 끼치고 있는 분단비용은 남북이 평화적인 통일을 이룰 때 비로소 사라질 것이다. 평화통일을 이루어야만 우리 삶에 질적인 도약, 획기적인 전환을 기대할 수 있는 것이다.

그렇다면 평화적인 통일을 실현하기 위한 구체적인 방법은 무엇인가.

남과 북은 자본주의와 사회주의라는 서로 다른 경제제도를 갖고 있다. 정당정치에 있어서도 남은 다당제를 표방하고 있지만 북은 사회주의 제도의 특성 상 노동자 독재를 실시하고 있다.

또 하나 중요한 사실은 남과 북의 체제가 서로 다르다는 사실을 넘어 서로 적대적인 성격을 갖고 있다는 점이다. 적대적인 두 체제가 어떻게 통일을 이루고 하나의 제도로 통합될 수 있을까. 언뜻 생각하자면 결국 하나의 제도가 다른 제도를 어떤 방식으로든 무너뜨리는 수밖에 없는 것처럼 보인다. 당연히 남과 북의 정부당국은 정치, 경제, 군사, 외교 등 사회 모든 역량을 동원해 상대방을 이기려 한다. 이것이 바로 우리가 익히 알고 있는 체제대결이고 군비경쟁이며, 이에 따른 통일방안이 이른바 북한의 '급변사태'를 염두에 둔 흡수통일 방안이다.

그러나 다행스럽게도 남과 북은 평화적으로 통일할 수 있는 방법을 가지고 있다. 그것이 바로 남측의 연합제와 북측의 낮은 단계 연방제안의 공통성에 기초한 통일방안이다.

남측이 제기한 '연합단계'는 남과 북의 체제와 정부를 그대로
두고, 그 위에 '정상회담', '각료회의', '의원회의' 등 남북협의기구
를 두자는 것이다. 한편 북측의 '낮은 단계의 연방제'는 남과 북의
체제와 정부를 그대로 두고 그 위에 연방정부를 수립하되, 당분간
남과 북의 지역 정부에 군사권과 외교권을 그대로 두면서 점차로
연방정부의 권한을 높여간다는 것으로 요약할 수 있다. 사실 두
방안을 그림으로 그려놓고 보면 누가 봐도 별 차이가 없다는 사실
을 한 눈에 확인할 수 있다.

남북 통일방안 비교

구분	남측 통일방안	북측 통일방안
명칭	남북 연합	낮은 단계의 연방
개념도	연합 제도적 장치 — 남 지역정부 / 북 지역정부	연방 정부 — 남 지역정부 / 북 지역정부
	1민족 2국가 2체제 2정부	1민족 1국가 2체제 2정부
주권	연합에 이양한 일부 권한을 제외하고 군사권, 외교권 내정권은 지역정부에 있음	군사권, 외교권 내정권은 지역정부에 있으나, 민족 공동사안인 군사권, 외교권을 점차 연방정부로 이양 강화함
최종형태	1민족 1국가 1체제 1정부	미확정, 통일국가는 점진적, 단계적으로 추진

두 방안의 공통점을 정리해본다면, ① 단계적·점진적으로 통일
에 접근한다는 점, ② 상당기간 2체제 2정부를 유지하여 각 지역
정부가 군사, 외교, 내정권을 갖는다는 점, ③ 선 민족사회문화 통

합, 후 제도통일을 지향한다는 점이다.

이러한 통일방안은 2000년에 개최된 남북정상회담을 계기로 합의되었다. 6·15남북공동선언 2항은 "남과 북은 나라의 통일을 위한 남측의 연합제 안과 북측의 낮은 단계의 연방제 안이 서로 공통성이 있다고 인정하고 앞으로 이 방향에서 통일을 지향시켜 나가기로 하였다"고 통일방안을 명시하고 있다. 이는 남과 북이 합의한 최초의 통일방안이다. 6·15공동선언 2항에 의한 통일방안은 '연합연방제'라 줄여 부를 수 있다. 남측의 연합제안과 북측의 낮은 단계 연방제안의 결합인 셈이다.

'연합연방제'는 한마디로 '체제공존형 통일방안'이라고 할 수 있다. 즉, 민족 공동의 통일정부 구성을 목표로 남북 두 지역 정부의 대외관계와 관련한 외교 및 국방권을 그대로 인정한 가운데 민족 단합의 실현 정도에 맞게 남북관계를 발전시켜 단계적으로 통일을 실현하자는 방안이다.

세계적으로 국가연합이나 연방제를 채택한 나라는 많다. 유럽연합(EU), 동남아시아국가연합(ASEAN), 소비에트 연방 해체 이후의 독립국가연합(CIS)이 바로 국가연합의 사례들이며, 미국, 스위스, 캐나다, 독일, 러시아, 멕시코, 벨기에 등이 연방제를 채택하고 있는 나라들이다. 특히 미국, 스위스, 캐나다, 독일 등 연방 국가들의 경우 과거 국가연합단계에서 연방제로 나아갔다는 점에서 6·15공동선언 2항의 내용이 충분히 실현가능하다는 것을 알 수 있다.

게다가 '연합연방제' 방안은 독일식 흡수통일이 초래한 급격한 사회변화에 따른 충격과 비용문제를 자연스럽게 해소할 수 있는 방안이 될 수 있다. 따라서 '연합연방제' 방식에 의한 통일은 다른 어떤 통일방안보다 실현가능성이 높다. 앞으로 '연합연방제' 방안에 기초해 통일을 추진해 나갈 때, 우리 국민들의 삶이 질적으로 도약할 수 있는 길이 비로소 열리게 될 것이다.

2) 민족경제의 균형적 발전

민족경제의 균형적 발전이란?

'연합연방제' 방식의 통일이 우리 삶과 사회의 발전에 질적인 도약을 이루는 계기가 된다면, 그 다음으로는 통일된 한반도에서 어떻게 경제를 발전시켜야 우리 삶이 나아지겠는가 하는 문제가 제기된다.

남과 북이 통일방안을 합의하는 데 가장 큰 걸림돌이 되었던 문제가 바로 서로 다른 체제, 서로 적대적인 체제를 존중하는 것이었다. 마찬가지로 경제를 발전시키는 문제에 있어서도, 남과 북 모두가 골고루 발전하지 않는 경제발전 방향은 남북의 정부 당국은 물론 우리 민족 전체가 동의하기 어렵다.

일례로 박근혜 대통령의 주장처럼, 한국의 대기업이 북한 광산에 투자해서 싼 값에 지하자원을 들여오는 방식은 남쪽 기업들은 환영할 만한 일인 반면 북쪽 입장에서 봤을 때 환영할 만한 제안은 아닐 것이다. 자원을 원광석 그대로 파는 것보다 원광석을 가공해서 순도를 높이는 제련 과정을 거치는 것이 훨씬 부가가치가 높기 때문이다. 따라서 남과 북이 골고루 발전하면서 모두에게 이익이 되는 방향, 서로가 서로에게 의지하고 도와주는 방향으로 경제발전을 이끌어나가야 한다.

남과 북 우리 민족 모두에게 이익이 되고 서로에게 도움을 주는 경제발전, 그것은 '민족경제의 균형적 발전'으로 표현할 수 있다.

사전에서 살펴본 민족경제의 뜻은 민족의 생활에 필요한 재화와 용역을 생산, 교환, 분배, 소비하는 모든 활동과, 활동을 통해 맺어지는 사회적인 관계이다. 민족국가의 경우 국가경제는 민족경제와 같다고 볼 수 있지만, 우리 민족은 분단으로 인해 남과 북으로 경제가 단절되어 있다. 한편 민족경제를 넓은 의미로 볼 경우 중국 동북3성 지역과 연해주 지역 내의 동포 경제를 포괄할 수도 있다. 하지만 여기서는 편의상 민족경제의 범위를 남과 북 정부 당국의 주권이 미치는 한반도로 그 영역을 제한하고 그 외 지역은 협력 대상으로 남겨두고자 한다.

우리가 통일을 이루어 민족경제를 고르게 발전시키려는 목적은 7,500만 민족 모두가 잘 살 수 있도록 삶의 질을 향상시키자는 것이다. 따라서 민족경제를 고르게 발전시키기 위해서는 경제가 민족의 생활을 잘 보장할 수 있도록 산업 전반을 골고루 발전시키며

산업 활동이 벌어지는 무대가 되는 한반도 전역을 치우침 없이 개발 보전해야 한다. 또 민족경제를 고르게 발전시키기 위해서는 남과 북 각 지역 경제의 장점은 살리고 단점은 보완하는 방식, 지역이 가지는 특색을 살리는 방식으로 협력관계를 만들어가야 한다. 그래서 '1+1=2'가 아닌 그 이상의 효과를 내도록 민족경제가 가진 잠재력을 끌어내야 한다.

민족경제가 가진 잠재력

그동안 남과 북이 경제적 측면에서 서로에게 도움이 될 수 있는 방식은 북의 지하자원과 노동력, 남의 자본과 기술이 결합되는 형태로 알려져 왔다. 이는 개성공단 개발 과정이나 북의 지하자원의 도입 등을 통해 어느 정도 현실에서 검증되었다. 그러나 남측의 자본과 기술이 북측의 자원과 노동력과 결합하는 방식만 되풀이하는 것은 남과 북이 가진 경제적 잠재력을 제대로 이용하지 못하는 결과를 낳는다.

〈표 2-1〉 남북이 가진 상호보완성

항목	남 현황	북 현황	효과
경지분포	논 우위(58%)	밭 우위(68%)	농업 분업 형성
자원 및 에너지	극단적 대외의존	잠재 매장량 풍부	자립도 향상
인구구조	남성 초과	여성 초과	성비 균형
산업 및 기술	전기전자 등 제조업	정밀기계, 국방과학	산업체질 강화

민족경제가 가지고 있는 잠재력은 남과 북의 자연환경, 산업구조, 인구분포 등을 종합적으로 반영해 평가해보아야 한다. 가장 대표적인 예가 지리적 조건이다. 북한은 중국·러시아와 국경을 맞대고 있어 분단체제에서는 한국이 육로로 갈 수 없는 유라시아대륙으로 가는 철도와 도로가 연결되어 있다. 이를 활용한다면 한국의 무역은 새롭게 도약할 수 있는 길을 갖게 되고 북한도 사회간접자본이 확충됨에 따라 경제가 발전할 수 있는 토대를 마련하게 된다.

농업 분야에서 지리적인 특성을 반영해볼 수도 있다. 한반도 남쪽에는 상대적으로 평야가 많으며 북쪽에는 산지가 많아 남북농업은 큰 틀에서 논농사와 밭농사의 분업 내지 협력이 가능하다. 실제 남쪽의 농경지 분포를 보면 2009년을 기준으로 논이 101만 ha로 58%, 밭이 73만 ha로 42%를 차지[21]하고 있는 반면, 북의 농경지 분포는 역시 2009년을 기준으로 논이 61만 ha로 32%, 밭은 130만 ha로 68%를 차지[22]하고 있다. 김성훈 전 농림부장관은 이를 토대로 "남한의 논농사와 북한의 밭농사가 조화를 이뤄 서로 돕는 방식이 돼야 한다"고 제안한 바 있다.[23] 남과 북이 각각 가지고 있는 지역적 특색을 살려갈 때, 국토의 균형적인 개발과 이용이 가능하게 되는 것이다.

---

21) 「농업생산기반 정비사업 통계연보」, 한국농촌공사, 2010.
22) 「북한의 농업」, 한국농촌경제연구원, 2013.
23) 「南잉여쌀 北지원이 한국농업 살길」, 『연합뉴스』, 2003. 4. 8.

산업구조 측면에서는 반도체, 전기전자, 자동차, 조선, 석유화학 등 남의 제조업기술과 인공위성발사체에서 확인할 수 있었던 북의 정밀기계, 국방공업 기술이 지하자원을 기초로 만난다면 우리 민족의 산업이 비약적으로 강화될 수 있는 길이 열릴 것이다.[24]

남북이 경제협력을 확대할 경우 인구 분포의 측면에서 총인구 7,500만 명의 경제권을 형성할 수 있다. 7,500만명 수준이면, 남북의 내수시장은 유럽 주요 경제권인 독일(8,000만)에 육박하며 프랑스(6,500만)와 이탈리아(6,000만)를 뛰어넘게 된다. 이를 통해 무역중심 경제에서 내수중심 경제로 나아갈 수 있는 토대를 강화할 수 있게 된다. 또 남자가 많은 남쪽과 여자가 많은 북쪽의 인구를 합하면 사실상 1:1의 비율로 남녀 성비의 균형을 이룰 수 있다.[25] 인구 분포의 측면에서 남과 북이 갖는 상호보완성은 장기적인 관점에서 대단히 중요하다. 남녀의 비율이 균형을 이루는 문제는 결

〈표 2-2〉 통일 이후 개선될 것으로 기대되는 경제여건

구분	남 현황	공동체 형성	효과
인구	5000만	7500만	내수 산업 성장 토대
생산가능 인구	52.7%	57.1%	인구부양비 감소로 복지 정책 지속가능성 확대
지리적 접근성	대륙 접근성 제한	반도의 교량적 특성 극대화	물류거점을 넘어 역내 경제협력 거점으로 기능

---

24) 「금강산 관광 13주년: 남북 경협의 경제적 가치 재발견」, 현대경제연구원. 2011.
25) 「남북한 인구 구조 특성」, 현대경제연구원, 2010.

혼과 출산 등으로 이어지는 사회 전체의 재생산 과정에서 매우 중요한 의의를 가지기 때문이다.

이처럼 남과 북은 다방면에 걸쳐 서로 보완할 수 있는 경제적 여건과 요소들을 많이 갖고 있다. 이를 제대로만 활용한다면 군사 대결로 인한 국력 낭비를 최소화하고 우리 민족이 가진 잠재력을 남김없이 발휘하는 것이 가능해질 것이다.

균형적 발전이 가져다 줄 또 다른 기대효과

민족경제를 고르게 발전시켰을 때 기대할 수 있는 파급 효과도 많다. 먼저 민족경제가 고르게 발전하게 되면 정치, 사회, 문화 등 다방면에서 민족통일이 촉진되고, 이것이 다시 민족경제의 발전으로 이어지는 선순환이 일어나게 된다. 남북이 경제 협력을 늘려가고 이를 토대로 남북 모두가 이익이 되는 것이 피부로 느껴진다면, 우리 민족의 통일에 반대하던 사람들도 자연스레 통일을 이루는 길에 동참하게 될 것이다. 반대로 경제협력의 결과 남이나 북 어느 한쪽에게만 이익이 된다면 사람들은 남과 북의 협력에 반대할 것이며 나아가 통일 자체를 반대하게 된다.

실제로 지난 2000년대 남북 경제협력이 남과 북 모두에게 이익이 된다는 것이 뚜렷하게 드러나자 많은 국민들이 교류협력을 지지하고 통일을 이루려는 여론이 확산된 바 있다. 물론 일부 통일을 반대하는 사람들은 개성공단이나 금강산관광 사업이 마치 북

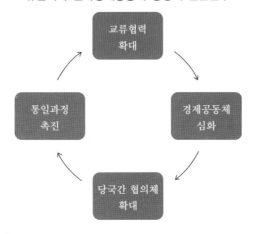

교류협력과 민족경제공동체 형성의 선순환구조

교류협력
확대

경제공동체
심화

당국간 협의체
확대

통일과정
촉진

에게만 이익이 된다는 식으로 왜곡하여 남측 사회 내에 통일을 반
대하는 여론을 조성하기도 했다. 그것이 이른바 '퍼주기' 논란이
다. '퍼주기' 논란을 일으키는 사람들의 주장이 사실이라면, 개성
공단에 입주한 기업주나 금강산관광 사업을 주도하는 현대아산
경영진들은 경제적 이익이 하나도 없음에도 불구하고 계속 사업
을 벌여나가겠다고 주장하는 꼴이 된다. 이는 상식적으로 이윤을
추구하는 기업과 자본주의의 생리에 맞지 않는 비현실적인 주장
이다. 북한에 경제적 이익이 있는 만큼 당연히 경제협력에 참가하
는 한국 기업들의 이익이 있었으니 이들이 사업을 지속하려 했던
것이다.

다음으로, 민족경제를 고르게 발전시켜 나가면 통일을 이루는
과정에서 지역별로 나타나는 경제적 격차를 줄여나갈 수 있다. 여

기서 말하는 지역별 경제 격차는 남과 북의 경제적 격차만이 아니라 도시와 농촌 사이의 격차, 수도권과 지방의 격차를 모두 포함한다. 이는 장기적인 관점에서 남과 북의 자유 왕래가 가능해지는 시기를 대비해 반드시 해결해야 하는 문제이기도 하다.

흡수통일 방식으로 통일을 이룬 독일의 경우, 베를린 장벽이 붕괴된 직후 상대적으로 낙후했던 동독 지역의 인구가 200만이 넘게 대거 서독 지역으로 이동하는 현상이 나타난 바 있다. 흡수통일 방식을 채택한 탓에, 자본주의식 경쟁에 적응하지 못한 수많은 동독 기업이 빠른 속도로 쇠퇴했기 때문이다. 그 결과 실업률은 가파르게 증가했고 젊은이들이 일자리를 찾아 서독 지역으로 떠나면서 동독의 많은 도시가 텅 비게 되는 '공동화' 현상이 나타난 것이다. 서독 지역 역시 한꺼번에 밀려드는 동독 지역 인구로 인해 곤란을 겪었음은 물론이다.

우리 민족이 '연합연방제' 방식을 통해 점진적으로 통일을 이루어 가면서, 동시에 민족경제를 고르게 발전시켜 나간다면 독일이 겪었던 사회적 충격을 피할 수 있을 것이다. 또한 남북이 통일 농업을 추진하여 도시와 농촌의 격차를 줄여나가게 되면, 한국사회에서 나타나는 농촌의 심각한 고령화 현상도 점차 완화할 수 있을 것으로 기대된다.

민족경제를 균형적으로 발전시켜 나가면 남과 북은 하나의 경제공동체를 형성하게 된다. 남과 북이 마치 한국과 다른 나라가 FTA를 체결해 무역 거래를 늘리는 정도를 뛰어넘어, 말 그대로 운명공동체가 된다는 의미다.

민족경제공동체는 통일된 한반도에서 살아갈 7,500만 우리 민족을 번영으로 이끌 든든한 토대가 될 것이다.

3) 남북 경제협력의 성과와 교훈

남북 모두에게 이익이 된 경제협력

우리는 과연 통일을 이루며 민족경제를 고르게 발전시켜나갈 수 있을 것인가? 이 물음에 대한 대답은 '가능하다'는 것이다. 2000년대 남북 경제협력의 경험이 이를 증명한다.

남북의 교류 협력은 2000년 남북정상회담의 결과 발표된 6·15 공동선언에 입각해서, 인도적 차원의 교류와 소규모 상업 거래를 뛰어 넘어 개성공단과 금강산관광으로 상징되는 산업 협력으로 도약했다. 또 남북 협력은 2007년 남북정상회담으로 발표된 10·4 선언에 의해 물류 등 사회간접자본 확충, 자원개발로부터 농업과 관광협력 확대에 이르기까지 다방면적이고 전면적인 교류협력 단계로 한층 더 발전할 수 있는 계기와 조건을 마련하였다. 이를 통해 남북은 모두 일자리 창출로부터 부가가치 생산에 이르는 다방면에 걸친 경제적 이익을 얻을 수 있었다.

남북 경제협력 확대가 미치는 긍정적 영향은 남북 간 사회문화적 신뢰 형성에도 기여했다. 일례로 정부 당국은 개성과 금강산 지역에 대한 경제협력을 진행하면서 "개성과 금강산 지역은 북한 입장에서 중요한 군사적 요충지"이며, "이 지역에서 경제협력이 이루어지기 위해서는 북한 무력의 후방 이동이 필요"하다는 점을 강조한 바 있다. 그런데 북한 당국이 이러한 협력에 전격 동의함으로써 남북 사이에 신뢰가 형성되는 계기가 될 수 있었다. 또한 경제협력이 확대되고 인적 왕래가 증가하면서 남북 주민들 사이의 접촉이 잦아지는 만큼 상대방에 대한 이해가 증진되고 신뢰도 쌓이게 되었다.

경제성장·통일에 기여한 금강산관광

1998년 11월 18일, 금강산 관광객 937명을 실은 '금강호'의 출항은 분단 역사상 기념비적인 사건이었다. 본디 민족의 명산 중 하나로 이름 높았던 군사분계선 이북의 금강산을 이남 주민들이 직접 가볼 수 있는 길이 합법적으로 열렸던 것이다. 여행을 통해 서로 다른 문화가 만나고 섞이며 이해가 높아진다는 점을 고려해 본다면, 금강산관광은 오랜 분단으로 갈라져 살아온 남과 북의 주민들이 서로의 삶을 이해하고 나아가 통일을 앞당기는데 커다란 도움을 주는 협력 사업이었다.

게다가 금강산관광 사업은 관광을 통해 남과 북이 경제적 이익까지 누릴 수 있으니 이만한 교류협력 사업이 없었다. 실제로 남측 사업주체인 현대아산에 따르면, 금강산관광은 2008년 7월 전면 중단될 때까지 10년간 약 2,000억 원에 이르는 경제적 파급효과를 발생시키고 2,000여 명의 일자리를 새로 만든 것으로 보고되었다. 이를 통해 침체되었던 강원도 지역 경제, 특히 속초 일대가 금강산관광으로 상당히 활성화되기도 했다.

금강산관광의 성공은 이후 개성지역 관광으로 확대 발전되었으며, 2007년 남북정상회담 당시 직항로를 이용한 백두산 관광을 추진한다는 합의도 가능케 했다.

남측 중소기업의 활로, 개성공단

개성공단 개발 사업은 본격적인 남북 산업 간 협력의 장을 열었다는 점에서 주목된다. 개성공단은 지난 2004년 말 시범단지에서 본격적인 공장가동 이후 1단계 개발을 완료하고, 2014년 6월 현재

개성공단 시범단지 전경

섬유 72개, 기계금속 23개, 전기전자 13개, 화학 9개 등 모두 7개 업종 125개 업체가 운영 중에 있다.

1단계 개발이 완료된 개성공단은 주로 남측의 제조업 설비 및 기술과 북측의 노동력과 토지가 결합된 형태로 협력이 진행되어, 노동자 교육을 통한 일련의 제조기술 이전 효과까지 발생시키고 있다. 이를 통해 남측 경제는 북측에서 제공하는 저렴한 토지 임 대료와 임금의 혜택으로 질 좋은 제품을 생산, 수출하며, 북측은 공단 운영을 통해 경제적 이익을 얻고 있다.

특히 개성공단은 군사분계선 이남의 경제에 미치는 파급력이 높아 중소기업의 활성화에 기여하는 바가 크다는 점이 확인되기 도 했다. 2012년 민주통합당 심재권 의원실 조사 결과에 의하면, 당시 123개 개성공단 입주기업들은 남측 협력업체가 약 6,000여 개에 달하고 이들 사이의 거래규모만 연평균 48억 달러나 되었다. 개성공단 업체들과 남측 기업들 사이의 연계가 깊다보니 개성공 단 입주업체들의 생산 활동이 한국 경제 전체 생산에 직간접적으 로 미치는 효과(생산유발효과)는 47억4,368만 달러에 달하고, 부 가가치는 같은 기간 동안 13억7,817만 달러에 이르렀다.

취업에 대한 파급 효과도 상당했는데, 개성공단 입주 기업들의 북측 근로자가 1만 명 늘어날 때 개성공단과 연계를 맺고 있는 남 측 기업의 일자리도 5천 명 정도 증가하는 것으로 나타났다. 2014 년 현재 5만여 명의 북측 근로자가 근무하고 있으니, 남측 기업의 일자리도 25,000개 정도 늘어났을 것으로 추정할 수 있다. 개성공단은 이미 한국 경제와 떼려야 뗄 수 없는 관계가 된 것이다.

이 외에도 한국석유공사의 북한 서해유전 개발 사업, 한국광물
공사의 북한 정촌지구 흑연광산 개발 사업과 희토류 개발 사업,
포스코의 북한 무산철광과 단천지구 광산 투자 타진 등이 실제로
추진되거나 타당성이 검토된 바 있다. 이런 사업들이 추진되었다
는 사실은 남북 산업 간 협력이 한국경제의 고질병인 원자재 수입
의존도를 획기적으로 낮추고 자원·에너지 자립국으로 체질을 변
화시킬 가능성이 매우 높음을 증명하고 있다. 자원·에너지 자립은
외화 낭비를 줄이고 부가가치를 높여 많은 이익을 남긴다는 점에
서 그 의미가 매우 크다.

사실 개성과 금강산 지역에 투자한 기업 외에도 2010년 초까지
남북경제협력 사업에 직접적으로 투자한 기업은 무려 1,200여 개

하루 일과를 마치고 퇴근 버스를 기다리는 개성공단 북측 근로자들

에 달한다. 통일부에 의하면, 금강산과 개성공단을 제외한 평양, 개성, 남포 등 내륙지역에 투자한 기업이 49개, 현대아산을 포함하여 금강산 관광지구에 투자한 기업이 50개, 일반적인 상품 교역기업이 801개, 임가공 교역 기업이 247개, 그리고 개성공단에 있지만 개성공단기업으로 분류되지 않은 개성공단 내 부동산 관련투자기업, 상업부지 관련기업 및 기타 서비스 업체가 약 80개다. 이는 남북 경제협력이 중소기업 경영 활성화에 커다란 도움이 되었음을 보여준다.

'5·24조치'로 중단된 남북 협력

하지만 남북 교류협력은 2010년 이명박 정부의 대북 전면 제재, 이른바 '5·24조치'로 인해 동결 혹은 중단된 이래 오늘에 이르고 있다.

여기서 '5·24조치'란 2010년 5월, 이명박 정부가 천안함 사건의 중간 수사발표를 근거로 대북 교류를 완전히 차단해버린 대북 제재조치의 일환이다. 하지만 '5·24조치'는 2010년 3월 천안함 사건이 발생한 지 두 달이나 지나서, 그것도 6·4 지방선거를 일주일 앞둔 시점에 발표되어 논란을 일으키기도 했다. 이를 두고 당시 정치권에서는 선거용 색깔론이 아니냐는 문제제기와 논란도 있었다.

'5·24조치' 이후 남의 경공업 원자재와 북의 지하자원을 교환하는 새로운 형태의 '유무상통'을 실현하는 단계로 발전했던 남북

지하자원 협력, 2005년 8월 제1차 남북농업협력위원회에서 시범농장 조성운영, 종자 정선시설 건설, 농업과학기술 분야 협력 등 5개항이 합의되면서 추진되었던 남북 농업협력도 악화된 남북관계의 문턱을 넘지 못하고 완전 중단되었다.

2007년 남북정상회담의 성과로 합의되었던 서해평화협력특별지대 구상과 조선협력단지 건설안, 직항로를 이용한 백두산 관광 등 굵직굵직한 신규 사업들은 아예 시작조차 해보지 못했다.

그나마 명맥을 이어가던 개성공단 역시 박근혜 정부 1년차인 2013년 4월, 160일간 가동이 중단되는 사태까지 발생했다. 물론 개성공단은 남북 협상을 통해 2013년 9월 16일부터 재가동되었지만, 가동 중단의 여파는 남북관계가 정상화될 때까지 계속될 것으로 예상된다.

2012년 한 달 평균 4천만 달러에 육박했던 개성공단의 생산액은 2014년 6월 현재 3,762만 달러로 82% 수준에 머물고 있다. 또 《연합뉴스》 보도에 의하면, 가동 중단 이전의 90% 이상 회복된 업종도 있지만, 자체 상표 없이 납품에 의존하는 곳은 원청회사들의 주문 취소로 고전하고 있는 것으로 알려지고 있다.

남북경제협력 10년의 교훈

'5·24조치'가 남북관계를 단절시킨 결정적인 계기였다면, 남북관계의 단절을 불러온 정책적인 배경은 '비핵·개방·3000'으로 불리는 이명박 정부의 대북강경정책이다. 홍순직 현대경제연구소 수석연구위원은 「남북관계 평가와 남북 경협 방향」에서 남북관계 경색이 장기화된 원인으로 이명박 정부가 6·15, 10·4선언 등 "지난 정부의 합의와 성과를 무시"하고 "엄격한 상호주의 원칙 적용 등 강경 대북 정책 기조로 소극적 대응으로 일관"한 것을 지목했다. 홍 연구위원은 이명박 정부가 "특히 김정일 위원장의 건강 이상 이후에는 북한의 급변사태론에 입각하여 '기다리는 것도 전략'이라며 '의도적 무시정책'을 추진"했다고 비판했다.

한국 정부의 대북 강경 기조는 박근혜 정부 들어와서도 크게 변하지 않았다. 박근혜 대통령은 취임 초부터 "머리에 핵을 이고 살 수는 없다"며 '북핵 폐기'를 전제조건으로 하는 이명박 정부의 대북정책 기조를 그대로 이어갔다. 박근혜 정부의 대북 강경 기조는 미국 오바마 정부의 대북 정책인 '전략적 인내' 및 고강도 한·미 합동군사훈련 추진과 맞물리면서 남북관계를 최악의 상황으로 몰고갔다. 이명박 정부 당시에도 중단까지 가지는 않았던 개성공단 사업이 2013년 4월 전격적으로 중단된 사례가 그 증거다.

이와 관련해 《자유아시아방송》의 노재완 기자는 〈2013 RFA 10 대 뉴스〉에 출연해 "개성공업지구 중단의 결정적인 계기는 3월 한·미연합군사훈련"이었다고 평가하였다. 2013년 3월 한·미연합군사훈련은 미국의 주도로 그 어느 때보다 고강도로 진행되었다. 당시 미국은 한반도 전쟁시나리오인 '플레이북'에 근거, 본토에서 B-2 스텔스전폭기를 한반도 상공으로 출격시켰으며, B-52 전폭기,

핵 잠수함 '샤이엔호', F-22 스텔스전투기 등 첨단 무력을 총동원하는 모양새를 연출했다. 물론 '북핵 폐기'를 기본으로 하는 박근혜 정부는 미국의 무력 동원에 아무런 거부도 하지 않았으며, 이는 북한의 무력 대응으로 이어진 바 있다. 이러한 일련의 대북 강경기조가 개성공단 가동 중단사태를 낳았다는 것이다.

북한에 그다지 우호적이지 않은 언론매체의 기자가 이와 같은 평가를 내린 것을 봐도 알 수 있듯이, 남북경제협력은 정치·군사 문제가 원인이 되어 언제든지 공단 폐쇄와 같은 극단적인 상황에 내몰릴 수도 있다.

극단적인 상황까지는 아니더라도, 남북경제협력은 정치·군사적인 신뢰가 형성되지 않아 사업에 차질을 빚은 일이 많다. 대표적인 사례로, 2004년 3월 착공한 최초의 광물자원협력 시범사업이었

2013년 3월, 한반도에 전격 투입된 B-2 스텔스폭격기 및 F-22 랩터의 비행장면
(자료 : http://air-attack.com/)

던 황해남도 정촌 흑연광산 개발 사업은 전력 사정을 파악하기 위한 현지조사 단계에서 예상하지 못한 난관에 부딪힌 바 있다. 북당국이 정촌광산과 연결되는 전력 시설에 대해 남측 실사단의 방문을 불허했던 것이다.

어째서 이러한 상황이 발생했던 것일까. 최경수 북한자원연구소장은 〈황해남도 정촌 흑연광산 남북공동개발이 남긴 교훈〉이라는 글에서 북 당국이 당시 "우리 측이 요구한 인근 송전소 조사도 군사지역이라는 이유로 방문을 제지하여 북한 측 설명에만 의존해야 하는 현실적 어려움이 있었다"고 소회를 밝힌 바 있다. 사실 발전소를 비롯한 전력관련 시설은 어느 나라에서나 국가 기간 시설로써 경제나 군사적으로 매우 중요한 보안 시설에 해당한다. 이러한 사정이 북이라고 예외일 수는 없다. 게다가 남과 북이 군사적으로 대치하고 있는 상황이다 보니 북 당국이 더욱 예민하게 반응했을 가능성도 있다.

정촌 흑연광산 개발의 경험에서 알 수 있듯이 원만한 경제협력을 위해서는 남과 북이 정치·군사 분야에서 탄탄한 신뢰를 쌓아가야 한다. 이를 위해서는 남북이 서로 간의 비방을 멈추고, 상대방을 자극하는 행위를 줄여가는 실천이 반드시 뒷받침되어야 한다. 이것이 경제협력 10여년의 경험이 우리에게 주는 첫 번째 교훈이다.

중소기업과 노동자·농민이 주역이 되는 협력

남북경제협력의 경험이 주는 두 번째 교훈은, 중소기업을 중심으로 한 협력이 훨씬 성과가 크다는 점이다. 개성공단 사업을 다시 살펴보자. 2012년 기준으로 공단에 입주한 123개 기업과 협력업체 약 6,000여개가 13억7,817만 달러의 부가가치와 25,000개 이상의 일자리를 만들어 낼 수 있었던 것은 사업에 참여한 기업들이 중소기업이었기 때문이다.

만약 개성공단에 입주한 기업이 중소기업이 아니라 재벌 대기업이었다면 협력업체와의 거래를 늘리려 하기 보다 계열사 일감 몰아주기로 경제협력의 성과를 독식하려 했을 것이 분명하다. 이럴 경우 일자리 창출에서도 기대할 것이 없어진다. 통계청의 '광업-제조업 조사'를 살펴보면, 2012년을 기준으로 10억 원을 투자했을 때 중소기업이 만드는 일자리는 9.9명이지만 대기업은 겨우 2.8명으로 중소기업의 30%도 안 되는 수준이다.

개성공단 조성사업을 한국토지개발공사를 중심으로 하는 공공사업으로 진행했던 것도 중요한 의의를 갖는다. 만약 애초 계획대로 현대아산과 현대건설 등 현대 계열사가 개성공단 조성과 운영을 계속 했더라면, 중소기업들이 지금과 같은 특혜수준의 임대료와 부대비용으로 공단 부지를 사용할 수 없었을 것이기 때문이다.

개성공단의 성과는 공기업과 중소기업을 중심으로 한 경제협력이 가진 잠재력을 있는 그대로 보여준 것이었다. 앞으로 남북 경제협력에서 가능한 한 사회 공공성을 고려한 정책, 중소기업의 참여를 우선적으로 고려하는 정책이 필요한 이유다.

남북 경제협력의 경험이 주는 세 번째 교훈은, 남북 경제협력에서 노동자·농민들이 차지하는 역할이나 과제, 그리고 그들의 처지를 개선하는 문제가 등한시되었다는 점이다. 지금까지 남북 경제협력의 성과로 거론되었던 점들은 대부분 경제적인 이익이 얼마나 많은가에 집중되어 왔다. 이를테면 북한의 자원을 개발하여 한국 기업이 사용하면 원자재 수입 비용이 얼마나 줄어드는가와 같은 것이다.

물론 남북이 통일을 지향하여 경제협력을 해 나가는데 있어서 경제적인 이익의 크기도 중요하다. 하지만 이익의 크기만을 강조하다보니 정작 그 이익을 만들어내는 주체인 남과 북의 노동자·농민 등 서민들의 처지 개선과 역할에는 관심을 돌리지 못했던 것이다.

남과 북이 경제협력을 해나가는 과정은 결국 하나의 대안을 만드는 과정이다. 따라서 협력을 통해 남과 북의 경제를 서로가 서로에게 의지하여 발전해 나가는 하나의 공동체로 만들어 나가는 것도 중요하지만, 그 속에서 일하는 노동자·농민의 처지가 개선되고 그들이 일터와 사회에서 차지하는 지위나 역할 또한 높아져야할 것이다.

사실 남북이 10여 년 동안의 협력으로 이룩한 거대한 성과는 부강 번영한 민족경제의 미래를 살짝 보여준 예고편에 불과하다. 상호존중의 정신으로 정치·군사 분야에서 신뢰를 쌓고, 중소기업을 살리는 방향으로 협력하며, 노동자·농민 등 서민의 처지가 개선되도록 하는 방향에서 남북경제협력을 계속 해나가면 고르게 발전하는 민족경제공동체에서 7,500만 민족 모두가 번영하게 될 것이다.

2. '진보적인 경제발전'은 무엇을 추구하는가?

우리는 그동안 경제 성장률에만 관심을 기울여 왔지 경제의 질을 어떻게 발전시켜나갈 것인가에 대해서는 그다지 관심을 기울이지 못했다. 우리가 원하는 경제는 진정으로 국민을 위하는 경제다. 국민을 위하는 경제 발전은 흔히들 말하듯이 GDP가 성장하고 무역이 늘어나는 그런 발전에 그치는 것이 아니라 서민들이 잘 살고, 민족이 고르게 잘 사는 '진보적인 경제 발전'이 되어야 한다.

여기서는 앞서 살펴본 교훈을 바탕으로 하여 7,500만 민족 전체가 부강하고 번영한 삶을 살 수 있는 경제발전의 이념과 원칙을 제시하고자 한다. 결론적으로 말해서 '진보적인 경제발전'을 위한 이념은 바로 '민생제일주의'이며, 민생제일주의를 현실에서 실현하는 방법은 ① 경제민주화 ② 자립경제 ③ 평화를 추구하는 것이다. 다시 말해서 내적으로는 경제의 기초를 튼튼히 하며 국민이 주인 되는 경제를 형성하고, 외적으로는 평화를 구축해 낭비를 줄이고 경제성장을 담보하는 것이라고 요약할 수 있다.

1) 민생제일주의

한국 경제가 '국민을 위한 경제'가 될 수 있도록 첫 단추를 잘 끼우려면 경제를 바라보는 관점부터 바로 잡아야 한다. 이를 위해 경제란 무엇이며, 왜 존재하는지를 간략하게 살펴보자.

경제는 사회의 여러 분야 중에서 사람이 자기 생활에 필요한 물질적인 수단을 마련하기 위한 영역이다. 사람들이 벌이는 경제활동이란 자신의 물질적인 요구를 해결하기 위한 행동이다. 사람의 대표적인 경제활동이 바로 '노동'이다. 사람은 노동을 통해 생활에 필요한 물자와 서비스를 만들어 낸다.

경제에 대한 의미가 이와 같다면, 경제가 존재하는 목적은 사람들의 물질적인 요구를 만족스럽게 해결하기 위한 것이며, 경제제도 역시 사람의 노동과 같은 경제활동을 원만하게 보장하기 위해 존재해야 한다.

그런데 오늘날 한국 경제의 현실은 어떤가. 오늘날 한국 경제는 국민의 생활을 원만히 보장해야 하는 본래의 자기 존재목적을 잊어버린 채 '수출만이 살 길이다'를 외치며 국민들을 비정규직화하고, '야근', '특근'이란 지옥으로 몰아넣고 있다.

'수출제일주의', '야근제일주의'가 지배하는 한국경제

미국에는 특정 직원이 야근을 일삼으면 그 직원을 해고하든지 관리자를 해고해야 한다는 말이 있다. 능력이 없어 업무시간에 주어진 일을 완수하지 못하는 경우라면 해당 직원을 해고해야 한다. 반대로 직원 실력은 괜찮은데 야근을 계속한다면 업무 분담이나 권한 위임이 제대로 안 됐다는 증거니 관리자를 바꿔야 한다는 것이다.26)

미국 이야기를 구태여 끄집어낸 이유는, 한국 기득권층과 관료들이 시도 때도 없이 찾는 나라가 미국이기 때문이다. 이들은 항상 미국을 찾다가도, 노동문화와 같이 그들에게 불리한 사례에는 모르쇠로 일관한다.

'수출제일주의', '야근제일주의'는 낡은 한국 사회를 지탱하고 있는 이념의 대표주자들이다. 저들에게 누구를 위한 수출인지, 누구를 위한 야근인지는 전혀 중요한 문제가 아니다. 본래 자기 국민들의 더 나은 생활을 위해 존재해야 할 나라 경제가 자기 존재 목적을 망각해버린 꼴이다. '주객이 전도되었다'는 말은 바로 이런 경우를 두고 한 말이다.

이러한 이념들은 '기업이윤'을 최고 덕목으로 삼으며 '무한경쟁'을 만병통치약인양 찬양하는 자본주의 경제 자체의 본성으로부터 만들어진 것이다. 마치 암 덩어리와 같이 계속 확대되는 이

---

26) 「저녁이 있는 삶 살고 있습니까?」, 『매경이코노미』 제1756호에서 인용.

러한 이념들은 한국과 같은 극단적인 무역의존경제에서 더욱 활개를 칠 수밖에 없다. 선진국 경제와 세계 일류 기업을 따라잡으려면 더 열심히 야근하라는 것이다.

어떤 사람들은 자신도 모르는 사이에 이런 낡은 이념에 물들어 마치 그것이 자기의 더 나은 삶을 위한 최선의 가치인 양 생각하기도 한다. 하지만 기업의 이익이 증가해도 노동자들의 실질적인 삶을 개선시키지 못하고, 국민 전체의 삶의 질은 오히려 떨어지고 있다는 것이 오늘 한국 사회의 현실이다.

대안 이념은 '민생제일주의'

그렇다면 진보와 번영을 위한 대안 경제이념은 무엇인가? 그것은 바로 '민생제일주의'이다. '민생제일주의'는 말 그대로 국민 생활을 향상시키는 것이 최고이며 다른 어떤 가치도 국민 생활 향상보다 우선할 수 없다는 의미다.

'민생제일주의'를 나라 경제의 최고 가치로 제시하고 이를 실현해 나가야 비로소 악화되고 있는 서민의 생활수준을 정상화할 수 있다. 시급 6,000원에도 못 미쳐 최저 수준의 생활도 할 수 없는 최저임금을 현실화하고, 세계 최장 수준의 살인적인 노동시간을 줄이고, 같은 일터에서 똑같은 업무를 하면서도 차별대우를 받는 비정규직을 없애고, 재벌의 문어발식 침투에 무방비로 노출된 시장 상인들과 영세자영업자들을 보호하며, 농민들이 농사지은 만큼 최소한의 소득을 보장받는 등의 조치는 '민생제일주의' 아래 시급히, 무조건 해결되어야 할 과제들이다.

오늘에 이르기까지 산업현장에서 근로기준법도 제대로 적용받지 못하면서 박봉으로 자녀 양육비와 교육비 부담에 허리가 휘고 정작 자신의 노후준비는 하지 못한 노년층, 복지와 노동정책의 미비로 인해 일자리 창출에서 소외당하고, 저소득 또는 무소득으로 생계에 위협을 느끼고 있는 장애인들에 대한 대책도 시급히 해결해야 할 민생 현안이다.

'민생제일주의'는 나아가 국민 누구나 부러울 것이 없는 부강번영(富强繁榮)을 누릴 수 있는 경제를 지향한다. 부유하고(富), 강하며(强), 번성하고(繁), 꽃처럼 만발한다(榮)는 뜻을 지닌 부강번영 경제는 대내적으로 국민들의 풍요로운 생활을 보장하고 지속가능한 발전을 이룩하는 한편, 대외적으로 호혜·평등에 기초한 새로운 경제 질서를 선도해 나가는 힘 있는 경제를 의미한다.

이처럼 '민생제일주의'는 경제 발전을 통해 소수 재벌이 아니라 국민 전체의 생활을 향상시키고, 민족경제를 고르게 발전시켜 진보와 번영을 이루려는 우리 민족의 지향에 부합하는 이념이다. '민생제일주의'를 실현해야 국민들의 경제적 요구가 충분히 실현되고, 국민들의 경제적 활동이 원만히 보장될 수 있다.

2) 경제민주화

'민생제일주의'를 실현하기 위한 첫 번째 방법은 '경제민주화'를 추진하는 것이다.

사실 '경제민주화' 하면 지난 2012년 대통령 선거에서 나왔던 공약들을 떠올리기 쉽다. 당시 대통령 선거에서는 경제민주화가 "문어발식으로 사업영역을 확장해 자영업자들과 중소기업들에게 피해를 입히는 재벌을 규제하는 정책" 정도로 축소되어 제시된 측면이 있다.

하지만 본래 경제민주화의 의미는 말 그대로 '경제의 주인은 국민'이라는 명제를 실현하자는 것이다. 국민이 경제의 주인이 되기 위해서는 국민들이 나라와 기업의 경제운영에 적극 참여하여 자신의 경제적인 요구, 민생 향상의 요구를 구체적으로 개진하며, 이를 일터에서 반영할 수 있도록 해야 한다.

일터운영에서 배제된 국민들

하지만 현실은 정반대다. 오늘 한국의 현실에서 노동자들이 회사 경영에 참여하는 것은 꿈같은 이야기이다. 오히려 대다수 노동자들은 그들의 기본적인 근무조건조차 회사 경영진과 대등하게 협의할 수 없는 최악의 상황에 놓여있다. 노동자가 경영진과 근무조건을 협상하려면 노동조합에 가입해야 하지만, 한국의 노조 가입률은 평균 10% 수준에 불과하다. 고용노동부에 의하면 2013년 현재 노동조합에 가입한 노동자는 정규직의 경우 13.9%, 비정규직의 경우 1.4% 정도다. 이는 OECD에 가입한 34개 국가 중 꼴찌 수준이다.

파업에 나선 삼성테크윈 노동자들(자료 : 《노동과 세계》)

심지어 한국을 대표하는 기업이라는 삼성은 아예 '무노조 경영'이라는 자기들만의 원칙을 만들어놓기도 했다. 삼성에 입사한 상당수 노동자들도 나름 '삼성맨'이라는 자부심을 갖고 일하는 것으로 알려져 있다. 그런데 2014년 11월 26일, 삼성은 노동자들과 한마디 상의도 없이 삼성테크윈·탈레스·종합화학·토탈 등 4개사를 한화에 매각한다고 발표해버렸다. 한마디로 하루아침에 회사로부터 '팽' 당한 것이다. 노동자들이 격앙되었음은 물론이다.

방위산업체인 삼성테크윈 김종일 창원 제2사업장 비상대책위
원장은 《한겨레》와의 인터뷰에서 "그동안 삼성 '무노조 경영'에
순응하며 사업·인력 구조조정을 해도 노사분규 한 번 없이 열정
으로 일했는데, 직원들과 상의 한 번 없이 매각을 결정했다. 회사
의 경영실패 책임을 왜 직원들에게 떠넘기는가?"라며 "그동안 잘
나가는 삼성전자의 그늘에 가려 '삼성 서자' 소리를 들으면서도,
'삼성맨'이라는 자부심을 갖고 일했다. 회사의 일방적 결정에 허
탈과 배신감을 넘어 분노한다"고 말했다. 삼성그룹에 속한 방위산
업체와 화학업종 4개사 노동자 7,500여 명의 대표들은 매각 반대
를 위한 대책위를 노동조합으로 전환하기로 결정했다고 말했다.
　이 사건은 재벌 기업인 삼성 내에서 벌어진 하나의 사례에 불과
할지 모르지만, 회사에서 인간적인 대접을 받지 못하는 대다수 노
동자들의 처지를 있는 그대로 보여주는 상징적 사건이다. 지금처
럼 국민이 공장과 들녘에서 단지 '일하는 도구'로만 취급받는 상
황에서는 국민들이 기업 발전, 나라 경제 발전에 적극적으로 나설
여지는 사실상 없으며, '상생'이란 말도 빈껍데기에 불과하다.

경제민주화는 경제발전을 위한 '신성장동력'

　한국 사회의 대다수를 차지하고 있는 노동자, 서민이 기업 운
영, 나라 경제 운영에서 주인대접을 받으며 자기 목소리를 충분히
낼 수 있게 된다면, 국민들은 자연스레 기업의 발전, 나라 경제의

발전을 위해 나설 수밖에 없다. 이는 마치 한 집안의 가장이 자신과 가족들의 생활 안정과 밝은 미래를 위해 물불 가리지 않고 열심히 일하는 것과 마찬가지다.

경제민주화는 정치영역에서의 민주주의 확립에도 기여한다. 노동자·농민들이 나라 경제의 주인 대접을 받고 그에 맞게 역할을 해나간다면, 이는 자연스레 주인의식을 성장시키게 되고 민주주의를 발전시키게 된다. 민주주의가 발전하면 이는 또 다시 우리 국민들의 권리의식과 책임감을 드높이는 선순환을 가져온다. 이는 곧 사회발전, 경제발전의 동력이 된다.

이런 시각에서 보면 경제민주화는 나라 경제 발전을 위한 새로운 성장동력으로 기능할 수 있다.

3) 자립경제

'민생제일주의'를 실현하기 위한 두 번째 방법은 '자립경제'를 추진하는 것이다. 경제민주화와 마찬가지로 자립경제라는 개념역시 국민들 사이에 상당히 왜곡된 인식으로 남아있는 용어 중 하나이다. 마치 자립경제라고 하니 외국과의 그 어떤 무역거래도 하지 않은 채 자기 나라 안에서 모든 것을 해결해야만 하는 패쇄적인 경제를 떠올리는 것이다.

자립경제를 제대로 이해하려면 사람의 경제생활을 살펴보면 된다. 부모님 용돈에 의지해 학교를 다니는 학생은 아직 자립적인 경제생활을 하지 못한다. 어느 날 갑자기 부모님이 용돈을 주지 않으면, 학생의 소소한 일상은 완전히 중단될 수도 있다. 그러나 학교를 졸업한 사람이 회사에 취직을 해서 자기 살림살이를 꾸리기 시작하면, 그의 경제생활은 점차 자기가 일해서 번 수입에 의해 꾸려지게 될 것이다. 그는 부모님의 용돈에 의지하는 생활에서 벗어났으므로, 자연스레 자기 의지대로 할 수 있는 일이 늘어난다. 그렇다고 해서 그의 생활이 남들과 교류를 하지 않는다거나 시장에서 물건을 사고 파는 등의 행위를 하지 않는 것은 아니다. 오히려 자기 직장이 안정적이고 수입이 늘어날수록 다른 사람과의 교류는 더 풍성해질 수밖에 없다.

나라 경제도 마찬가지다. 남에게 의지해야 하는 경제는 그만큼 의지하는 상대방에게서 여러 가지 간섭을 받을 수밖에 없다. 울며 겨자 먹기 식으로 손해 보는 장사를 해야 할 때도 생긴다. 반면 튼튼한 자립기반이 있는 경제라면 교류를 하더라도 좋으면 좋다, 싫으면 싫다는 이야기를 상대방에게 확실하게 할 수 있다. 이렇게 되면 오히려 한 번의 교류를 하더라도 자기 나라 경제에 확실히 도움이 되고 이익이 되는 교류를 할 수 있게 된다.

대외무역에서 자립경제가 가지는 중요성

세계화 시대에 경제자립이 웬 말이냐고 할 수도 있지만, 사실

알고 보면 세계화가 심화되면 될수록 자기 힘으로 발전하는 경제를 만드는 문제는 더욱 중요하게 부각된다. 국제경제 질서는 긴 안목에서 돌아볼 때 '힘'에 의해 세워져 왔다. 겉으로는 공정함을 이야기하며, 교류 상대방과의 '윈-윈'을 이야기하지만, 속을 들여다보면 불공정이 판을 치며 어느 일방의 이익과 다른 일방의 피해가 있을 뿐이다.

힘이 없는 나라가 강한 나라의 지배를 받고 다양한 방식으로 수탈을 당한다는 것은 약육강식의 논리가 지배하는 자본주의 세계경제 질서에서 작용하는 당연한 법칙이다. 이러한 가운데 제대로 된 교류, 진정 자신에게 이익이 되는 교류를 하기 위해서는 힘이 있어야 한다. 물론 이 힘은 국방력이나 정치·외교 역량으로 표현되기도 하지만, 경제적 측면에서는 바로 자기 경제가 얼마나 외부에 의지하지 않고도 발전해 나갈 수 있는지가 관건이 된다.

이처럼 자립경제의 개념을 이해하는 데서 중요한 점은 대외 관계를 하느냐 마느냐가 아니라, 남에게 최대한 의지하지 않으면서 자기 힘으로 경제를 운영해나갈 수 있는가 아닌가에 있다. 자기 힘에 의거해 경제를 운영해나갈 수 있는 기반이 튼튼하면 할수록 오히려 대외 교류가 더 잘 될 수 있으며 이익도 크게 남길 수 있다. 자립경제를 실현하는 것이 '민생제일주의'를 실천하는 하나의 방법이 되는 이유다.

자립경제를 실현하는 방법

나라 경제의 자립기반을 다지려면 먼저 경제의 기초 여건과 관련된 요소들의 자립도를 높여야 한다. 여기서 말하는 경제의 기초 여건에 관련된 요소들은 대부분 토지, 노동, 자본, 기술 등 이른바 생산 요소들과 판매시장에 대한 부분이다. 이를 구체적으로 살펴보자면 기업의 운영자금을 안정적으로 확보하는 문제, 생산에 필요한 원자재와 부품, 소재를 공급받는 문제, 양질의 노동력을 확보하는 문제, 만들어진 물건과 서비스를 누구에게 판매할 것인가, 하는 문제들이 해당된다.

물론 경제운영과 관련된 모든 여건들이 100% 자립이 가능하다면 좋겠지만, 현실에서는 불가능한 경우가 더 많다. 가급적이면 자기 나라에서 나는 자원과 에너지를 활용할 수 있는 방법을 찾아낸다든지, 산업의 기초가 되는 기계와 재료에 대한 개발과 연구에 많은 투자를 기울이는 것이 필요하다.

기업의 운영자금이나 투자자금은 가급적이면 자기나라 국민의 자본으로 해결하는 것이 좋다. 달러가 세계화폐로 사용되는 상황에서 해외에서 달러를 빌려오는 것이 불가피한 측면도 있다. 그리고 국내 자본이 충분하지 않을 경우도 많다. 하지만 어디까지나 기본은 자기나라 국민의 자본으로 기업을 운영하고 투자하는 것이다. 그래야 기업운영에서 나오는 이익 중에서 국민들에게 돌아갈 몫이 커지기 때문이다.

생산에 필요한 원자재와 부품, 소재를 국내에서 해결해 나가는 것도 마찬가지다. 한국과 같이 제조업이 양적으로 크게 발달해있으면서도 부품과 소재, 그리고 기계 등을 상당부분 수입에 의존하는 경제에서는 이 문제를 점차 해결해야만 외국으로 유출되는 이익을 국민들에게 돌려줄 수 있다.

국민들의 경제생활을 원만하게 책임질 수 있는 다양한 제품을 우리 기업들이 만들어 공급하는 문제도 매우 중요하다. 기업들은 애초에 상품을 만들 때부터 외국에 내다 팔 생각부터 하는 것이 사실이다. '수출제일주의'가 만들어낸 상황이다. 자기 나라 국민의 수요에서 출발해 생산이 이루어지는 산업이 잘 될수록 그 나라 경제는 대외 여건의 변화에 흔들림 없이 꾸준히 발전해나갈 수 있다는 것은 하나의 상식이다.

이러한 문제를 원만히 해결해나가기 위해서는 각종 산업들이 고르게 발전할 수 있는 전략이 필요하다. 우선 농축산업과 수산업 등 국민의 먹거리를 보장하고 식품 가공 산업의 원료를 제공하는 1차 산업부터 제대로 발전시켜야 한다. 1차 산업이 무너지면 제아무리 가공 산업이 발달하더라도 식품 원료를 모조리 수입에 의존해야 한다. 지금 한국의 식품 가공 산업이 바로 그런 처지에 놓여 있다.

농업이 발전하려면 2차 산업에 해당하는 종자개발, 농약, 비료산업과 농기계 산업, 3차 산업에 해당하는 물류 유통업 등이 뒤를 받쳐주어야 한다. 그렇게 되어야 자연스레 이들 산업이 서로가 서로를 필요로 하는 선순환 관계가 형성된다. 축산업은 농업에 유기 비료를 공급해주며 우유와 고기류 가공 산업, 3차 산업에 해당하는 외식업 등의 원료를 제공하며 서로가 서로를 발전시켜 간다. 같은 식으로 어업은 조선 산업과 선박 수리업 등과 선순환 관계가 형성된다.

2차 산업도 마찬가지다. 예를 들어 스마트폰 생산업체는 부품 원료 확보를 위해 희토류 등 채취공업의 발전을 필요로 하고 채취 공업에서 생산된 원료를 부품으로 만드는 부품업체와, 각종 부품을 만들 수 있는 기계를 만드는 산업, 스마트폰에 들어갈 각종 소프트웨어를 개발하는 산업의 발달을 필요로 한다. 하지만 한국은 원자재는 대부분 수입에 의존하고, 각종 반도체 생산 기계들과 소프트웨어 역시 수입에 의존하고 있다. 만약 한국 경제 내에서 이런 부품과 기계, 소프트웨어들이 점차 해결된다면 스마트폰을 하나 만들어 팔았을 때 남는 이익도 훨씬 커질 것이다.

이처럼 나라 경제에서 1, 2, 3차 산업이 밀접한 관련 속에서 종합적으로 발전해야 이에 종사하는 사람들이 경제생활 속에서 서로가 서로를 도와주며 발전할 수 있으며, 나라 경제를 '민생제일주의'에 걸맞은 경제로 발전시켜나갈 수 있을 것이다.

4) 평화 정착

평화 정착은 나라 경제를 지속적으로 발전시키기 위해 필요한 대외적인 원칙이다. 나라들 사이의 군사적 긴장이 높아지면, 어느 나라를 막론하고 안보 비용이 증가하여 경제를 발전시키는데 사용되어야 할 재원이 낭비되고 만다. 나아가 전쟁은 인플레이션, 소비재 부족, 교육기회 박탈, 재산 파괴와 인명 손실과 같은 막대한 경제적 손실을 가져온다.

인명 손실은 돈으로 환산할 수 없는 가장 심각한 전쟁 피해다. 지역의 군사적 긴장을 완화하고 평화를 지키는 문제는 자기 나라의 경제적 부를 지키고 번영시키기 위한 기본중의 기본이라 할 수 있다.

평화 정착은 안정적인 경제 발전을 위한 필수 요인

2차 세계대전 이후 성립된 미국 중심의 자본주의 세계질서에서도 전쟁은 끊이지 않았다. 패권국가 미국이 주도한 대규모 전쟁만 해도, 한국전쟁(1950), 베트남전쟁(1964), 걸프전쟁(1990), 아프간전쟁(2001), 이라크전쟁(2003)이 있고, 최근 리비아, 시리아 등 중동에서 발생하는 분쟁에도 미국이 약방의 감초처럼 등장하고 있다.

미국은 겉으로는 "미국식 민주주의 가치의 확산"을 분쟁 개입의 명분으로 내세우고 있지만, 사실상 해당 국가의 혼란만 더욱 키웠을 뿐이다. 대신 '군산복합체'로 상징되는 미국 기업들이 그 동안의 크고 작은 전쟁으로 많은 경제적 이익을 거두어 갔다는 사실은 공공연한 비밀이다.

결과적으로, 세계 패권을 거머쥔 미국은 더 많은 이익을 위해, 혹은 자기 패권을 유지하기 위해 전쟁을 일으킨 셈이다.

세계는 21세기에도 여전히 열강의 이권다툼에 의한 전쟁 발발 가능성이 상존해 있다. 2014년 하반기 내내 벌어지고 있는 미국의 이라크, 시리아 공습, 그리고 우크라이나에서의 교전이 그 증거다. 특히 2013년 3~4월 한반도 전쟁 위기도 빼놓을 수 없는 사례다.

오늘날에도 패권국가가 전쟁에 심취하는 이유는 무엇인가. 그 것은 전쟁의 승자가 경제적인 이익을 뛰어넘어 사회의 모든 주권을 장악할 수 있기 때문이며, 또 전쟁 자체가 주변 경쟁국을 위협, 외교적으로 압박할 수 있는 수단이 되기 때문이다.

이러한 상황에서 전쟁을 막는 것은 인류의 생명과 재산을 보호하여 나라 경제를 발전시켜 나가기 위한 중요한 과제이다. 평화를 지켜야만 인류가 이룩한 물질적·정신적 유산을 발전시킬 여건이 갖추어진다. 평화를 지키는 것은 국가경제 발전을 위한 기본이라 할 수 있다.

3. 진보적 경제발전을 위한 대안 = 통일경제

이제 우리에게는 민족 경제의 균형적인 발전, 그리고 진보적인 경제발전을 위한 이념과 원칙을 살린 대안을 정리하는 일만 남았다. 이는 곧 남북경협의 경험과 교훈을 살리고 경제 발전의 질적인 측면을 강조한 대안이라 할 수 있다. 이를 '통일경제'라 부르기로 한다.

1) 통일경제란?

'네 변의 길이가 모두 같고, 네 각의 크기가 모두 같은 사각형'이라는 도형의 정의를 보면, 실제 도형이 눈앞에 없더라도 머릿속에 정사각형이 자연스레 그려질 수 있다. 마찬가지로 우리가 통일경제라는 대안을 정리하여 내놓을 때, 통일경제의 개념부터 정확하게 정의하는 것이 필요하다.

통일경제는 민족의 부강번영을 목표로, 노동자 민중을 중심으로 한 7,500만 민족전체가 경제 건설의 주인으로 나서서, 남북공동선언에 의거해 통일을 실현한 한반도에서 펼쳐가는 우리민족의 진보적인 대안 경제공동체라 정의할 수 있다.

통일경제를 이렇게 길게 정의하는 이유는 우리가 추구하는 대안의 목표와 주체, 방법과 과제를 보다 분명히 드러내기 위해서다.

통일경제의 목표와 미래상

먼저 통일경제를 만드는 목표는 7,500만 우리 민족 모두의 부강번영을 실현하는 것이다. 이는 박근혜 정권이 부르짖는 '통일대박론'과 같이 기득권 세력과 재벌, 혹은 남쪽만 잘 살자는 것이 아니라 노동자·농민을 필두로 한 모든 서민들과 북쪽 인민들도 함께 잘 살자는 것이다.

다음으로 통일경제의 상은 '연합연방제' 통일방안에 걸맞은 민족경제공동체를 설계하는 것이다. '연합연방제' 통일방안에 맞는 경제공동체란 서로 다른 제도를 그대로 인정하는 조건에서도 남과 북의 경제가 끈끈한 관계를 맺고 각각의 경제 발전에 도움을 주어 전체 민족이 의지할 수 있는 그런 경제공동체를 말한다.

여기서 핵심은 서로 다른 제도를 그대로 두고 경제공동체를 만들어가야 한다는 점이다. 지금까지 역대 정권에서 만들어 낸 경제공동체의 개념은 대체로 북한 체제를 인정하지 않고 한국의 자본주의 시스템을 그대로 확산하거나 이식하는 방식으로 제시되어 있다. 대표적인 사례가 바로 2011년 이명박 정부 당시 통일부 용역과제로 제출된「경제공동체 추진구상 최종결과보고서」다. 이를 잠시 살펴보고 넘어가자.

이 보고서는 남북경제공동체를 형성하는 과정에 대해 "이질적인 경제체제(경제제도와 관리시스템)의 통합을 이루어내야 하는 과정"이라고 명시하고, 이를 위해서는 "시장친화적인 경제체제의 형성이 뒷받침 되어야"한다고 전제하고 있다. '비핵·개방·3000'이라 불리는 이명박 정부의 통일정책이 이른바 북한 '급변사태'를 염두에 둔 흡수통일전략이었던 만큼, 보고서가 담고 있는 내용 역시 시장경제체제를 확산하는 내용을 그대로 담고 있다.

통일부 용역과제로 채택된 보고서의 내용이 이러하다보니, 통일경제를 만들어 갈 하나의 주체인 북한 당국이 반발하지 않을 수 없다. 당연히 경제공동체 추진은커녕 사소한 협력사업 조차 진행되지 못했던 것이다.

통일경제는 서로의 다름을 존중하는 정신에 기반하고 있는 '연합연방제' 방식의 통일방안에 기반하고 있으므로, 흡수통일방식에 근거한 민족경제공동체가 안고 있는 근본적인 오류를 바로잡을 수 있는 방안이 된다. 이런 측면에서 개성공단은 두 체제가 공존하면서도 하나의 민족경제공동체를 만들어낼 수 있다는 가능성을 확연히 보여준 소중한 사례다. 교류협력이 정상화·전면화 된다면, 남과 북이 서로 보완하는 민족경제공동체가 실현되는 것은 시간문제라고도 볼 수 있다.

통일경제의 통일국가의 물질적 담보

민족경제공동체가 될 통일경제는 통일된 한반도에서 살아갈 우리 민족의 모든 생활을 담보할 물질적인 토대가 된다.

한 나라를 운영하기 위해서는 나라를 이끌어 갈 이념, 대민 영역인 정치와 경제, 대외 영역인 외교안보의 역할이 중요하게 제기된다. 여기서 경제는 국민의 삶이 윤택해지도록 하는 물질적인 토대이다. 또한 경제는 다른 영역과의 관계에서 볼 때, 민족의 미래를 밝혀주는 이념, 이를 실현할 정치, 그리고 이념에 맞게 대외관계에서 국익을 도모하고 나라를 지킬 외교안보를 실현할 부를 제공하는 역할을 하게 된다.

통일경제도 마찬가지다. 통일경제는 통일을 지향하는 우리 민족의 삶을 영위하도록 하는 물질적인 토대이며, 민족공동정부를 운영하고, 대외관계에서 우리 민족의 부강번영을 실현하기 위한 외교와 국방, 그리고 남과 북 지역 경제의 발전을 이룰 각종 자본과 설비를 제공하는 역할을 담당하게 된다.

비록 통일을 이루는 과정이 길고 험난하더라도, 결국 통일을 이루려는 목적은 '더 잘 살기 위해서'이다. 제 아무리 우리 민족이 정치적인 통일을 이루더라도 통일경제가 원만하게 실현되지 못한다면, 통일을 이루려는 본디 목적을 실현할 수 없는 것이다. 따라서 통일경제는 우리 민족의 통일을 이루고 발전시켜 나가기 위해 반드시 실현해야 할 과제가 된다.

통일경제를 실현할 주체

통일경제를 실현할 주체는 극소수 통일을 바라지 않는 사람들을 제외한 우리 7,500만 민족 전체이다.

우리 민족은 누구라 할 것 없이 모두가 분단으로 인한 피해자이다. 이미 살펴본 바와 같이, 군사분계선 남쪽에 사는 우리는 분단 때문에 주권이 훼손당하고 민주주의가 파괴당하고 있다. 게다가 이로 인한 경제적 손실도 어마어마하다. 분계선 북쪽이라고 해서 다를 것은 없다. 북한은 수십 년째 경제봉쇄를 당하고 있어 그 피해가 남쪽에 비할 바 없이 클 것으로 예상할 수 있다. 1990년대 북한의 '고난의 행군' 역시 분단이 없었더라면 겪지 않아도 되었을 일이었다. 이 때문에 분단 현실을 직시하는 순간, 우리 민족은 누구나 통일에 절실한 이해관계를 갖게 되는 것이다.

반면, 분단체제에서 이득을 챙기며, 통일을 바라지 않고 일부 분단세력은 통일경제 실현의 주체가 될 수 없다.

미국이나 중국, 일본, 러시아 등 다른 나라들도 통일경제를 실현할 주체가 될 수 없다. 동북아시아에서 우리민족의 분단을 활용해 미국과 중국, 일본과 러시아가 온갖 이권을 챙기고 있기 때문

이다. 통일경제를 실현하는 것은 우리민족에게는 단연코 부강번
영 할 지름길이지만, 외세에게는 강력한 경쟁세력이 등장하는 결
과를 낳는다. 그 나라들은 우리민족이 통일을 이루어 부강번영하
는 경제강국으로 우뚝 서면 우리를 손쉽게 '이용'하던 지난날을
그리워하며 우리와 '경쟁'해야 한다.

그렇다고 해서 통일경제를 실현하는 데 다른 나라를 배타적으
로 대할 필요는 없다. 우리 민족이 신뢰를 바탕으로 굳게 단결한
가운데 민족의 공동이익을 최우선하는 원칙을 확고히 한다면, 다
른 나라의 자본을 얼마든지 이용해나갈 수 있을 것이다.

결국 통일경제를 실현할 주체는 극소수 분단세력을 제외한 우
리 7,500만 민족 전체가 된다. 물론 여기서 통일경제를 실현하는
데 가장 절실한 이해관계를 가지는 계층은 바로 노동자·농민 등
서민계층이다. 서민계층은 분단으로 인한 피해를 가장 직접적으
로, 가장 크게 입는 계층이다.

오늘날 우리 국민의 삶이 도탄에 빠진 이유는 한국경제가 분단
이후 미국의 영향을 직접 받아 주권이 훼손되고 극단적인 대외의
존 경제가 되면서 외국자본의 이익을 더 중요시하고 서민의 삶은
부차시한 결과이다. 결국 통일경제를 실현하기 위해 가장 앞장설
사람들은 우리 노동자·농민을 비롯한 서민계층이 될 수밖에 없는
것이다.

2) 남과 북의 신뢰구축이 필요하다

통일경제의 실현 경로

통일경제를 실현하기 위한 방법을 살펴보려면 우선 통일경제가 어떠한 과정을 거쳐 실현될 수 있을지 머릿속으로 단순하게 그려 볼 필요가 있다.

남과 북은 이명박·박근혜 정부를 거치면서 완전히 신뢰를 잃고 기본적인 교류조차 중단된 상황이다. 이런 상황에서 통일경제를 실현하기란 애초부터 불가능하다. 따라서 통일경제를 실현하기 위한 첫 걸음은 아무래도 남과 북이 신뢰를 구축하는 것이 될 것이다. 신뢰 구축은 우선 정치·군사 분야에서 이루어져야 한다. 2000년대 협력의 한계는 바로 정치·군사 분야에서의 신뢰가 무너졌기 때문이다.

협력을 시작하기 위한 최소한의 신뢰가 생겼다면, 그 다음 걸음은 교류 협력을 전면적으로 확대하는 것이다. 정치·군사적인 협력을 지속해 나가면서 경제 교류협력을 전면적으로 확대해 나가야 한다. 또 다방면에 걸친 사회문화 교류는 경제 협력을 공고히 하는 데서 중요한 의의를 가질 것이다.

이처럼 남북 교류협력이 전면화 되면, 그 다음은 이를 뒷받침할 법적 근거들을 만들고 '연합연방제'에 맞는 경제공동체에 진입하는 것이다. 민족경제공동체는 '연합연방제' 방안에 적합한 민족통일기구를 만들고 그에 의해 관리, 운영, 발전하는 우리 민족의 삶의 터전이 될 것이다.

6·15선언과 10·4선언에 밝혀진 협력 원칙

통일경제를 실현하기 방법적인 원칙은 민족의 이익을 최우선에 놓고 민족경제를 균형적으로 발전시켜 나가는 것이다. 이러한 원칙을 실현하려면 공리공영과 유무상통 방식으로 교류협력을 전면적으로 확대해 나가야 하며, 이를 위한 구체적인 남북 공동의 정치 역량이 필요하다.

통일경제 실현을 위한 방법적인 원칙은 6·15공동선언과 10·4선언에 이미 밝혀져 있다고 해도 과언이 아니다.

먼저 6·15공동선언은 4항에서 "남과 북은 경제협력을 통하여 민족경제를 균형적으로 발전시키고 사회·문화·체육·보건·환경 등 제반 분야의 협력과 교류를 활성화하여 서로의 신뢰를 다져 나가기로 하였다"라고 적고 있다. 이는 남북 경제협력이 민족경제를 균형적으로 발전시키는 방향으로 가야한다는 것을 정확히 명시하고 있다. 또 4항은 경제협력을 위한 신뢰를 조성하기 위해 다방면적인 협력과 교류를 활성화할 필요가 있음을 이야기하고 있다.

민족경제를 균형적으로 발전시켜 나가기 위한 방식은 10·4 선언에 명기되어 있다. 10·4선언은 5항에서 "남과 북은 민족경제의 균형적 발전과 공동의 번영을 위해 경제협력사업을 공리공영과 유무상통의 원칙에서 적극 활성화하고 지속적으로 확대 발전시켜 나가기로 하였다"고 하였다.

먼저 '공리공영'은 민족경제를 균형적으로 발전시키기 위해서는 반드시 공공의 이익을 위해 공공이 운영해야함을 말하고 있다. 이는 민족의 이익을 최우선에 두고 협력을 진행하며, 경제협력의 성과와 이익이 몇몇 사업가가 아니라 모든 민족 구성원들에게 돌아가도록 해야 함을 말한다.

다음으로 '유무상통'은 남과 북이 있는 것과 없는 것을 서로 보충하고 도와주는 협력방식을 택해 남북경제를 모두 균형 있게, 종합적으로 발전시킬 수 있도록 하는 방식이다.

공리공영과 유무상통 방식은 남북 정부 당국, 공공영역의 운영 기능을 확대하여 경제 민주화를 촉진하고, 경제의 자립적 토대를 튼튼히 하여 '민생제일주의'를 실현하게 하는 방법적인 원칙이 될 수 있다.

통일경제 실현할 정치역량 구축

민족경제공동체를 구축하기 위해서는 남북 사이의 협력기구를 설치하는 것이 필수적이다. 6·15공동선언은 민족경제공동체의 초기 단계라 할 수 있는 경제 교류협력을 추진하기 위한 정치역량, 즉 협력기구를 형성하기 위한 방향을 제시하였다. 실제로 6·15공동선언 5항에 제기된 "당국 사이의 대화"는 '남북장관급회담', '남북경제협력추진위원회' 등을 비롯한 각 분야별 협의체를 탄생시켜 민족경제공동체를 만들어갈 공동의 정치역량을 만드는 근거가 되었다.

6·15공동선언 5항에 근거한 각 분야별 협의체들은 2007년 10·4 선언에 의해 더욱 구체화되었다. 10·4선언은 5항에서 "남과 북은 남북 경제협력사업의 원활한 추진을 위해 현재의 '남북경제협력추진위원회'를 부총리급 '남북경제협력공동위원회'로 격상하기로 하였다"고 명기하였고, 남북은 이를 근거로 실무급 협의체의 수준을 장관급에서 부총리급으로 높일 수 있었다.

이처럼 '연합연방제'에 의한 민족경제공동체를 지향하는 통일경제는 지난 2000년 이후 지속된 남북 교류협력 과정에서 그 실현 가능성이 검증된 현실적인 대안 체제다.

제3장 통일경제의 기대효과

"통일경제는 남북을 아우르는 7,500만 한민족 경제권을 창출하고 경제협력을 질적으로 도약시켜 국내 중소기업에 활로를 만들어주는 한편, 일자리를 창출하고 고용을 창출함으로써 노동자·농민, 서민들의 생활안정에 크게 기여한다. 나아가 통일경제는 한반도에 항구적 평화를 가져오며, 국방비를 줄이고 복지 재원을 조성하는 등 민생의 대전환을 이룩하게 할 것이다.

1. 한국경제의 모순을 해소할 통일경제

남북이 통일을 이룬다면 어떤 경제적 효과가 생기게 될까.

남과 북은 자연환경, 인구분포, 산업구조, 과학기술 등 다양한 방면에서 서로를 보완하는 경제구조를 가지고 있어 자립 기반을 튼튼히 하고 한국경제가 가진 근본적인 한계를 극복하는 데 커다란 도움이 될 것이다. 또 남과 북이 하나로 합쳤을 때 대륙과 해양을 연결하는 한반도의 지리적 장점을 극대화하며 외교안보적인 불안을 극복하여 경제발전에 유리한 대외환경을 조성하는 등 부강번영의 길을 열 수 있다. 이를 통해 고용 창출 및 안정, 복지 확대로 대변되는 민생의 대전환을 가져오게 될 것이다.

1) 경제주권의 회복

먼저 통일경제를 실현하면 한국경제의 고질병인 대외의존문제를 완화하는 동시에 경제주권을 회복하게 된다.

통일경제는 자주적인 통일을 확고히 지향하는 가운데 나라의 자주국방, 민족 공동방위를 실현하며, 미국에 안보를 의존하면서 발생하는 불평등한 대외관계, 굴욕적인 외교실태를 바로잡는 경제적인 토대를 튼튼하게 만드는 효과를 낳는다. 6·15공동선언과 10·4선언의 정신에 따라 외교권이 민족공동의 행정기구로 하나로 모아지면, 남과 북 각 지역 정부가 다른 나라와 맺어왔던 외교관계는 민족 공동의 이익에 맞게 전반적으로 재검토되는 상황에 이른다. 이를 통해 우리 민족의 대외 관계는 자주권이 확립되는 계기를 맞게 되며, 훼손되었던 경제주권 역시 제자리를 찾게 되는 길이 열린다.

한·미 불평등 관계로 인한 피해

한·미동맹을 지키기 위해서라면 경제적 손해를 감수해야 한다는 주장을 실은 《중앙일보》

그동안 한국은 국가의 가장 기본의무인 국방을 미국에게 의존하면서 상당한 경제적 피해를 감내해야 했다. 약육강식의 논리가 그대로 적용되는 불공정한 세계질서 속에서, 한 나라의 국방력은 대외관계에서 그 나라의 이익을 실현하는 가장 기본적인 요인이다. 그런데 한국에 대한 미국의 안보개입은 '한·미동맹', '혈맹' 등의 이름으로 포장되어 한국 사회에서 하나의 신성불가침 영역으로 존재하고 있다. 미국의 안보개입은 한·미 사이에 불평등한 정치 외교관계를 낳았으며, 이는 자연스레 한국의 경제적인 손해로 이어진다.

한국 사회에서는 미국의 안보개입이 노골적인 상황에서 우리가 경제적으로 손해보는 것이 당연한 것이라는 주장마저 횡행한다. 일례로 《중앙일보》는 2010년 12월 6일 보도에서, 한·미FTA 협상이 전례 없이 세 차례나 미국의 요구대로 재협상을 거치면서 한국의 손해가 뚜렷해지자, "미국의 (안보)도움이 절실한 우리에겐 불가피한 선택"이라 강변했다.

《중앙일보》의 논리대로라면, 미국 입장에서는 주한미군을 주둔시킴으로써 한국 보수세력에게 얼마든지 경제적 압박을 일삼을 수 있는 셈이다. 《중앙일보》는 한·미FTA 체결을 통해 한·미동맹을 지켰으므로 "어느 쪽이 얼마의 이익을 더 얻었다, 누가 피해를 더 잘 막았다 하는 식의 손익계산은 크게 봐서 별 의미가 없다"고 주장하기도 했다.

한·미동맹으로 경제피해를 보는 대표적인 사례가 차세대 전투기(FX) 사업-미국산 전투기 F-35A 도입 문제다. 박근혜 정부는 차세대 전투기 사업에서 엔진 결함으로 불이 나 미 국방부도 그 심각성을 인정한 바 있는 F-35를 무려 7조3,000억 원을 들여 구매했다. 스텔스 기능이 그토록 중요하다며 미국 록히드마틴을 협상 대상자로 선정했으면서도 정작 스텔스 기술은 넘겨받지도 못했다. 게다가 2009년 6월 4,862억 원 수준이었던 미국제 고고도 무인정찰기 글로벌 호크를 2014년에 약 7,200억 원이나 되는 가격으로 덜컥 구매하기도 했다. 연간 3,000억 원에 달한다는 글로벌 호크의 운영유지비용은 앞으로 어떻게 마련할지 궁금할 뿐이다.

한·미동맹으로 인한 피해는 경제적 손해만 일으키는 것이 아니라 국민의 생명마저 위협하는 지경에 이르렀다. 대표적인 사례가 바로 미국산 쇠고기 수입 문제이다.

미국은 2003년 미국 광우병 발병 이후 한국이 전면 수입 중단했던 소 내장, 머리, 족 등 특정위험물질(SRM) 의심 부위를 2009년부터 강제로 끼워 넣어 팔아왔다. 광우병 발병 특정위험물질(SRM) 의심 부위를 수입해온 씨제이(CJ)프레시웨이 관계자는 2012년 5월 13일《한겨레》와의 인터뷰에서 "수입한 (소 내장의 하나인) 대창은 미국 쪽 수출업체가 살코기를 수입하려면 부산물도 같이 하라고 요구해 어쩔 수 없었다"고 폭로한 바 있다. 미국산 쇠고기 중 살코기를 수입하면 광우병 위험부위도 무조건 따라 들어오는 것이다.

또한 관세청 무역통계자료에 따르면 특히 미국산 소 머릿고기

(머리와 머리의 절단육 등 기타) 수입량은 1997년부터 2014년 2월에 이르기까지 4,268톤이 수입됐으며, 이중 절반에 달하는 2,143톤이 2011년부터 2014년 2월까지 들어왔다.《오마이뉴스》에 의하면, 이는 국거리 한 그릇에 소 머릿고기 60g이 들어간다고 가정할 때 연간 1,705만8,333인분에 해당하는 양이며, 하루 평균 50그릇을 판매하는 국거리 음식점 934개가 미국산 소 머릿고기로 매일 국거리를 만들어 팔고 있는 셈이 된다고 한다.

미국산 쇠고기를 주로 취급하는 씨제이(CJ)프레시웨이를 비롯해 대한제당, 한화, 현대종합상사 등 대기업들이 들여온 광우병 위험부위의 양은 2010년부터 2012년 3월까지만 해도 무려 2만 3,350톤이다. 이들이 들여온 광우병 위험부위는 도매상인을 거쳐 설렁탕집, 소머리국밥집, 곰국집 등 주로 국거리 음식점을 통해 유통되고 있는 것으로 알려졌다.

미국산 쇠고기 수입으로 인한 잠재된 위험이 이토록 심각함에도, 한국 정부는 미국산 쇠고기 수입을 한·미FTA 체결을 위한 하나의 선결조건 정도로 치부했다. 20만 명에 달하는 국내 축산농업인의 최소한의 생존과 국민전체의 건강에 대한 우려에는 관심이 없었다. 이처럼 경제주권의 훼손은 단지 경제적인 손해만 끼치는 것이 아니라 국민의 건강, 나아가 생명마저 위협하는 심각한 문제를 낳고 있다.

통일로 앞당기는 경제주권 회복

자주적인 통일을 확고히 지향하면서 미국의 안보개입으로 훼손된 경제주권을 회복해야 민족의 부강 번영한 미래를 보장할 수 있다.

남북은 통일을 이루는 과정에서 각기 시행하고 있는 국방과 외교를 비롯한 대외정책을 민족의 이익에 맞게 점차 하나로 통합해 나가야 한다. 민족 공동기구는 이에 따라 분단시기의 대외협정과 조약을 재검토하고, 외국자본에게 비정상적인 혜택을 가져다 준 불평등 조약을 없애야 한다.

통일경제는 각종 대외 불평등을 탈피한 경제공동체가 되어야 한다. 무엇보다 대미 불평등 경제협정의 완결판인 한·미FTA를 완전히 폐기해야 한다. 한·미FTA뿐만 아니라 한·미동맹이란 이름으로 한·미 간에 무수히 체결되어왔던 각종 불평등 협정도 모두 정상화시켜야 한다. 이로써, 날이 갈수록 심각해지는 경제주권 훼손 현상을 없애며, 당당한 대외관계를 수립해 국민의 이익을 철저히 지켜야 한다.

이런 측면에서 보자면 경제주권과 자립성을 고려하지 않은 채 제시된 박근혜 정부의 '유라시아 이니셔티브'나 FTA 확대전략, 그리고 노무현 정부의 '동북아 허브' 구상도 한국경제의 대외의존성만 더욱 심화시킴으로써 외국자본과 재벌에게만 이익이 될 뿐인 정책들이다.

한국의 경제주권을 당당히 회복하면 불평등한 세계 경제질서를

바꿔가는 데 기여하며, 나아가 한반도 주변 4강의 교류협력을 선
도하게 될 가능성도 비로소 열리게 될 것이다.

2) 과학기술 자립 토대 마련

통일경제를 실현하면 남북이 갖고 있는 과학기술의 장점을 융
합하여 세계 최첨단 기술보유국으로, 세계 과학기술을 선도하는
국가로 탈바꿈하게 되며, 한국경제의 고질병인 원천기술 의존 문
제를 해결하여 제조업의 부가가치가 질적으로 높아지게 된다. 특
히 21세기 세계 경제가 지식기반 경제로 탈바꿈하고 있음을 주목
한다면, 남북 과학기술 협력은 다른 어떤 분야보다 그 중요성이
크다고 할 것이다.

지식기반 경제의 도래와 과학기술의 중요성

과학기술 발전은 세계 경제를 '지식기반 경제'로 변모시키고 있
다. 아시아태평양경제협력체(APEC)는 2000년 지식기반 경제를
"모든 산업에서 지식의 생산, 분배, 사용이 성장, 부의 창조 및 고
용의 핵심이 되는 경제"라고 정의한 바 있다. 농업, 유통, 소프트
웨어, 생명공학 등 각 분야의 주요 기업들은 경쟁우위를 가져다주
는 원천을 지식에서 찾고 이를 중시하고 있다.

갈수록 산업이 지식집약화 되어가는 세계경제 흐름 속에 한국의 전기전자, 자동차, 조선 등 이른바 수출산업도 갈수록 지식 집약화 되고 있다. 대표적인 지식집약 상품이 바로 스마트폰이다. 최근 승용차 역시 인공지능 차체 제어 시스템이나 자동 주차 기능 등을 갖춘 형태로 갈수록 첨단화되고 있다. 보일러에 와이파이(WIFI) 무선통신 기능을 추가하여 스마트폰을 이용해 가정 내의 보일러 조작을 가능케 하는 것도 하나의 사례다.

지식집약 제품을 활용한 제조업과 서비스업의 접목도 점차 활성화되는 추세다. 대표적인 사례는 이른바 '헬스케어 웨어러블 디바이스(Healthcare Wearable Device)'로 불리는 전자제품과 의료서비스의 접목이다. 2010년대부터 삼성은 구글(google) 등이 주도하는 '데이터 사이언스(data science)'라는 새로운 분야에 뛰어들고 있다. '데이터 사이언스'는 자료의 처리량이 테라바이트(1조 바이트)를 능가하는 막대한 자료를 전혀 새로운 방식으로 처리해 부가가치를 창출하는 분야다. 이들은 데이터 사이언스를 적용해 제품 사용자의 맥박과 체온 등 각종 건강관련 정보를 무선인터넷을 통해 의료기관으로 전달하고, 이를 축적하여 의료서비스를 시행하려 한다.

21세기 경제가 지식기반 경제로 점차 변화함에 따라 기존의 경제 개념도 달라지고 있다. 전통적인 생산요소는 토지, 노동, 자본이었지만 과학기술이 발달함에 따라 광범위한 지식 자체가 생산요소에 추가되고 있다. 산업 인프라 역시 고속도로, 철도, 항만, 전기와 물 등의 공급에 더하여 초고속 통신망, 대용량 데이터베이스, 슈퍼컴퓨터를 활용한 서버와 같은 정보 관련 인프라가 중요하게 취급된다.

따라서 21세기 세계경제를 선도하기 위해서는 과학기술을 발전시키는 것이 갈수록 중요해지고 있으며, 특히 원천기술, 세계 표준 기술 등 제조업과 서비스업에 적용되는 기초적인 과학기술 특허를 확보하는 것이 중요해지고 있다.

지식기반 경제와 미국의 의도

지식기반 경제에서 기술 특허는 매우 중요한 기반이다. 하지만 현재 과학기술을 둘러싼 패권은 대체로 미국이 쥐고 있는 형편이다. 특허제도는 본래 발명가의 권리를 보호하여 새로운 발명, 최첨단 혁신을 장려하려는 목적으로 도입되었다. 그러나 오늘날 특허제도는 원천기술을 독점 보유한 일부 기업이 경쟁 기업을 위협하거나 중소기업을 도태시키는 하나의 '무기'로 사용되고 있다.

원천기술을 독점적으로 보유한 기업 하면 미국의 소프트웨어 업체인 마이크로소프트, 메모리반도체 원천기술을 갖고 있는 텍사스인스트루먼트(TI)나 램버스사, 무선통신관련 원천기술을 확보한 퀄컴 등을 떠올리기 쉽다. 하지만 최근 과학기술 특허의 중요성이 더욱 부각되면서 아예 특허관리 전문업체(NPEs), 이른바 '특허괴물'까지 등장했다. 특허괴물들은 제품 생산 등 제조활동은 하

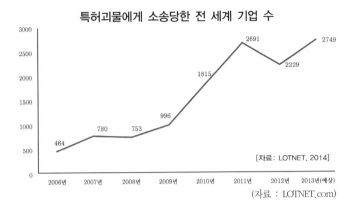

특허괴물에게 소송당한 전 세계 기업 수

[자료: LOTNET. 2014]

2006년 464
2007년 780
2008년 753
2009년 996
2010년 1815
2011년 2691
2012년 2229
2013년(예상) 2749

(자료 : LOTNET.com)

지 않지만 막강한 자금력과 정보력을 바탕으로 기업을 괴롭힌다. 특허 침해 가능성이 있는 연구나 생산 조직을 상대로 위협을 하거나 소송을 제기해 금전적 이득을 취하는 것이다.

주로 미국에 근거지를 둔 특허괴물들의 공격은 날로 강화되고 있다. 그 중 원천기술이 취약한 한국은 이 특허괴물의 공격에 매우 취약한 형편이다. 실제 특허청과 한국지식재산보호협회의 『2013년 NPEs 동향 연차보고서』에 따르면 지난해 특허괴물들이 국내 기업을 상대로 제기한 특허 침해 소송은 288건으로 2009년 54건보다 5배 이상 늘었다. 2012년 159건보다도 81%나 증가했다. 5년간 연평균 52%씩 공격건수가 늘어난 셈이다. 특허괴물들의 공격 대상에는 삼성전자, 엘지전자, 삼성디스플레이, SK하이닉스, 현대기아차, 포스코 등 국내 주요 재벌 계열사가 상당부분 포함되어 있을 정도다.

《경향신문》보도에 따르면, 특허괴물들은 독자적으로 행동하지 않고 제조업체들과 연계해 특허 전쟁을 벌이고 있다. 미국 정보기술(IT) 전문 매체 시넷 등에 따르면 마이크로소프트(MS)와 소니가 국제적인 특허괴물인 '인텔렉추얼 벤처스' 투자에 참여하기로 했다.

이런 기류를 반영한 듯, 미국은 세계 여러 나라와의 FTA 협상에서 지적재산권 개방과 보호를 매우 중요하게 제기하고 있다. 미국은 한국과의 FTA 협상에서 지적재산권 분야의 개방 및 보호를 거세게 요구했다. 미국은 먼저 한국과의 FTA 중 지적재산권 분야 협상에서 특허와 저작권 등 각종 지적재산권의 기한 연장에 주력하였다. 미국은 출원일로부터 20년으로 제한된 국제적인 특허존속 기간을 3년 내지 4년 더 연장하기 위해 "특허 심사 처리가 늦어져 지연된 경우 지연된 기간만큼 특허존속 기간을 연장한다"는 '꼼수'를 부렸다. 겨우 3, 4년이라 생각하면 오산이다. 삼성전자가 일 년 동안 각종 특허에 대한 사용료로 외국 기업에 지불하는 돈만 1조 원을 넘은 지 오래기 때문이다.

미국은 특허가 아닌 기타 저작물의 경우 "인간의 평균수명이 증가했다"는 이유로 기존의 50년이던 저작권 기한을 70년까지 연장했다. 한국의 경우 조선이 일본 제국주의에서 해방된 것이 1945년이므로 저작권 기한을 70년까지 연장해봐야 해당될 저작물도 거의 없는 실정이다. 한마디로 전 세계 문화 컨텐츠의 40% 가량을 독점한 것으로 알려진 미국의 입장이 그대로 협정문에 반영된 것이다. 미국이 최대의 강점을 가지고 있는 의약품 관련 저작권 기한도 당연히 연장되었다.

미국은 이미 근래 진행한 칠레, 싱가포르, 호주, 바레인, 중앙아메리카 등과의 FTA에서도 지적재산권 분야를 주된 공략 대상으로 삼고 일관되게 한국과 유사한 협정을 체결해 왔다. 한국에게 최악의 불평등 협정이라는 한·미FTA가 미국으로서는 화룡정점인 셈이다.

본래 과학기술의 혜택은 일부 독점기업의 것이 아니라 인류 모두의 것이 되어야 한다. 과학기술은 인류의 인간다운 삶을 위해, 인간이 힘든 노동에서 벗어나고 지식을 이용하는 인간의 다방면적인 발달을 위해 사용되어야 한다. 하지만 미국은 특허를 무기로 세계 각국의 경제에 대한 지배력을 확대하려 하고 있다. 지적재산권을 앞세운 미국의 이러한 이윤 추구 전략은 지식기반 경제시대에 얼마든지 발생할 수 있으며 오히려 앞으로 더욱 강화될 것이다. 지식기반 경제라는 것이 바로 특허나 저작권 등 지적재산권을 바탕으로 한 자본주의적 혁신과 경쟁, 그리고 이윤창출을 뜻하기 때문이다.

"역사상 미국에서 벌어진 특허 또는 영업비밀 관련 소송에서 한국기업이 미국기업에게 이긴 선례가 거의 없다(《머니투데이》 2012년 8월 31일자 보도)."

이 말은 다름 아닌 삼성전자 출신 모기업 대표이사가 내뱉은 말이다. 화려한 신화로 포장된 삼성전자가 디자인 특허와 화면 조작기술 관련 특허 몇 개를 무기로 한 애플에게 1조 원이 넘는 손해

배상을 하고, 무수한 중소기업이 '특허괴물'에게 소송을 당하여 생사의 기로에 서는 시대가 바로 한국인이 처한 '지식경제시대'다.

남북 과학기술 협력의 의미와 가능성

이러한 가운데 남북과학기술 협력은 우리 민족의 부강번영하는 미래를 여는 길에서 매우 중요한 의의를 갖는다. 우리 민족은 과학기술 협력을 통해 다른 나라로부터의 기술 도입을 줄이고 민족경제의 자립적 토대를 강화하는 데 크게 기여할 수 있다.

북한의 과학기술 수준은 몇몇 분야에서 실제로 첨단수준으로 검증된 바 있다. 지구관측 인공위성을 탑재한 발사체의 성공으로 대변되는 우주과학, 그리고 장거리 로켓 발사의 성공을 뒷받침하는 수치제어공작기계(CNC) 등의 정밀기계, 신소재 분야, 그리고 세 차례에 걸친 핵시험으로 대변되는 핵공학 분야 등이 그것이다.

이와 같은 북한 과학기술은 한국 입장에서 볼 때 매우 중요하다. 미국으로부터 미사일 발사체 개발, 핵관련 기술 개발을 통제받고 있는 한국으로서는 이런 분야에서 북한과의 협력이 가능해질 경우 중장기적으로 상당한 도움을 받을 수 있을 것이다. 게다가 정밀기계 중 많은 부분을 수입에 의존하고 있는 한국이 북한과의 협력을 통해 수입 대체 상품을 개발할 수 있는 가능성도 한층 높아질 것이다.

북한 입장에서도 생활소비품을 주로 생산하는 경공업 분야와 조선, 철강, 자동차 등 제조업 분야에서 한국과 기술 협력을 했을 때 얻는 이익이 분명 클 것으로 예상된다. 남북은 각 산업 분야에서 한국의 시장성을 바탕으로 한 응용기술과 북한의 기초과학기술을 결합해나갈 수 있는 가능성이 높다.

하지만 군사적으로 대치하고 있는 남북이 국가적으로 중요한 보안 대상인 첨단 과학기술분야에서 교류와 협력을 어떻게 이루어낸다는 말인가. 결국 남북이 가진 기술적 장점을 살려 미국중심의 지적재산권 질서에서 탈피하고 우리 민족경제의 과학기술적 토대를 튼튼하게 만드는 일도 통일이 되지 않으면 본격화되기 힘들다.

남북은 통일을 이루어 기계·부품, 소재 분야의 기술협력을 강화해야 한다. 북한의 컴퓨터수치제어(CNC) 공작기계 분야, 그리고 희토류 등 지하자원을 활용한 신소재 개발 등을 통해 높은 부가가치를 창출함과 동시에 국부 유출도 줄이는 일거양득의 효과를 누릴 수 있을 것이다. 통일을 이루는 과정에서 한국의 인공위성과 북한의 로켓을 결합하는 것은 상징적인 협력 사례가 될 수 있을 것이다.

3) 에너지 및 자원 자립도 향상

남북의 교류협력은 '공리공영'과 '유무상통'이 기본이다. 이는 남북이 서로 보완해줄 수 있는 경제적 여건들을 갖추고 있다는 사실에 기초한다.

대표적인 사례가 바로 지하자원이다. 한반도의 지하자원은 대체로 북한 지역에 집중 매장되어 있다. 이는 우리 민족 공동의 재부임에 틀림없지만, 북한 입장에서는 미국의 무역제재로 자원 활용이 가로막혀 있으며, 한국 입장에서는 분단으로 인해 자원이용이 가로막혀 있다. 북한 지역의 지하자원은 민족경제공동체의 든든한 밑천으로 통일을 통해 본래 자기가치를 되찾게 될 것이다.

세계 최대수준 희토류 매장량을 자랑하는 북한

가장 경쟁력 있는 북한의 지하자원은 '희토류[27]'이다. 오늘날 경제에서 희토류가 차지하는 중요성은 중국과 일본이 댜오위댜오(일본명 센카쿠 열도)를 둘러싼 영토분쟁과 관련한 사건에서 잘 드러난다. 중국은 2010년 9월 댜오위댜오에서 불법 조업하던 자국 선원들이 일본에 체포되자 강력 반발하며 희토류 수출을 금지했다. 중국의 희토류 수출 물량 중 절반 이상을 수입하는 일본은 어쩔 수 없이 중국 선원들을 석방, 두 손을 들어야 했다.

---

27) 희토류는 화학적으로 매우 안정된 금속 원소로 탁월한 화학·전기·자기 성질을 갖고 있어 다양한 용도로 사용된다. 스마트폰, 카메라, 컴퓨터, 삼파장 램프, LCD 연마광택제는 물론 하이브리드 자동차, 풍력발전, 태양광발전 등 차세대 산업에도 필수적인 금속이다. 그래서 흔히 희토류를 21세기 산업의 비타민이라 부른다.

이러한 희토류가 한반도 북한 지역에 대량 매장되어 있다는 사실은 지난 2000년대 남북경협이 활성화되기 시작한 이후 일반인에게 널리 알려지기 시작했다.

평안북도 정주시 일대는 국제적으로 세계 최대의 희토류 산출지로 평가받고 있다. 《경향신문》에 따르면, 외교전문지 《더디플로매트》는 2014년 1월 22일 영국계 사모펀드 SRE미네랄스의 발표를 인용, 세계 희토류 매장량의 2배에 이르는 2억1,600만 톤이 북한에 묻혀있는 것으로 파악됐다고 보도했다. 보도에 따르면, 북한의 '조선천연자원무역회사'와 평안북도 정주시에서 희토류를 개발하기 위한 합작투자 계약을 체결한 'SRE미네랄스' 집행이사 루이스 슈어만(Louis W. Schurmann) 박사는 평안북도 정주가 "세계 최대 희토류 산출지(the World's largest known REE occurrence)"이며, 그 가치는 약 65조 달러, 우리 돈으로 약 6경5,000조 원 이상에 달할 것으로 추산했다.

실제 정주시에서 광물탐사작업을 한 오스트레일리아의 광산, 지질 자문업체 HDR 살바(Salva)의 탐사 결과에 따르면 북한 정주의 희토류 매장량은 광물로 60억6,497만 톤, 분리 정제 후 2억1,617만 톤에 이르는 것으로 추정 보고되었다. 이는 전 세계 희토류 매장량 1억5,422만 톤보다도 많은 양이다.

국내에 보도된 북한 합영투자위원회의 자료를 근거로 본다면, 북한의 희토류 추정 매장량은 광물 매장량이 10억 톤 이상, 분리 정제된 희토류를 기준으로는 4,800만 톤으로 세계 최대 희토류 산지인 중국의 2,700만 톤 보다 많다. 《시사인》의 보도에 따르면 북한 합영투자위원회는 해외투자 유치를 위해 북한의 대표적인 희토류 광산 4군데에 대한 탐사 자료를 공개했는데, 그중 제일 큰 황해남도 청단군 덕달리 광산이 약 2,000만 톤 이상, 두 번째인 평안북도 정주시 용포리의 희토류 광산이 1,700만 톤, 그리고 강원도 평강군과 김화군에 있는 나머지 두 개 광산의 합이 약 1,100만 톤 규모라고 한다. 이들 탐사 결과가 다소 확대 추정되었을 가능성도 있지만, 북한의 희토류 매장량이 세계 1, 2위를 다툴 만큼 많다는 점은 부인하기 어려워 보인다.

정주의 희토류는 '품위'도 평균 3.56%에 달해 경제적 가치 역시 상당히 높은 수준이다. HDR살바의 탐사 결과에 따르면 북한 정주의 희토류 품위별 매장량은 다음과 같다.

〈표 3-1〉 북한 정주시 일대에 매장된 희토류 광물의 품위별 매장량

품위	광물 매장량
9.00% 이상	6억 6490만 톤
5.70~9.00%	6억 3400만 톤
3.97~5.70%	20억 7700만 톤
1.35~3.97%	3억 4040만 톤
1.35% 이하	23억 3900만 톤

(자료 : HDR살바, 《NK투데이》에서 재인용)

평균 3.56% 품위는 세계 최고를 자랑하는 오스트레일리아 마운트 웰드(Mt. Weld) 광산(평균 품위 8%)에는 미치지 못하지만 꽤

높은 수준이다. 참고로 세계 6위 매장량을 자랑하는 미국의 베어
랏지(Bear Lodge) 광산의 평균 품위가 3.45%다.

희토류 제련소 갖추고 수출까지 하는 북한

북한은 이미 1980년대부터 희토류 관련 공업을 창설, 함경남도
함흥시에 전 세계에 몇 개 없는 희토류 제련소를 갖추고 해외에
수출까지 해 온 것으로 알려졌다.

『희토류 자원전쟁』의 저자 김동환에 따르면, 1988년 설립된 북
한 '조선국제화공합영회사'는 희토류 원광과 금속 및 산화물 등을
홍콩, 중국, 일본, 유럽으로 수출해왔다고 한다. 그에 따르면 북한
이 희토류 최대 산지인 중국에 희토류를 수출해 왔으며, 중국에
수출한 희소금속 중 500~600톤의 희토류가 포함되었을 것으로
추측된다고 주장했다. 또 한국무역협회의 무역통계에 따르면 북
한은 지난 2014년 5월 55만 달러어치, 6월에는 5월의 두 배가 넘
는 133만 달러어치의 희토류 광석을 중국에 수출한 것으로 드러
나기도 했다.

이진영 한국지질자원연구원 광물자원연구본부 책임연구원에
따르면, 북한은 희토류 제련기술에서 선진적인 것으로 평가받는
'가성소다분해법'을 이용하고 있는 것으로 알려졌다. 희토류 1톤
을 생산하려면 8.5kg의 유독 가스와 13kg의 분진이 발생하며, 채
굴과정에서 토륨 등 방사성 물질도 튀어나온다. 게다가 희토류 제

런 과정에선 화학물질을 대량으로 사용하기 때문에 이산화황과 황산, 산성 폐수 등이 쏟아져 나오는 것으로 알려져 있다. 따라서 희토류를 제품화하기 위해서는 이와 같은 오염으로부터 조업자와 환경을 보호해야만 한다. 이진영 연구원은 '가성소다분해법'이 이러한 점에서 조업자 건강이나 환경보호에 좋고 설비 부식을 막기가 쉬운 장점이 있다고 평가했다.

이용가치 높은 주요 광물

북한에는 희토류 외에도 마그네사이트, 석탄, 아연, 철광석 등 48종의 주요 광물이 매장되어 있다. 이 중에서 북한에서 잠재가치가 큰 것으로 평가된 광물은 석탄(3조4,851억 달러), 석회석(2조 9,000억 달러), 마그네사이트(1조2,806억 달러), 철광석(6,207억 달러)순이었고, 우라늄의 잠재가치는 139억 달러로 분석[28]됐다.

민간연구단체인 북한자원연구소의 최경수 소장은 2012년 8월 26일 발표한 「북한 지하자원 잠재가치 및 생산액 추정」 보고서에서 "2012년 현재 북한의 주요 지하자원인 18개 광물의 잠재 가치는 올 상반기 시장가격을 기준으로 1경1,026조 원"이라고 추정했다.

그런데《KBS》는 북한 합영투자위원회가 발표한 자료에 근거하여 북한 지하자원의 매장 추정량이 대폭 늘어났으며, 그 잠재가치는 2011년 말 기준으로 무려 4경 3천조 원에 이를 것으로 보도했

---

28) 「북한 지하자원 잠재가치 및 생산액 추정」, 북한자원연구소, 2012. 8. 26.

다. 1경원이면 1조원이 1만개나 있다는 이야기이며 1억 원을 1억 장 가지고 있는 셈이다. 4경 3천조 원의 잠재가치는 말 그대로 천문학적이다.

〈표 3-2〉《KBS》가 보도한 북한 주요 광물 매장 추정치

품명	2011년 말 갱신된 추정량	변동될 매장량 순위
마그네사이트	30억 톤 → 105억 톤	세계 3위 → ?
석탄	90억 톤 → 370억 톤	세계 5위 → ?
아연	2110만 톤 → 10억 톤	세계 5위 → ?
철광석	50억 톤 → 400억 톤	세계 9위 → ?
희토류	2000만 톤 → 4800만 톤	품위 고려하면 세계 1위

(자료: KBS시사기획 창, 2012년 12월 18일 보도)

북한 지하자원의 잠재가치가 현실화된 가치를 뜻하지는 않지만, 개발여하에 따라 국가경제의 면모를 뒤바꿀만큼 막대하다는 것은 분명한 사실이다.

경제성 높은 북한 지하자원

일반적으로 자원의 잠재가치는 100% 실제 가치로 전환되지 못한다. 매장된 자원을 남김없이 캐내는 것은 애초에 불가능하기 때문이다. 일례로 3,000조 원 규모로 추산되는 석회석이 모두 시멘트로 채굴될 가능성은 없다고 볼 수 있다. 게다가 대체로 자원을 캐내는 작업은 산림을 파괴하고 토양과 지하수를 오염시키는 등

많은 환경 문제를 일으키기도 한다. 따라서 자원을 캐내는 작업은 실제 채굴이 비교적 쉽고 개발 비용이 적게 드는 부분에 한해서 이루어지는 경우가 많다.

북한 지하자원의 실제 가치도 자원매장의 상태에 따라 투입될 채굴비용을 고려해야 하며 캐낸 지하자원을 실어 나를 운송체계도 확인해야 한다. 하지만 이런 점을 고려하더라도 북한 지하자원은 개발 가능성이 매우 높다. 대표적인 사례가 바로 땅 위에 드러난 노천광산이다. 북한의 용양 마그네사이트 광산과 무산철광은 지상에서 굴삭기로 퍼 담으면 되는 노천광산으로 채굴비용이 매우 저렴하다.

최경수 북한자원연구소장은 북한의 마그네사이트 광산을 보고는 "산 전체가 하얀 마그네사이트였다. 그 뒤에 있는 산도 역시 하얀색이었다. 북한이 인근의 한 산을 왜 '백금산(白金山)'이라고 부르는지를 이해할 수 있었다. 하얀 금이나 다름없는 마그네사이트 산이었다"고 밝혔다.

북한 지하자원은 광물의 품위도 매우 높다. 김태유 서울대학교 기술정책대학원 교수는 「북한 광물자원 개발의 필요성과 경제성 평가」란 주제발표에서 "특히 북한의 마그네사이트는 원광석의 품위가 MgO 34% 내외로써 … 선별된 원광석의 품위는 43~47% 내외로 톤당 가격이 35불 정도로 추정되어 앞으로도 경제성이 높은 광물 중의 하나로 평가된다"고 밝혔다.

북한 당국이 지하자원 개발에 필요한 기초조사를 본격화하고 채굴 관련 기술 개발에서 성과를 내고 있는 것도 자원 이용 가능성을 한층 높인다. 《통일뉴스》가 《조선중앙통신》 보도를 인용한데 따르면 북한은 "최근 광산개발 후보지를 마련하고 새로운 광물자원을 찾아내는데 필요한 과학적이며 종합적인 자료를 확증"29)하는 등 자원 개발 기초조사에 속도를 내고 있는 것으로 알려졌다.

또 북한은 "탄광과 광산에서 갱도 및 채굴 대상이 되는 광석들의 유동적인 변화 상태를 입체적으로 묘사할 수 있는 3차원 지하정보체계를 연구개발"하고 이를 실제 작업장에 적용함으로써, 자원 채취율을 높이고 있는 것으로 보인다. 《통일뉴스》에 따르면, 북한은 "현재 순천지구청년탄광연합기업소 천성청년탄광을 비롯한 여러 탄광에서 이 체계를 받아들여…… 종전보다 굴진량을 줄이면서도 석탄 채취율을 훨씬 높이고"있다고 한다.30)

석유 생산 모색하는 북한

북한에는 에너지 자원인 석유도 상당량 매장되어 있는 것으로 알려지고 있다. 하지만 북한이 이미 석유를 생산, 수출까지 하고 있다는 사실을 아는 사람은 드물다. 《조선일보》의 2001년 5월 25일 기사 〈북한, 석유 생산에 성공했다〉에 의하면, 정부 관계자들

---

29) 「北, 유망 지하자원 개발 후보지 확보」, 『통일뉴스』, 2013. 5. 25.
30) 「北, 3차원 지하정보체계 연구개발」, 『통일뉴스』, 2013. 8. 30.

은 북한이 지난 1998년 중반 평안남도 숙천군 앞바다에 위치한 유전에서 원유 시험생산에 성공한 뒤 이 유전에서 연간 220만 배럴의 원유를 생산하고 있다는 것이다. 북한이 1965년 8월에 '연료자원 연구조정국'을 신설하여 최초로 석유자원 개발을 위한 지질학적 조사에 착수한 지 35년만의 일이었다.

220만 배럴이면 한국의 하루 석유 소비량 가량으로, 적은 양이다. 그러나 북한의 석유 생산 성공 보도가 10년도 넘은 만큼, 현재 숙천군 유전에서 생산되는 원유량이 얼마인지는 알 수 없다. 숙천군은 그동안 남포 앞 서해유전지대로 통칭되어 온 서한만 분지와 더불어 북한에서 원유 매장 가능성이 가장 많은 퇴적분지 중 하나로 평가받는 평남 안주분지에 속해 있다. 이 때문에 북한 당국은 숙천군 일대 매장량을 최소 수십억 배럴 가량 될 것으로 추정한 바 있다.

북한, 동아시아 최대 유전지대

하지만 현재 초기단계로 보이는 북한 석유가 향후 대규모로 생산될 가능성은 상당히 높다. 무엇보다 잠재 매장 추정량이 어마어마하다.

북한 원유공업부로부터 유전 자료 판매 및 해외 컨소시엄 구성에 대한 독점적 권한을 위임받고 1997년 제2차 북한 유전 설명회 준비 차 한국을 방문한 일본 레인보 통상의 미야가와 준 대표는

북한의 석유매장 가능 지역

북한 서한만 일대에만 430억 배럴의 원유가 매장되었을 것으로 추정된다.
(자료 : ≪민중의 소리≫)

"북한 원유공업부가 1994년에 그동안의 조사 및 시추 자료를 종합해 북한 서한만 일대에 430억 배럴(약 60억 톤) 규모의 엄청난 원유가 매장되었을 가능성을 확인"했다고 공언한 바 있다. 서한만 일대의 석유매장 가능성은 2005년 중국 해양석유총공사가 "서한만 분지에 약 660억 배럴이 매장된 것으로 추정"된다고 공식 확인하면서 재확인되었다.

서한만 이외에 동한만에서도 석유 매장 가능성이 구체적으로 확인되었다. 지난 2004년 북한 전역에서 20년간 석유 탐사와 개발을 하기로 계약을 체결했던 아미넥스(Aminex PLC)의 홀 사장은 동해안의 채굴 가능한 원유 매장량이 40억에서 50억 배럴에 이른다고 밝혔다.

북한 서한만과 동한만 두 지역의 매장량만 합해도 대략 470억 배럴 내지 710억 배럴에 달한다. 북한의 매장량을 최소치로 잡더라도 이는 세계 9위 매장량을 확보하고 있는 중동 산유국 리비아의 372억 배럴을 훌쩍 뛰어넘는 막대한 양이다. 내륙에서 개발이 구체화된 평양 안주분지와 나선특구 지역의 매장량까지 합할 경우, 북한이 확보한 매장량은 더욱 늘어날 것으로 보인다. 북한에 148억 배럴의 중국을 뛰어넘는 '동아시아 최대 유전'이 있는 것이다.

원자재 수입 대체, 일석사조 효과

한국광물자원공사에 따르면, 2010년 기준으로 한국이 유연탄, 우라늄, 철, 동, 아연, 니켈 등 6대 전략광물을 수입하는 데 쓴 돈만 300억3,100만 달러에 달했다고 한다. 그런데 이 6대 전략광물은 모두 북한에 존재하고 있다. 눈앞의 북한 자원을 두고서 머나먼 타지에서, 막대한 운송비용을 바다에 뿌리고 있는 지금의 현실이 얼마나 안타까운가. 더욱이 최근 원자재 시장은 국제투기자본의 노골적인 개입에 의해 자원가격의 등락이 심각해 막대한 수입비용이 발생하고 있는 상황이다.

남북협력을 통한 북한 지하자원 활용은 안정적인 자원공급을 가능하게 해 한국경제에 부담으로 작용하고 있는 원자재 수입 불안정성을 해결할 수 있고, 북한경제 역시 획기적 발전을 이뤄낼 수 있다.

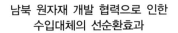

남북 원자재 개발 협력으로 인한
수입대체의 선순환효과

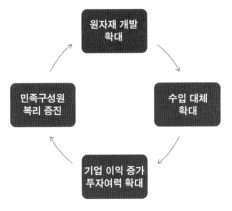

　　한국경제가 남북협력으로 북한 지하자원을 활용할 수 있다면
자원 운송비용을 획기적으로 낮출 수 있어 관련 산업에 대한 투자
활성화를 비롯해 한국경제의 원자재 수입을 대체하는 등 경제적
연관 효과를 누릴 수 있다.

　　첫 번째, 원자재 생산부문 관련 산업에 대한 투자가 활성화되고
자체적으로 이익이 발생하게 된다. 두 번째, 수입단가보다 저렴한
가격으로, 그리고 안정적으로 원자재를 공급할 수 있게 되어 관련
상품의 원가 절감과 생산 안정에 도움이 된다. 세 번째, 광물과 원
유를 수입하기 위해 외국으로 지출되어야 할 자본이 고스란히 한
반도 내에 투자되는 등 민족내부 경제에 사용 가능해진다. 네 번
째, 이들 사업을 공공사업으로 진행할 경우 정부 재정 확충에 직접
적으로 도움을 주게 되어 국민 전체의 복리 증진에 도움이 된다.

원자재 수입 대체를 통해 발생하는 일석사조의 효과는 다시 민족경제공동체의 생산과 소비 규모를 늘려 국민 전체의 복리 증진을 가져오게 된다. 이처럼 남북협력을 통한 원자재 개발은 수입 대체의 선순환 효과를 만들어낸다.

소중한 지하자원, 난개발을 막고 민족의 보물단지로

한국은 2013년 1월 현재 총소비에너지 중 96%를 수입에 의존해 비용이 만만치 않다(표 3-3). 관세청에 따르면, 2012년 총수입액 5,195억8,200만 달러 중 석유, 천연가스 등 연료 수입액은 1,843억 7,000만 달러로 전체 수입의 35.5%가 연료 수입이며,31) 광물 수입액은 2,829억5000만 달러로 전체 수입의 5.5%를 차지한다. 광물과 연료 도입액만 합쳐도 전체 수입액의 41%, 무려 4,673억2,000만 달러나 되는 것이다.

〈표 3-3〉 한국 에너지 소비와 수입 및 석유의존도

분류	2005.01	2007.01	2009.01	2011.01	2013.01
총에너지소비(천TOE)	21,257	22,118	22,030	26,651	26,689
수입(천TOE)	20,646	21,436	21,151	25,747	25,732
석유(천TOE)	9,688	9,779	8,906	9,631	9,368
수입의존도(%)	97.13	96.92	96.75	98.86	96.41
석유의존도(%)	45.58	33.37	29.26	26.96	22.87

(자료 : 에너지정보통계센터, 단위 : 석유환산톤(TOE))

---

31) 「2012년 수출입동향(확정치)」, 관세청

무엇보다 한국경제는 '세계 4위 석유수입국'이라는 오명을 쓰고 있는 천문학적인 에너지 소비구조를 개혁해야 한다. 수출경제에서 내수경제로 이행하며 에너지 절약을 병행하는 노력 속에서 북한 지하자원은 60년 보물단지에서 100년 보물단지로, 천년을 기약할 민족의 보물단지로 거듭날 수 있을 것이다.

하지만 북한의 지하자원이 아무리 무진장하고 개발비용이 저렴하다 해도 당장의 이익에 눈이 멀어 흥청망청 써버린다면 민족의 재부가 사라지는 비극을 피할 수 없다. 반대로 지하자원을 아끼고 소중히 개발할 때 경제적 이익은 더 막대해진다.

남북협력을 통해 한국이 수입하는 광물과 연료의 1%만 대체한다고 하여도 당장 46억7,320만 달러, 약 4조9,000억 원[32]의 자본을 다른 용도로 사용할 수 있는 여력이 생기게 된다. 실제로 2008년 포스코가 북한 철광석과 무연탄 도입을 확대하기 위해 구체적 협상까지 벌인 경험에 비추어 본다면, 수입 광물과 연료 1% 대체는 얼마든지 실현 가능한 현실이라 할 수 있다.

지하자원에 대한 난개발을 막고 합리적으로 그 이용을 점차 늘려나간다면, 이는 북한경제에 도움이 되는 것은 물론 한국경제가 가진 중요 취약점이라 할 수 있는 에너지와 자원 의존 문제가 상당부분 해결될 수 있는 돌파구를 열게 될 것이다. 이처럼 북한의 에너지/광물자원을 남북협력으로 개발하면 우리 경제의 빛나는

---

32) 1,050원/달러 환율 적용.

보물로 재탄생하게 된다.

지금까지 살펴본 바와 같이, 우리가 실현할 통일경제는 한국경제의 고질적인 병폐인 각종 대외의존 현상을 획기적으로 개선하고 경제주권을 되찾아 우리 민족이 자립할 수 있는 토대를 튼튼히 다질 수 있게 한다. 민족경제가 자립의 토대위에 굳건히 설 때, 7,500만 민족의 삶도 획기적인 전환을 꿈꿀 수 있게 될 것이다.

2. 동북아 질서를 바꿀 통일경제

1) 동북아 물류 거점의 전환

통일경제는 동북아 경제 질서를 바꾸고 나아가 세계 경제 질서를 크게 변화시킬 것이다.

21세기의 세계는 동북아에서 결정된다. 미국, 중국, 러시아, 북한 등 4개국이 핵을 보유하여, 전 세계 핵보유국의 45%가 동북아에 결집되어 있다. 동북아 일대 국가들은 2005년 7,154억 달러 규모의 군사비를 지출해 전 세계 군사비의 79.8%를 차지하고 있다.

경제적인 측면에서도 동북아시아 지역의 중요성은 날로 커지고 있다. 중국이 경제규모 세계 2위로 올라섰고, 러시아 역시 경제규모를 키워가고 있다. 침체의 길을 겪고 있으나 여전히 경제규모가 큰 일본까지 고려하면 거대한 경제권이 형성된다. 미국을 제외하더라도 17억 명, 즉 세계 인구의 24.3%가 동북아에 거주하고 있으며, 이들이 생산하는 GDP의 합계는 2011년 기준 연간 13조8,770억 달러로 세계 GDP의 21.9%를 담당하고 있다. 그에 따라 동북아 국가들 간에는 지역 내의 협력을 어떻게 강화시킬 것인지가 중요한 문제로 다뤄지고 있다.

세계경제가 침체의 늪에서 허우적거리고 있는 현재, 동북아시아 지역은 특별한 주목을 받고 있다. 세계 경제 성장의 중심축으로 부상한 동북아시아에서, 특히 한반도의 지정학적 가치는 오늘날 더욱 중요하게 대두되고 있다. 그러나 한반도는 외세에 의한 분단으로 지리적 이점을 상실하고 오히려 우리 민족의 삶을 옥죄는 군사대결에 신음하고 있다.

우리 민족은 한반도의 가치를 활용할 수 있는 충분한 능력이 있다. 한반도는 섬이 아니라 광활한 유라시아 대륙과 드넓은 태평양을 연결하는 천혜의 관문이다. 우리는 한반도의 지정학적 가치를 극대화하는 방향으로, 한반도를 아시아·태평양의 중심지로 인식하는 과감한 발상의 전환을 이루어야 한다. 그렇게 되면 주변국의 눈치를 보는 나약한 한국이 아니라 남북이 힘을 합쳐 대륙과 해양을 아우르는 당당한 통일코리아, 동북아 협력경제를 선도하는 국가로 부상할 수 있다.

한반도는 동북아 경제의 전략거점

한반도의 지정학적 입지는 대륙세력과 해양세력이 상호 교류하는 전략적 거점이다. 한반도는 대륙과 해양의 교량으로써 동북아 물류의 중심 거점으로, 나아가 포괄적 경제협력의 중심지로 얼마든지 기능할 수 있다. 한반도의 동북아 물류 거점 가능성은 현재 북한과 중국, 러시아 접경 신의주, 라선특구 등 지역에서 벌어지는 북·중, 북·러 경제협력 현황을 볼 때 그 실현가능성이 매우 높다.

물류 거점 기지는 한반도 전체에 막대한 경제상승 효과를 가져다준다. 물류 거점의 효과는 단순히 물류비를 절감할 수 있다거나, 물류가 이동하는데 따른 통행료를 받는데 국한되지 않는다. 물류 거점 기지가 된다는 것은 운송수단이 잘 발달되어 있다는 것으로 그만큼 산업입지가 좋아진다는 것을 의미한다. 그에 따라 산업단지가 활발히 건설될 가능성이 커지고 투자도 활발해져 경제가 한층 활성화될 것이다.

물류기지의 기반시설을 건설하기 위한 투자도 자연스레 늘어나게 될 것이다. 더불어 대륙철도 연결에 따라 항만과 역을 중심으로 국제거래에 필요한 시스템도 발달하게 된다. 구체적으로는 제조업 및 장비 임대업 활성화, 대규모의 창고시설과 물류운송에 필요한 서비스 활성화, 도·소매업 발달 촉진 등이 가능하다. 물류 확대에 따른 관련 서비스업과 관광산업 등 3차 산업이 발달하는 효과도 기대할 수 있다.[33]

한반도가 물류거점으로써의 가치를 입증하면, 향후 포괄적 경

---

33) 이광희(2008), 「한반도종단철도(TKR)와 시베리아횡단철도(TSR) 연결의 경제적 파급효과에 대한 연구」, 경원대학교.

제협력의 중심지로 나아갈 수 있다. 게다가 남북의 화해협력으로 통일을 이룬다면 동북아 정치군사적 안정까지 공고히 할 수 있다. 이 경우 한반도가 동북아의 교류협력 중심, 나아가 아시아·태평양의 중심지로 부상하는 것은 시간문제이다.

이처럼 통일경제는 한반도가 아시아·태평양의 중심지로 거듭나는 과감한 발상의 전환을 현실로 꽃피울 수 있게 한다. 통일은 풍요로운 삶을 7,500만 겨레의 공동의 지향점으로 삼게 하며 이를 위해 한반도의 이점을 온전히 이용할 수 있게 한다. 한반도는 화해협력에 의거한 통일을 실현할 때, 태평양에서 유라시아 대륙으로 이어지는 동북아 경제협력을 더욱 확대·강화할 수 있는 여건을 갖추게 된다. 분단으로 가로막혔던 남북은 통일된 한반도에서 비로소 아시아·태평양의 중심지로 올라서게 될 것이다.

2) 평화군축으로 안보위기 해소

통일경제는 한반도에 항구적 평화체제를 가능케 함으로써 과도한 군비를 축소할 수 있게 한다. 군비가 축소되면 20대 청년들이 중요한 인적자원으로, 경제 발전의 동력으로 기능할 수 있게 된다. 또한 군사시설로 남용되던 국토를 효율적으로 이용해 경제발전에 더욱 박차를 가할 수 있게 된다.

과도한 안보비용을 초래한 분단구조

한반도 분단은 동북아지역의 정세를 불안정하게 만드는 기본적인 요인으로, 남과 북 모두에게 과도한 안보비용을 요구하였다. 무엇보다 남과 북의 정규 병력 규모가 지나치게 비대하다. 2012년 현재 한국은 전체 64만 명, 북한은 전체 119만 명에 달하는 규모의 병력을 유지하고 있다.[34]

여기에다 한국의 경우 전시에 즉시 동원 가능한 300만의 향토예비군을 보유하고 있고, 북한의 500만에 달하는 노농적위군 역시 결코 무시할 수 없는 예비전력이다. 남과 북의 예비 전력까지 포함할 경우 한반도의 병력 자원은 무려 983만 명에 달한다. 남북의 총 인구를 7,500만 명으로 상정할 경우 전체 인구의 13.1%가 분단

〈표 3-4〉 남북의 정규무력·예비전력과 예산대비 국방비 지출 비중(2012년)

구분	남	북
육군	506,000명	1,020,000명
해군	68,000명	60,000명
공군	65,000명	110,000명
소계	639,000명	1,190,000명
예비병력	향토예비군 300만 명	노농적위대 500만 명
총계	3,639,000명	6,190,000명
정부예산 대비 국방비 지출	14.5%	16%

(자료 : 『2012 국방백서』, 국방부, 2012. 《서울신문》 2013. 4. 8. 보도)

---

34) 『2012 국방백서』, 국방부, 2012.

으로 인한 대결구도로 인해 동족에게 총부리를 겨누는 데 동원된 상황이다.

병력 규모가 크다보니 전력을 유지하기 위한 비용 역시 막대할 수밖에 없다. 여기에 전력 보강을 위한 '방위력 개선비'가 추가로 들어가니, 그야말로 천문학적 규모의 자금이 소모된다. 한국의 경우 국방비는 해마다 7% 가량 증가해, 2013년에는 무려 34조3,453 억 원에 이르렀다. 이는 정부 예산의 14.5%에 달하는 막대한 규모 다.35) 특히 한국의 경우 지금의 징병제도는 20~25세 청년들의 생산적 사회진출 연령을 지연시켜 부모세대에게 경제적 부담을 줄 뿐만 아니라 눈에 보이지는 않지만 커다란 국가적 손실도 야기하고 있다. 북한의 경우 정확한 액수는 알 수 없지만, 2012년의 경우 정부 예산 중 약 16%를 국방비로 사용한 것으로 알려졌다.36)

북한과 미국이 수십 년간 적대관계를 유지하고 있고, 한국은 '한·미동맹'으로 묶여 북·미 대결구도에 좌우되는 처지임을 볼 때, 남북의 국방비용이 경제발전에 상당한 부담이 되고 있음은 논란의 여지가 없다.

한편, 군사시설과 그 주변 보호구역이 과도하게 설정되어 토지이용도 비효율적으로 이루어지게 되었다. 한국의 경우 군사시설 및 군사시설 보호구역으로 설정된 용지 면적은 2008년 말 기준으

---

35) 2012년 GDP대비 한국의 국방비 비중은 2.59%로, 독일 1.3%, 중국 1.3%, 남아프리카공화국 1.3% 등에 비해 두 배 가량 높다.
36) 「韓 작년 GDP 대비 국방비 2.59%」, 『서울신문』 2013. 4. 8.

로 전체 국토면적의 10.3%에 달한다.[37] 특히 국방부가 관할하는 토지 면적의 44%가 서울, 경기 지역과 6대 광역시에 집중되어 있어 과도한 국방력 유지로 발생하는 국토이용의 비효율성은 대단히 심각한 실정이다.[38]

통일경제로 실현되는 평화군축

분단으로 비대해진 국방비용을 그대로 두고서는 민족의 부강번영에 대해 생각할 수 없다.

현대경제연구원 이해정 선임연구원은 스톡홀름국제평화문제연구소의 자료를 인용하여, 국내총생산의 2.6%에 달하는 한국 국방비를 해마다 GDP대비 0.1%씩 줄여 2027년부터 통일독일 수준인 1.4%를 유지한다면 2050년까지 총 1조8,862억 달러, 무려 2,074조 8,200억 원을 절감할 수 있을 것으로 추정했다.[39]

북한도 국방비용이 경제 발전에 부담으로 작용하는 것을 고려하여, 국방비를 늘리지 않고 경제를 건설하는 방안에 관심을 돌리고 있는 것으로 보인다.《연합뉴스》보도에 의하면, 김정은 국방위원회 제1위원장은 '조선로동당 중앙위원회 2013년 3월 전원회의 보고'에서 "경제건설과 핵무력건설을 병진시킬데 대한 새로운

---

37) 「군사시설 관리·이전 효율화 방안」, 국가경쟁력강화위원회, 2009.
38) 북한의 경우는 정보의 제한으로 정확한 실태를 알기 어렵다.
39) 「통일한국의 미래상」, 이해정, 2012.

전략적로선"을 내놓으며 "(병진노선은) 국방비를 늘이지 않고도 적은 비용으로 나라의 방위력을 더욱 강화하면서 경제건설과 인민생활향상에 큰 힘을 돌릴 수 있게 합니다"라고 밝혔다고 한다.[40]

비대해진 국방비용을 정상화하는 문제는 남북이 같은 이해관계를 갖고 있는 현안이다. 과도한 국방비용은 경제발전을 가로막는 제1의 지출요소이다. 통일의 과정에서 평화군축이 주목될 수밖에 없는 이유다. 화해협력에 의한 통일은 한반도 평화를 항구적으로 정착시키고, 평화군축의 가능성을 확고히 열어준다.

통일로 이룩되는 평화군축과 경제 성장 동력 창출

토지자원 활용 개선

통일을 이루면 경제 분야에서의 낭비 요소를 획기적으로 줄일

---

40) 「北 黨중앙위 전원회의, 경제·핵무력 병진노선 채택(종합)」, 『연합뉴스』, 2013. 3. 31.

수 있다.

현재 '국방개혁 2020' 프로그램과 '군사시설 관리·이전 효율화 방안'에 따라 진행 중인 일선 군부대의 통폐합 및 재배치 사업은 통일이 되면 전면적으로 재검토되어 더 높은 차원으로 이루어질 수 있다.

한반도의 허리에 위치한 군사분계선에 집중된 남과 북의 작전 계획, 그리고 이에 따른 부대 배치는 통일 이후 전면 재검토 될 수 밖에 없다. 이는 그동안 군사 지역으로 묶여있던 지역에 활기를 불어넣고, 새로운 발전의 가능성을 열어줄 것이다.

실제로 경기 북부에 집중되어 있던 미군기지와 일선 군부대가 각종 범죄와 개발 제한으로 해당 지역에 입힌 경제적 피해는 매우 크다. 경기개발연구원 김태경 연구위원은 동두천, 의정부, 파주 지역에서 지난 60여 년간 주한미군의 주둔으로 인해 발생한 지역발전에 대한 장애, 주민들의 정신적·재산적 피해 등 지역경제 피해액을 추정하면 37조8,941억 원에 달한다고 밝힌 바 있다.[41]

평화군축으로 인한 도시재정비는 과도하게 밀집된 도심을 다양한 형태로 재정비할 수 있는 "두 번 다시 오기 힘든 기회"이다. 비록 박근혜 정권의 전시작전통제권 반환 무기한 연기 방침으로 인해 기지 반환 계획도 없던 일이 되었지만, 서울 용산미군기지 이전 계획이 보여주는 것처럼 서울, 경기 지역과 6대 광역시 등 도

---

41) 「반환공여지 불평등 지원정책 전환을 위한 정책수립 연구」, 경기개발연구원, 2012.

시 지역에 집중되어 있는 국방부 관할 토지는 국가공원으로 지정될 수 있다. 본래 계획에 따르면, 용산 미군기지가 이전된 후 서울 도심 한가운데 새로 조성되는 공원은 여의도 크기와 비슷할 정도로 넓다.[42] 정부는 120여 년간 외국 군대의 주둔지였던 용산 지역의 역사적 상징성을 감안해 민족·역사·문화성을 가진 국가공원을 만들기로 한 바 있다.

물론 기지사용료 없이 주둔해 온 미군이 기지 사용 과정에서 발생한 토양오염 등을 원상복구해야 하는 것은 상식이다. 기존 미군기지에 대한 원상복구 비용은 반드시 미국으로부터 받아내야 한다.

통일을 통해 동북아지역의 정세가 안정되면, 평화가 민족경제의 발전을 가져오고, 단결과 단합의 기운이 높아지며 평화가 더욱 공고해지는 선순환 구조가 만들어진다. 여기에 일선 군부대의 통폐합 및 재배치를 통한 국토이용의 합리성 증대는 통일이 가져다줄 또 다른 이익이다.

3) 대외 여건 안정과 민족경제 선순환 효과

통일경제는 남북의 화해와 단합, 통일을 촉진하여 한반도와 동북아 정세를 안정시켜 경제 발전에 유리한 대외 환경을 조성한다. 미국의 대북 경제 봉쇄는 남북경제협력의 질적 도약을 가로막

---

42) 「용산 미군기지에 여의도 크기 국가공원」, 『경향신문』, 2011. 5. 11.

고 있는 핵심적 요인이다. 미국은 북한을 '다자간 전략물자 수출 통제 협약', 일명 '바세나르 협약(The Wassenaar Arrangement)'[43] 대상국으로 상정하고 과거 냉전시대에 공산권 국가들이 서방으로부터 전략물자와 기술도입을 하지 못하도록 하는 조치를 지금도 계속 이어가고 있다.

미국 국무부가 발간한 『2013 수출통제 외교정책 보고서』에 따르면, 미국은 2008년, 6자회담의 합의에 따라 북한을 이른바 '테러지원국' 명단에서 삭제하였지만 이후 '테러방지 관련 수출관리 규정'을 오히려 강화하는 방법으로 대북 경제제제를 지속하고 있다.

지금도 개성공단 입주업체들은 미국의 대북 경제 봉쇄조치로 인해 컴퓨터 등 사소한 전자제품조차 북한으로 반입하는 것이 불가능하다. 중고컴퓨터와 같은 일상적인 사무용 기기조차 "무기 제조나 개발에 쓰일 수 있는 전략물자"로 분류되어 북한으로의 반입이 금지되어 있는 것이 남북경협의 현 주소이다.[44]

---

43) 바세나르협약은 냉전시대의 대공산권수출통제위원회(Coordinating Committee for Export Control: 코콤)를 대신해 무기관련 수출을 국제적으로 관리하는 협정이다. 바세나르협약(통칭 신코콤)은 코콤과 달리 러시아연방·우크라이나 및 구 동구권과 개발도상국까지 참가하는 국제적 수출관리체제로, 1996년 7월 빈에서 열린 설립총회에는 33개국이 참가하여 협정을 체결하였고 같은 해 11월 1일 발효되었다. 규제 대상국에 대해서는 명문화되어 있지 않지만, 미국이 테러지원국으로 지명한 이란·이라크·리비아·북한이 사실상 상정되어 있다. 한국도 회원국으로 가입하였다. 『통일뉴스』. 2004. 3. 25.
44) 「'전략물자' 컴퓨터 270대 대북 반출 적발」, 『자유아시아방송』, 2009. 5. 13.

남북경협 표류 근원은 군사적 대결

한반도에서의 분단체제가 끝나지 않는 한 미국과 한국의 대북 적대정책은 어떤 방식으로든 계속될 수밖에 없다. 다시 말해 분단 상태가 지속되고 있다는 것은 한·미 당국의 대북정책이 적대적 상태에서 근본적으로 전환되지 않았다는 것을 의미한다.

물론 지난 1997년에서 2007년까지의 교류협력 역사에서 나타난 바와 같이, 미국의 대북 경제 제제나 한국 정부의 대북 적대정책이 일부 완화될 수는 있다. 그러나 지난 70년간의 한반도 분단 역사를 돌이켜 보았을 때, 남북 화해와 교류 협력이 대세였던 시절은 그나마 10년 남짓한 기간에 불과했다.

대북 적대정책이 근본적으로 화해와 협력, 나아가 통일로 전환되지 않는 상황에서는 상당수 물자들의 이동이 제약되어 본격적인 경제협력에 심각한 장애를 조성한다. 결국 분단 구조가 유지되는 한 남북경제협력의 양적인 확대는 어느 정도 가능할 수 있으나 질적으로 더 높은 단계의 경제교류는 사실상 불가능하다는 결론에 이른다.

실제로 투기자본들은 한반도의 분단체제와 이로부터 야기된 정치적·군사적 불안정이 한국 내 주식, 채권 시장 등에서 자산 가치를 저평가되게 만드는 측면에 주목하여 '코리아 리스크(Korea Risk)'라는 말도 만들어 냈다.

이런 점에서 볼 때, 김대중-노무현 정부 시절의 이른바 '한반도 평화번영 정책', 그리고 지난 2012년 대선에서 문재인, 안철수 등 야권 유력 후보가 제기했던 "안보문제를 미뤄둔" 남북교류협력 정책은 그 한계가 뚜렷할 수밖에 없다. 통일을 확고히 지향하지 않고, 분단 구조를 그대로 둔 채 교류협력만 확대한다면, 정치군사적 대결에서 발생하는 경제발전의 장애물들을 근본적으로 없앨 수 없다.

한반도 분단체제는 민족이 단결된 힘을 발휘하지 못하도록 가로막고 있으며, 분단으로 인해 민족경제공동체를 이루고자 하는 남북 간의 경제협력은 질적 도약은커녕 수시로 민족 공멸의 전쟁 위기가 발생하고 있다. 이 문제를 해결해야만 남북경제도 선순환 국면에 들어설 수 있다.

통일만이 극복할 '코리아 리스크'

소위 '코리아 리스크'는 6·15공동선언을 확고히 이행함으로써 극복할 수 있다. 분단을 극복하는 것만이 남북경제를 질적으로 도약시킬 수 있으며, 민족의 부강번영한 미래를 약속할 수 있다.

1997년에서 2007년까지 이루어진 남북경제협력의 양적 확대는 비록 제한적이기는 했지만 국민들의 실생활에 커다란 영향을 끼칠 정도로 많은 성과를 낸 것도 사실이다. 남북경제협력의 발전 가능성을 현실로 만들어 줄 유일한 방법은 6·15 공동선언에 기초한 '연합연방제' 방식의 통일밖에 없다.

통일은 남북 경제협력의 질적 도약을 가로막고 있는 북·미, 남북 사이의 정치군사적 대결구도를 영구히 종식시킬 것이다. 이는 한반도 주변 정세의 안정을 가져오는 동시에 남북의 군비축소 가능성을 현실화시켜 경제 발전의 동력을 마련하는 데 최적화된 환경을 조성한다. 통일을 확고히 지향하는 것만이 되돌릴 수 없는 교류협력의 물결을 만들 수 있다. 통일을 통한 '코리아 리스크' 극복은 남북 경제협력이 질적으로 도약하는 계기를 마련하고 평화와 경제발전의 선순환구조를 만들어 민족경제공동체 형성을 위한 전망을 뚜렸이 밝혀주게 될 것이다.

3. 통일경제로 꽃피는 민생

통일로 펼쳐질 민족경제발전의 밝은 전망은 민생의 대전환으로 직결된다. 지금까지의 한국경제가 1%의 부자와 재벌 일가, 그리고 외국자본의 배만 불려주는 경제였다면, 통일경제는 기존의 경제구조를 혁파하여 노동자·농민, 그리고 중소기업과 자들을 위한 경제로 탈바꿈할 것이다.

1) 내수 활성화와 고용창출

통일경제는 국내투자를 활성화하고 중소기업과 영세 자영업의 활로를 개척하여 노동자·농민들의 삶에 일대 전환을 가져다 줄 것이다.

먼저 살펴볼 지점은, 통일을 통해 남북 7,500만 인구의 한민족

한반도 7,500만 경제권으로 구현하는
경제 발전 선순환구조

내수 경제
활성화

국내 신규
투자 촉진

일자리
확충

소비여력
증대

경제권이 형성된다는 점이다. UN이 2010년 발표한 '세계인구전망'에 따르면 통일된 한반도 인구는 2030년경 8,000만 명에 가까워진다. 국회 입법조사처 이승현 외교안보팀 입법조사관은 "한국의 인구 4,862만 명에 북한 인구 2,460만 명을 합치면 7,320만 명으로 세계 19위 수준이다. 남북경협을 확장하고, 연변 등 동북3성의 조선족까지 포괄하는 '한민족 경제권'을 형성하면 오래지 않은 시간 내에 한국어를 사용하는 1억 명의 시장규모를 달성하는 것이 가능하다"고 주장[45]하기도 했다.

인구의 증가는 생산과 소비를 늘려 국가 경제가 안정적으로 성장하는 밑바탕이 된다. 인구가 늘어나게 되면 수출 제조업체가 국내 투자를 늘릴 수 있다. 수출주도 성장이 가져온 '고용 없는 성장'을 구조적으로 해소할 수 있다.

45) 이승현(2013), 「남북경협의 현황과 과제: 정치·경제학적 접근을 중심으로」

수출 제조업 회사가 국내공장을 늘리지 않고 위험요인을 무릅
쓰고 해외에 직접 공장을 새로 짓는 것은, 상품을 수출하는 것보
다 현지에서 생산하여 판매하는 것이 장기적으로 보았을 때 더 유
리하다고 판단하기 때문이다. 이는 일반적으로 외제품보다 국산
제품을 선호하는 현상을 극복하기 위해 기업이 추구하는 이른바
'현지화 전략'의 일환이다. 현지화 전략은 수출 기업이 국내 투자
보다 해외 투자를 더 늘리는 현상과 직결되어 있으며, 국내에서
고용과 소비가 늘어나 민생이 개선되는 것과는 별 상관없다. 수출
제조업이 아무리 돈을 많이 벌어도 국민들의 체감경기가 나아지지
않는 원인이 여기에 있다.

북한을 포함한 한반도 시장 내에서는 같은 민족 내에서 이루어
지는 생산과 소비라는 인식이 작용하므로, 기업들의 판로 확보가
이른바 '해외 시장'에 비해 상대적으로 유리하다. 자연히 한반도
내 투자가 늘어나게 된다.

7,500만 내수시장은 반도체나 조선, 석유화학 등 기존의 '수출
주력 업종'보다 내수 소비시장을 겨냥한 중소기업과 서비스 업종
의 발전에 더 유리하다. 내수시장을 겨냥한 한국 기업의 입장에서
보자면, 경제권이 5,000만 명 규모에서 7,500만 명으로 무려 1.5배
가까이 확대되기 때문이다.

통일로 민생 대전환

7,500만의 한민족 경제권을 형성하기 위해서는 대규모 경제협력 사업이 전면적으로 확대되어야 한다. 이를 위해서는 대기업뿐만 아니라 중소기업의 대대적인 참여가 필수적이다.

남북 경제협력이 확대되는 초기에 공공시설에 대한 투자 요구는 늘어날 수밖에 없다. 이는 위기에 직면한 한국 건설관련업종, 물류업종 등에게 커다란 '기회'가 될 것이다. 해당 분야 종사자들의 소득이 개선되고 일자리가 늘어나는 것은 시간문제다.

대기업의 입장에서도 한국에서의 독점을 유지하고 싶다면 한반도 7,500만 경제권을 겨냥한 새로운 투자와 경쟁을 벌일 수밖에 없다. 자연스레 국내 투자가 활성화되고 일자리가 늘어나게 된다. 결국 남북 경제협력이 심화되면 건설이나 물류 등에서 늘어났던 일자리는 점차 더 안정적이며 질 높은 일자리로 이전될 수 있다.

7,500만 민족 경제권의 형성은 기존 기업의 국내 투자를 촉진시키고, 일자리를 늘리는 요인으로 작용하며, 사회 전반의 소비 여력을 늘린다. 일자리가 늘어나면 과포화 상태인 자들이 안정적인 일자리로 고용될 가능성을 높여 위기의 자영업을 연착륙시킬 수 있다. 새로운 고용 창출로 사회 전반의 소비 여력이 늘어나게 되면 남아있는 자영업자들의 매출도 크게 증대되어 민생이 꽃피게 된다. 뿐만 아니라 7,500만 한민족 경제권 형성은 농업협력을 통해 농산물 판로가 확보될 여지도 늘어나 농가소득 안정화에 도움

이 된다.

이러한 과정은 결국 7,500만 민족 전체의 '구매력'을 신장시켜 민생 대전환과 전체 경제 발전으로 이어지는 선순환구조를 만들게 된다.

민족경제 발전에 유리한 7,500만 인구

7,500만 내수 인구 확보는 그동안 '수출주도 성장전략'에 눌려 제대로 발전하지 못한 내수시장이 성장할 수 있는 여건을 만들어 줌으로써 한국경제의 대외의존성을 바로 잡는데 있어 중요한 계기가 된다.

여기서 통일이 가져다주는 내수 시장 활성화 효과와 관련하여 신창민 중앙대학교 경영경제대학 명예교수의 '바이 코리안 정책(Buy Korean Products Policy)'을 살펴볼 필요가 있다. 신 교수는 그의 책『통일은 대박이다』에서 "미국도 (자신이) 필요할 때 '바이 아메리칸(Buy American)' 정책을 채택했다"면서, "통일로부터 얻는 이득의 크기를 극대화시키면서 동시에 통일비용 절감과 조달에도 크게 기여할 수 있는 실로 대단히 중요한 정책"으로 '바이 코리안 정책'을 제기했다. 신창민 교수는 통일 과정에서 필요한 각종 소비제품과 자재의 80% 정도를 한국산으로 사용케 한다면 대략 국내 총생산(GDP)의 5.6%에 해당하는 규모의 경제 성장이 가능할 것으로 추산했다. 그는 여기에 "군 병력의 산업 인력화에 따르는 생산량 증가, 그리고 성장 잠재력을 합산하게 되면, 통일 후 10년 동안 매년 11%라는 경이적인 경제성장을 이룩하게 된다"고 주장했다. 11%씩 성장하는 경제 환경에서는 실업 문제가 완전히 해소되며, 오히려 노동력 부족을 걱정해야 하는 상황에 직면한다.

실제로 미국은 2008년 경제위기 이후 자국산 철강제품 사용을 장려 혹은 의무화하는 등의 내수 활성화 정책을 광범위하게 펼친 바 있다. 결국 통일로 인한 인구 8,000만 경제가 형성될 수 있다는 사실은 국내 투자를 활성화하고 일자리를 늘려 민족 경제 전반이 발전할 수 있게 하는 중요한 요인이다.

2) 통일경제로 확대되는 복지혜택

통일경제는 복지를 안정적으로 확대할 수 있게 하여 민생의 대전환을 가져온다.

국민의 입장에서 복지를 확대하는 것은 누구나 환영할 일이다. 하지만 이를 둘러싸고 논쟁이 끊이지 않고 벌어지는 이유는 복지 재정을 어떻게 마련할 것인가 하는 문제와 직결되어 있다.

전체 민족 경제공동체 차원에서 볼 때 복지 재원을 마련하는 방법은 크게 보아 두 가지다. 장기적으로는 경제규모가 확대되어 복지예산이 꾸준히 늘어나는 것이며, 단기적으로는 전체 예산에서 낭비되는 요소를 줄이고 소득재분배 과정을 통해 복지예산을 확보하는 것이다. 통일경제는 경제규모를 늘리고 예산낭비를 획기적으로 줄여 복지재원을 마련할 안정적인 환경을 만들어 준다는 점에서 일석이조의 묘책이라 할 수 있다.

복지 재원 전망을 밝혀주는 통일경제

OECD국가들의 복지예산은 대개 국가예산의 50%를 차지한다. 그런데 2012년 한국의 사회복지 지출은 30% 미만으로, 100조 원이 채 되지 않는다. 이는 GDP 대비 9.3%로 OECD 평균인 21.8%의 절반에도 못 미치는 수준이다. 경제 규모가 비슷한 호주와 네덜란드와 비교해 봐도 한국의 복지는 형편없는 수준이다.

한국 정부의 복지관련 지출이 30% 수준도 채 되지 못하는 것은 정부 예산이 구조적으로 경직되어 있기 때문이다. 무엇보다도 국방관련 지출이 비정상적으로 크다. 이미 살펴본 것처럼 한국 정부 예산에서 국방비는 2013년 34조3,453억 원에 이르렀으며, 이는 전체 예산의 14.5%에 달한다.

국방비 중에서도 무기 수입 비용은 제한되어 있는 정부 예산을 억누르는 대표적인 요소이다. 스톡홀름국제평화연구소에 따르면, 한국은 지난 2008년부터 2012년까지 세계 2~4위의 무기 수입 국가였으며, 미국산 무기 수입은 세계 1위였다. 누가 봐도 경제력에 비해 지나치게 과도한 무기수입이다.

과도한 국방예산은 한반도의 군사적 긴장이 높기 때문에 초래

무기수입 세계 2위, 국방비 지출 세계 12위, 교육비 23위, 사회복지비 33위

순위	무기수입(%)	국방비(억 달러)		교육비(%)		사회복지비(%)	
1위	인도	미국	6,896	노르웨이	9.0	프랑스	28.4
2위	한국	중국	1,293	덴마크	7.7	스웨덴	27.3
3위	파키스탄	러시아	641	아이슬란드	7.6	오스트리아	26.4
4위	중국	프랑스	582	스웨덴	6.8	벨기에	26.3
5위	싱가포르	영국	579	벨기에	6.5	덴마크	26.1
6위	호주	일본	545	뉴질랜드	6.4	독일	25.2
7위	알제리	사우디아라비아	462	핀란드	6.1	이탈리아	24.9
8위	미국	인도	443	이스라엘	5.9	핀란드	24.8
9위	아랍에미리트	독일	435	아일랜드	5.7	헝가리	22.9
10위	그리스	이탈리아	319	에스토니아	5.7	포르투갈	22.5
11위		브라질	316	프랑스	5.6	스페인	21.6
12위		한국	283	오스트리아	5.5	그리스	21.3
13위		캐나다	231	네덜란드	5.5	노르웨이	20.8
14위		호주	230	미국	5.4	룩셈부르크	20.6
15위		터키	187	영국	5.4	영국	20.5
16위				스위스	5.4	슬로베니아	20.3
17위				슬로베니아	5.2	네덜란드	20.1
18위				폴란드	5.1	폴란드	19.8
19위				헝가리	5.1	체코	18.8
20위				멕시코	4.9	일본	18.7
21위				캐나다	4.9	스위스	18.5
22위				포르투갈	4.9	뉴질랜드	18.4
23위				한국	4.8	캐나다	16.9
24위				스페인	4.6	아일랜드	16.3
25위				이탈리아	4.6	미국	16.2
26위				칠레	4.6	호주	16
27위				독일	4.6	슬로바키아	15.7
28위				호주	4.2	이스라엘	15.5
29위				체코	4.1	아이슬란드	14.6
30위				슬로바키아	3.6	에스토니아	13
31위						칠레	10.6
32위						터키	10.5
33위						한국	7.6
34위						멕시코	7.2

2007-2011 주요 재래식 무기 수입국 The recipients of major conventional weapons, 2007-2011 출처: SIPRI Trends In international arms transfers 2011	2011년 국방비 지출순위 The 15 countries with the highest military expenditure In 2011, 2010년 US$ 불변가격 기준 출처: SIPRI Yearbook2012	"2008년 GDP 대비 공공 교 육비 비율 2008 Public expenditure on education as a percentage of GDP" 출처: Education at a Glance 2011: OECD Social Indicators OECD 2011	GDP 대비 정부지출 사회복 지비 Government social spending: Total public social expenditure as a percentage of GDP 출처: Social Expenditure: Aggregated data, OECD Social Expenditure Statistics (database) Last updated: 11 Sep 2012

〈그림 3-6〉 과도한 국방비와 형편없는 복지비(자료 : 참여연대)

된 결과이다. 국방부 보도자료에 의하면, 대형 공격헬기 도입 사업에 1조8,384억 원, 해상 작전헬기 도입 사업에 5,538억 원, KF-16 전투기 성능 개량 사업에 1조8,052억 원, 고고도 무인정찰기 도입에 5,002억 원, 장거리 공대지 유도탄 도입에 3,800억 원 등 이른바 '대북 작전'을 명분으로 수입되는 무기 구입비용만 약13조 7000억 원에 달한다.

국방예산을 낮추려면 반드시 군사적 긴장상태를 완화해야만 한다. 이런 측면에서 통일경제는 통일을 통해 한반도 평화를 항구적으로 정착시켜 군비를 축소할 수 있는 가능성을 열어준다.

한반도에 평화를 정착시키기 위해서는 우선 2008년 이후 지속되어 온 남북 사이의 상호 비방과 대결을 중단하고 긴장 완화, 화해와 협력 관계로 확고히 전환시켜야 한다. 게다가 남북 간의 교류 협력이 점차 심화·확대된다면, 한반도 평화를 공고히 하는 통일로 나아가게 되는 것이다.

장·단기 복지재원 마련방안

한반도 긴장이 구조적으로 완화되면 무기 구매사업의 필요성이 줄어들어 예산을 대폭 절감할 수 있게 된다.

한반도 긴장 완화에 따라 반드시 도입하지 않아도 되는 무기들부터 구매하지 않는다면 당장 13~14조 원에 이르는 예산여유가 생긴다. 또한 국방개혁에 따라 장병들의 군복무 기간을 18개월로

〈표 3-5〉 구 통합진보당이 2012년 대통령선거에서 제시한 복지공약에
따른 비용 추산치

항목	세부	비용
보육	- 0~5세 보육시설 이용아동 보육료 지원 : 1.6조원 - 아동수당(취학 전 아동) : 3조원 - 국공립 어린이집 확충 : 1.3조원	5.9조
교육	- 초중고까지 친환경무상급식 : 2.9조원 - 고등학교까지 무상교육 : 1.3조원 - 아동수당(초등학력아동) : 3조원 - 대학 반값등록금 : 7조원	14.2조
의료	- 건강보험 국가부담 20%에서 40%로 인상 : 13조원	13조
노후	- 기초노령연금 인상 : 6조	6.0조
노동	※ 별첨	19.9조
복지 사각지대 해소	- 기초생활보장제도 개선 : 3.4조	3.4조
합계		62.4조+α

(자료 : 「통합진보당 18대 대선 공약집」)

단축할 때 절감할 수 있는 예산도 연간 10조 원에 이르는 것으로
밝혀졌다.46)

보편적인 복지를 주장하면서 기존 정당 가운데 가장 적극적인
복지정책을 제시했던 통합진보당에 의하면, 대학생들의 반값등록
금 실현에 7조 원 가량이 소요되며, 0~5세 보육시설 이용 아동에
대한 보육료 지원과 국공립 어린이집 확충 등 보육 관련 정책에
6조 원 가량이 소요된다고 한다.

무기 도입 비용을 줄이는 것, 장병들의 복무기간을 18개월로 단

---

46)「복지예산 확충을 위한 국가재정 기본방안」, 이정민, 2007.

축하는 것만으로 대표적인 국민적 요구 사안들이 즉시 시행 가능
해지는 셈이다. 말 그대로 '민생의 대전환'이다. 이처럼 비대한 국
방비를 합리적으로 조정하는 것만으로도 복지를 향한 국민들의
염원이 하나 둘 현실에서 구현될 수 있다.

하지만 국방비용 감축효과는 일시적일 뿐 항구적 재원이 될 수
는 없다. 장기적인 복지재원은 경제성장을 통해 해결해야 한다.
경제성장이 국가의 재정확대로 이어지는 것이 복지정책을 더욱
뿌리내리는 근본적인 방법이다.

남북 인구통합으로 초고령사회 대비

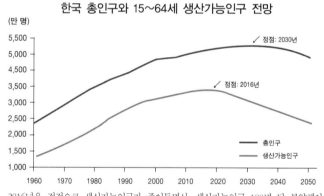

한국 총인구와 15~64세 생산가능인구 전망

2016년을 정점으로 생산가능인구가 줄어들면서, 생산가능인구 100명 당 부양해야
하는 노인과 유소년의 숫자가 빠르게 늘어난다.(자료 : 통계청, 「장례인구추계: 2010~
2060년」)

통일경제는 남북의 인구를 하나의 경제권으로 묶어 평균연령을
낮춤으로써 경제 전반에 활력을 불어넣고 장기적인 복지구축에

유리한 환경을 마련한다.

세계에서 인구고령화 속도가 가장 빠른 나라가 바로 한국이다. 박영숙 유엔미래포럼 한국대표는 이에 대해 "미국은 65세 이상 노인인구 비율이 7%인 고령화 사회에서 14%인 고령사회로 가는 데 90년이 걸렸지만 우리는 20여 년에 불과할 것으로 예측된다. 2026년경 한국은 20%를 넘어 초고령 사회에 도달할 것"이라 평가했다.

통계청에 의하면, 2013년 현재 한국에서는 실제로 활발한 경제 활동을 하는 연령층인 25~49세 인구(이하 핵심생산인구) 3명이 65세 이상 노인 1명 정도를 부양하고 있는 것으로 나타났다.[47] 10년 후에는 핵심생산인구에 속하는 젊은이 2명당 노인 1명, 20년 후에는 젊은이 1명당 노인 1명을 부양해야 하는 시대가 올 것으로 전망된다. 당연히 젊은 층의 세금 부담은 급격히 늘어날 수밖에 없다. 인구구조만 놓고 본다면 한국은 복지정책의 확대는커녕 경제 발전 자체를 지속하기 어려운 상황이다.

이런 현황에서 생산 가능 인구를 늘리는 것은 경제의 장기적 발전과 복지 체계 유지를 위해 매우 중요하다. 한국은 저출산과 고령화 문제를 해결하기 위해 외국인 노동자 고용이나 정년 연장 같은 조치를 취하고 있으나, 이 역시 궁극적 해법이 될 수는 없다. 통일은 한국이 직면한 고령화문제를 해결하는 데 있어서 구조적

---

47) 「한국, 10년 후 젊은이 2명이 노인 1명 부양」, 『SBS』, 2013. 1. 22.

인 개선을 가져올 수 있다.

UN에 의하면 통일 후 한반도는 남북의 현재 출산율이 유지된다고 하더라도 15~64세의 생산가능 인구 비율이 현재의 54%에서 2050년에는 58%까지 높아진다고 한다. 북한 인구가 상대적으로 젊기 때문에 남북통일은 한반도의 평균연령을 하락시킨다. 이로써 고령사회 진입이 분단 상태보다 2년 늦춰지고, 초고령사회 진입은 2030년 이후로 4년 정도 늦춰진다고 한다.

생산가능 인구가 늘어나면 그만큼 국가 경제의 성장가능성도 높아진다. 또한 생산가능 인구가 늘어나면, 15~64세 인구가 부양해야 하는 65세 이상 노인인구가 줄어들어 그만큼 젊은 계층의 경제적 부담이 줄어들게 된다. 이는 장기적으로 복지재원 마련에 긍정적 요인으로 작용한다.

〈표 3-6〉 남북통일 시 생산가능 인구 전망

	2050년의 인구구조		
	생산가능인구 규모(명)	생산가능인구 비중(%)	노인인구 비중(%)
남한 단독 + 고령자기준 65세	2,535만	52.70	37.40
남한 단독 + 고령자기준 75세	3,269만	67.90	22.10
통일 + 고령자기준 65세	4,257만	57.10	30.20
통일 + 고령자기준 70세	4,769만	64.00	23.40
통일 + 고령자기준 75세	5,232만	70.20	17.20

고령자 기준을 현행 65세 이상 인구로 동일하게 비교하더라도, 통일이 되면 노인 인구의 비중이 약 7.2% 줄어들고, 생산가능인구 비중은 4.4% 증가할 것으로 예측되었다.
(자료 : 통계청, 보건사회연구소)

요컨대, 통일경제는 남북을 아우르는 7,500만 한민족 경제권을 창출하고 남북 경제협력을 질적으로 도약시켜 내수를 겨냥한 국내 중소기업과 자, 농민들에게 활로를 만들어주는 한편, 일자리를 창출하고 고용을 안정시켜 노동자들의 생활안정에 크게 기여한다. 나아가 통일경제는 항구적인 한반도 평화를 가져오며 이를 통해 국방비를 줄이고 경제가 비약하여 복지 재원을 조성하는 데 든든한 환경을 마련한다. 이를 통해 우리 겨레는 민생의 대전환을 이룩하게 될 것이다.

제4장

통일경제 실현을 위한 8대 주요 과제

"통일경제가 우리 경제의 새로운 활로라면, 북한 유전 개발, '희토류'를 비롯한 광물자원 공동개발, 남북 농업의 균형적 발전, 경의선·동해선 현대화, 대륙횡단철도와의 연결 사업을 통한 유라시아 물류혁명, 21세기 새로운 산업으로 각광받는 관광분야에서의 남북 협력과 국토의 균형적 발전, 첨단 IT분야를 필두로 한 과학기술 협력 등은 그 구체적 과제들이다.

1. 석유 개발협력

통일경제 실현을 위한 구체적인 과제는 무엇일까? 여기서는 통일경제가 한국경제의 대외의존성을 해소하고 경제가 자립할 수 있는 기반을 닦으며, 동북아 질서를 선도하면서 민생의 대전환을 가져올 수 있도록 할 여덟 가지 주요 과제를 제시한다.

산유국을 꿈꾸다

1차 석유파동이 발생한 지 2년 후인 1975년, 한국에서는 포항발 '석유 대소동'이 벌어졌다. 당시 대통령조차 연두회견에서 "포항에서 질 좋은 석유가 나왔다는 항간의 소문은 사실"이라고 확인했다. 국민들은 세금 안 내도 되는 시대가 올 것이라고 들떠 있었고, 주식시장은 달아올랐다. 대한석유협회에 의하면, 당시 정부 발표가 국민들에게 준 충격은 가히 '역사적'이었다고 한다. 중앙정보부가 특별탐사반을 구성하여 시추작업에 나서기까지 하였다.

그러나 온 국민을 석유 열기에 휩싸이게 한 이 사건은 결국 해프닝으로 끝이 났다. 경제성 평가가 제대로 되지 못했기 때문이다. 1차 석유파동으로 인한 경제난의 여파가 채 가시지도 않은 상황이라 그 파장은 더 클 수밖에 없었다.

　당시로부터 약 40년이 흐른 지금, 한국은 총소비에너지 중 96%를 수입에 의존할 정도로 만성적인 에너지 의존국가가 되었다. 특히 2013년 말 현재, 석유는 전체 에너지 수입량 중 1억2,330만 톤으로 41.7%, 수입 금액 기준으로는 994억 달러로 66.8%의 절대적 비중을 차지하고 있다. 말 그대로 '기름 한 방울 나지 않는 나라'인 것이다.

<표 4-1> 한국의 에너지 소비와 수입의존도

분류	2005	2007	2009	2011	2013
총에너지소비(천TOE)	21,257	22,118	22,030	26,651	26,689
수입(천TOE)	20,646	21,436	21,151	25,747	25,732
수입의존도(%)	97.13	96.92	96.75	98.86	96.41

(자료 : 에너지정보통계센터(각 연도별 1월 기준), 단위 : 석유환산톤(TOE))

에너지 비용으로 고통 받는 국민

　석유를 죄다 수입에 의존하는 데다 각종 세금으로 인해 휘발유 가격마저 비싸 이로 인한 국민 부담이 만만치 않다. 2014년 하반기부터 국제유가가 내려갔다고는 하지만, 여전히 1리터에 1400~

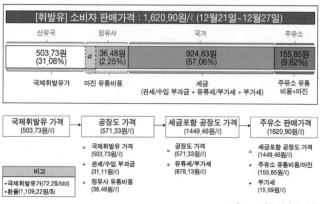

2014년 12월 4주 국내 휘발유 가격구조

[휘발유] 소비자 판매가격 : 1,620.90원/ℓ (12월21일~12월27일)

산유국	정유사	국가	주유소
503.73원 (31.08%)	α 36.48원 (2.25%)	924.83원 (57.06%)	155.85원 (9.62%)
국제휘발유가	마진 유통비용	세금 (관세/수입 부과금 + 유류세/부가세 + 부가세)	주유소 유통 비용+마진

```
국제휘발유 가격        →  공장도 가격       →  세금포함 공장도 가격  →  주유소 판매가격
(503.73원/ℓ)            (571.33원/ℓ)          (1449.46원/ℓ)            (1620.90원/ℓ)

                      = 국제휘발유 가격      = 공장도 가격          = 세금포함 공장도 가격
                        (503.73원/ℓ)           (571.33원/ℓ)            (1449.46원/ℓ)
     비고               + 관세/수입 부과금     + 유류세/부가세         + 주유소 유통비용/마진
                        (31.11원/ℓ)            (878.13원/ℓ)            (155.85원/ℓ)
·국제휘발유가(72.2$/bbl)  + 정유사 유통비용                            + 부가세
·환율(1,109.22원/$)       (36.48원/ℓ)                                   (15.59원/ℓ)
```

(자료 : 석유시장감시단)

1500원을 넘어 1리터에 800~900원 선에서 거래되는 미국에 비해 훨씬 높은 가격이다. 노동자, 농민 할 것 없이 생업에 종사하는 사람들은 누구나 연료비로 많은 비용을 지출해야 하고, 특히 택시, 트럭 등 운수업종에 종사하는 사람일수록 그 부담은 더 클 수밖에 없다.

원유를 가공하여 제품화하는 정유업계 역시 원료를 전부 수입에 의존하니 원가부담이 크다. 게다가 정유업계는 높은 정유제품 가격으로 인해 국민들의 원성이 자자한 상황에서 마진을 많이 남길 수도 없는, 샌드위치와 같은 신세가 되어 버렸다. 최종 유통 마진으로 살아가는 주요소 역시 마찬가지 입장이다.

실제로 2014년 12월 넷째 주 현재 세금을 제외한 휘발유의 공장도 가격과 원유 도입가격의 차이는 1리터 당 36.48원, 주유소 최종 판매가격과의 차이는 155.85원에 불과했다. 원유 정제 마진율이 2%, 그리고 최종 판매마진이 9.6%밖에 안 된다는 이야기이다. 이마저도 원래 100원 수준이었던 것이 최근 유가하락으로 상당히 증가한 수치다. 이는 외식업계의 평균 마진이 15~20% 정도 수준임을 감안할 때, '형편없는' 수준이다.

트럭 운전기사에서부터 동네 주유소 사장에 이르기까지, 석유와 밀접한 관련을 맺고 있는 업종 전반이 만성적인 경영난에 봉착해 있다. 재벌계열사인 정유업체들의 경우에는 이른바 '박리다매' 형태로 대처해 나가고 있을 뿐이다.

북한 유전 공동개발 가능성과 경제적 이익

북한 유전에 대한 개발 가능성은 매우 높은 것으로 평가된다. 한국은 이미 베트남 15-1 광구 유전 개발 사업을 통해 해저유전 개발 기술을 검증받은 바 있다. 동북아시아 지역의 해양자원 개발을 위한 국제적 협력 분야의 권위자로 평가받는 미국 동서센터 주임연구원 마크 발렌샤 박사는 한국의 유전 개발 기술에 관하여 "한국은 심한 악조건 속에서도 해상유전을 개발할 수 있는 기술을 습득했다. 겨울철 강풍과 여름철 태풍이 빈번한 황해지역의 석유탐사에서 이러한 고급기술의 축적은 매우 중요한 전제조건이 된다"고 평가한 바 있다.

북한 유전의 개발 가능성이 충분하고 기술이 담보된 조건에서라면, 구태여 해외 유전 개발에 매달릴 필요가 없게 된다. 한국이 세계 14개국 26곳의 유전을 개발하는데 들어가는 돈을 앞으로 서해 유전 개발에 투입한다면 우리 민족이 산유국의 지위에 오르는 것은 시간문제가 될 것이다.

북한 유전을 남북 공동으로 개발한다면 그 파급 효과는 무궁무진할 것이다. 먼저 석유 개발은 수입 대체효과를 불러온다. 만약 석유 생산비용을 북해와 같이 까다로운 조건으로 가정하고 배럴당 10달러 수준으로 상정한다 해도 배럴 당 50달러를 넘나드는 도입가격의 1/5에 불과하다. 그런데 석유를 수입할 경우에는 이 50달러가 모두 외국으로 흘러나가지만, 석유 개발비용 10달러는 고스란히 한반도 경제 내부에 남게 된다. 하나도 손해 볼 것이 없는 것이다.

남북이 힘을 합쳐 서해와 동해의 유전을 합작·개발하면, 베트남 15-1 광구와 같이 하루 5만 배럴 정도만 생산한다 해도 배럴 당 50달러를 적용할 경우 남과 북에 즉시 9억1,250만 달러의 수입 대체 이익이 생긴다. 베트남 15-1 광구의 2배로 생산할 경우는 18억2,500만 달러, 20배로 생산할 경우는 182억5,000만 달러, 우리 돈으로 20조 원에 가까운 경제적 이익이 발생한다. 2015년 한국 정부 예산의 5% 이상에 해당하는 돈이 새로 생기는 것이다.

베트남 생산량의 20배인 하루 100만 배럴은 매장량 600억 배럴의 러시아가 하루에 생산하는 1000만 배럴의 1/10에 불과하다. 원유 가격이 더 하락한다 하더라도 동아시아 최대 유전의 개발 이익이 베트남 사례의 20배 이상 될 가능성은 매우 높다.

석유 개발 이익으로 마련하는 복지재원

남북 당국이 일반적인 산유국과 같이 매장된 석유자원을 국가 자원으로 관리하고 개발 이익을 국가 재정으로 사용해 국민들에게 돌려줄 경우, 1970년대 국민들 사이에 일었던 '세금 없는 나라'에 대한 기대가 장기적으로 실현가능할 지도 모르겠다.

물론 현실적으로 보았을 때 북한 유전이 단계적으로 확대 개발될 것이고, 초기 이익은 상당부분 재투자 될 가능성이 높다. 하지만 한국의 해외 유전 개발자금과 북한 당국의 유전 개발 예산이 분명히 존재하고 이를 공동 개발에 투입한다면, 개발 초기 단계 이익의 일정부분을 복지 재정 확충에 사용할 여지는 충분해 보인다.

게다가 세금을 포함한 원유 도입 가격이 리터 당 500원 수준에서 국내 생산 비용인 70원 가량으로 수직 하락하면 정부의 석유 가격정책의 여지가 리터당 1,340원 정도로 넓어지게 된다. 만약 정부가 국민 에너지 비용 절감을 위해 석유에 붙는 세금을 없앨 경우 휘발유 가격은 리터당 300원 수준으로 떨어져 운수관련 업종에 종사하는 국민들이 상당한 혜택을 볼 수 있다.

물론 화석연료 사용 억제를 위해 석유제품 가격을 그대로 유지하면서 이 중 대부분을 세금 수입 확대를 통한 소득 재분배에 사용할 수도 있다. 2012년 대선에서 보편적인 복지를 주장하면서 기존 정당 가운데 가장 적극적인 복지정책을 제시했던 통합진보당 정책위에 따르면 0~5세 보육시설 이용 아동에 대한 보육료 지원과 국공립 어린이집 확충 등 보육 관련 정책에 6조 원, 대학생들의 반값등록금 실현에 7조 원, 건강보험료 국가부담을 40%까지 늘리는 데 13조 원, 비정규직의 정규직 전환 지원과 기타 노동자 복지 개선에 19조 원이 들어간다고 한다. 이런 복지 재정이 석유 개발로 차례차례 마련될 수 있다.

석유 개발로 인한 세수 증대분을 저탄소 친환경 경제를 앞당기는 투자 재원으로 사용할 수도 있다. 현재 풍력, 태양력 등 친환경 에너지가 점차 상용화되고는 있지만 여전히 효율을 높이기 위한 투자가 필요하고, 화석연료 의존도를 당장 획기적으로 줄이기도 힘든 것이 현실이다. 게다가 석유를 원료로 하는 플라스틱 등 다양한 가공제품도 계속 생산해야 한다. 어떤 형태로든 당분간 화석 에너지에 대한 의존은 불가피하며 당연히 석유 수입도 계속해야 한다. 이러한 조건에서 석유 개발 이익을 대체에너지 개발에 투자해 저탄소 친환경 경제로 개선해 나가는 데 도움을 줄 수 있는 것이다.

나아가 북한 유전 중 서해유전 공동개발 사업은 개성공단, 해주 경제특구, 한강하구개발 사업 등과 함께 2007년 10·4 선언에서 합의한 '서해평화협력특별지대'를 현실적으로 실현시켜 민족 평화를 공고히 할 또 하나의 버팀목이 될 것이다.

북한 유전 개발의 길

북한 유전 개발을 본격화하려면 한반도 정세 안정이 필수적이다. 북한이 아미넥스를 비롯하여 스웨덴의 타우르스 에너지(Taurus Energy), 호주의 비치 페트롤리엄(Beach Petroleum), 영국의 소코 인터내셔널(Soco International) 등 외국자본을 유치했음에도 불구하고 대규모 유전 개발을 본격화하지 못하고 있는 원인은 한반도를 둘러싼 복잡한 국제 정세 때문이다. 일례로 아미넥스는 '2009년 잠정 경영실적 보고서'에서 "지난 2004년 석유탐사와 시추에 관한 계약과 더불어 생산물 분배계약을 북한과 이미 체결했지만, 국제정세의 어려움" 등의 이유로 개발에 "별 진전이 없었다"고 밝힌 바 있다.

또 《서울신문》 보도에 따르면 북한과 석유 공동개발을 타진한 바 있는 한국석유공사 관계자는 "2004년 북한과 서해유전 개발 문제를 논의"했으나 정세 악화 등에 가로막혀 "협상에 진전을 보지 못했다"고 밝힌 바 있다.

아미넥스나 한국석유공사가 밝힌 '국제 정세의 어려움'이란 구체적으로 북·미 대결에 따른 미국의 대북 경제제제조치를 의미한다. 이러한 정황은 동아시아 최대 규모를 자랑하는 북한 유전지대에 투자의향을 밝힌 기업들이 이른바 '수퍼메이저(Supermajor)'로 불리는 세계 6대 석유기업이 아니라 중간급 규모의 기업들인 점, 그리고 이들이 본격 개발투자는 못하고 탐사활동 정도에 머무른 채 철수한 점 등을 미뤄볼 때 달리 해석할 여지가 없는 것이다.

미국의 대북 경제제제와 궤를 같이하는 한국의 '5·24조치'가 살아있는 한 남측 기업들의 대북 유전 합작투자는 시작조차 불가능하다. 정부 당국이 '5·24조치'를 해제해야 비로소 남측 기업들의 현실적인 투자 가능성이 열리는 것이다.

2. 희토류 개발협력

첨단제품의 필수 비타민 '희토류'

다음으로 살펴볼 과제는 희토류 개발이다. '희토류'는 원소기호 57번부터 71번까지의 란탄계 원소 15개와, 21번인 스칸듐(Sc), 그리고 39번인 이트륨(Y) 등 총 17개 원소를 말한다. 희토류는 방사성 원소인 프로메튬을 빼면 지구상에 널리 퍼져있는 성분이지만, 채굴이 가능한 광물 형태인 경우가 드물어 '희토류(稀土類: Rare Earth Elements, REE)'라는 이름이 붙었다.

희토류는 건조한 날씨에도 변화하지 않고 열을 잘 전도하며 탁월한 화학·전기·자기 성질을 갖고 있어 다양한 용도로 사용된다. 희토류의 구체적인 종류와 용도는 〈표 4-2〉와 같다.

희토류는 스마트폰, 하이브리드 자동차, LCD 연마광택제 등 첨단 IT제품에 두루 사용될 뿐만 아니라 광학, 핵공학, 항공우주산업 등 차세대 산업에서 갈수록 쓰임새가 늘고 있는 필수적인 금속

〈표 4-2〉 희토류의 종류와 용도

구분	원소	원소기호	용도
경희토 LREE	란타늄	La	형광체, 충전지, 광학용 유리, 발열체, 세라믹 콘덴서, 촉매, 초전도재
	세륨	Ce	UV커트, 유리연마제, 촉매, 광학유리, 영구자석
	프라세오디뮴	Pr	안료, 영구자석, 촉매
	네오디뮴	Nd	유리용 첨가제, 세라믹 콘덴서, 영구자석, 레이저
중희토 中稀土	프로메늄	Pm	광학유리
	사마륨	Sm	조명, 레이저, 세라믹 콘덴서, 촉매, 영구자석
	유로퓸	Eu	적색형광체(칼라TV, 형광등), 원자로 제어제
	가들리늄	Gd	원자로 제어제, 광자기 기록, 자기냉동, 광학유리
중희토 HREE	테르븀	Tb	형광체, 고연색램프, 광자기 기록, 영구자석
	디스프로슘	Dy	영구자석, 자기냉동, 콘덴서
	홀뮴	Ho	안료, 레이저
	에르븀	Er	광학유리, 반도체, 자기냉동
	툴륨	Tm	크리스털 제조, 레이저
	이테르븀	Yb	촉매, 광학유리, 레이저
	루테튬	Lu	크리스털 제조, 레이저
비란탄계	스칸듐	Sc	크리스털 제조, 레이저, 세라믹
	이트륨	Y	이차전지, 광학유리, 레이저, 안정제, 적색형광체(칼라TV, 형광등), 세라믹, 내열합금, 원자로 구조제, 지르코니아

자료 : NKtoday

이다.

하지만 희토류는 분리 정제가 매우 어려워 개발이 쉽지 않은 단점이 있다. 희토류는 자연계에 존재할 때 경제성이 있을 정도로 농축된 형태로 존재하지 않고 불소탄산세륨광과 모나자이트석 등 다른 광물 속에 포함돼 있다. 이러한 광물은 광산에서 채광된 후

품위를 감안한 국가별 희토류 부존량과 생산량. 북한 매장량 제외

(단위 : 톤, 자료 : 한국광물자원공사)

선광과정을 거쳐 정광을 제조한 후, 사용하기 편리한 희토류 제품을 얻기 위하여 다시 정광을 분해 및 침출하는 제련공정에 투입된다.

이때 광물 속에 포함된 희토류의 실제 비율을 계산한 단위를 '품위'라고 한다. 예를 들어 희토류 광물의 품위가 5%라는 말은 100g의 희토류 광물 중에서 실제 희토류 금속은 5g 포함되어 있다는 말이다. 광물의 품위가 너무 낮으면 희토류 금속을 분리정제하기 어렵고 비용이 많이 들어 실제 개발이 불가능하다.

그림과 같이, 육지에 매장된 희토류는 전체 1억5천만 톤 정도로 중국과 러시아, 미국, 호주, 인도 등 일부 나라에만 분포되어 있다. 희토류는 1940~50년대에는 브라질과 인도에서 주로 생산됐고, 이후 미국과 호주 등지로 넘어갔다. 1990년대부터는 중국이 사실상

생산을 독점하고 있다.

하와이와 프랑스령 타히티 부근 태평양 해저에 육지 매장량의 800배에 달하는 양질의 희토류가 존재하고 있다는 사실이 2011년 확인된 바는 있다. 하지만 태평양 해저 희토류의 경우 대부분 수심이 3,500~6,000m에 달하는 공해 해저에 존재하고 있어 '인류 공동의 재산'으로 규정되고, 채굴에 따른 해양오염 문제를 해결해야 하기 때문에 당분간 개발이 어려운 실정이다.

한국은 약 32만2천 톤의 모나자이트가 매장되어 있지만 대부분 품위(grade)가 0.1% 이하로 경제성이 없어 개발이 불가능한 것으로 알려진다. 2011년 6월 말 한국을 떠들썩하게 했던 충주, 홍천의 희토류 15만 톤 발견도 결국 0.6% 정도의 낮은 품위로 인해 경제성 논란만 불러일으킨 바 있다.

희토류 개발의 효과

북한에 매장된 희토류를 남북이 협력하여 개발한다면 남북 모두에게 경제적 이익이 되리라는 것은 자명하다. 남쪽 입장에서 보자면 희토류 최대 생산국인 중국이 환경오염 문제를 계기로 희토류 생산에 대한 규제를 대폭 강화하고 수출량까지 제한하는 가운데 안정적인 원자재 공급처를 확보할 수 있다. 특히 김동환 국제학 박사는 남북 희토류 협력에 대해 "5,000억 원이 넘는 개발사업 비용, 최소 5년 이상 걸리는 채굴 준비 및 제련소 건설 기간 등 재정적·시간적 부담으로부터도 자유로워"지며, "희토류의 선광 작업부터 분리, 정제, 가공, 판매까지의 전 과정이 일시에 가능한 공급망을 제대로 구축할 수 있다"고 기대했다.

희토류 개발은 한국의 대외의존적인 생산구조를 개선해 상품의 부가가치를 훨씬 높일 수 있다. 사실 IT 수출 강국이라 자화자찬하는 한국이지만, 관련 제조 산업의 수입의존도는 날이 갈수록 높아지고 있다.

〈표 4-3〉에 따르면, 2012년 현재 1,000원 어치의 국산품에 포함된 수입품의 가치는 315원 수준임에 비해 공산품은 평균치를 훨

〈표 4-3〉 한국 산업의 수입유발계수

공산품 및 서비스의 수입유발계수

공산품 0.419 0.449 0.452
평 균 0.289 0.311 0.315
서비스 0.154 0.167 0.173

품목별 수입유발계수[1)]

	2010년	2011년	2012년
농림수산품	0.171	0.173	0.187
광산품	0.163	0.175	0.170
공산품	0.419	0.449	0.452
소비재	0.320	0.348	0.357
(섬유및가죽제품)	0.382	0.421	0.441
기초소재제품	0.526	0.551	0.556
조립가공제품	0.385	0.421	0.419
전력·가스·수도 및 폐기물	0.385	0.429	0.433
(전력·가스·증기)	0.575	0.641	0.656
건설	0.258	0.284	0.285
서비스	0.154	0.167	0.173
도소매 및 운송	0.275	0.289	0.297
(운송서비스)	0.410	0.425	0.433
생산자서비스	0.117	0.127	0.134
사회서비스	0.112	0.124	0.129
소비자서비스	0.187	0.208	0.212
평균	0.289	0.311	0.315

주 : 1) 대분류기준 수입유발계수의 단순평균
(자료 : 한국은행)

썬 뛰어넘는 452원의 수입품을 포함하고 있다. 이와 같은 대외 의존적 생산구조는 제조업의 핵심 기반인 기초소재부문의 경우 1,000원 중 556원을 수입품이 차지해 더욱 심각한 실정이다.

제품 하나를 만들 때 들어가는 수입품의 양이 늘어나면 부가가치가 떨어지고 장기적으로 원자재 가격이 상승함에 따라 제조비용이 증가하여, 결국 생산자인 기업과 소비자인 국민 모두가 피해를 볼 수밖에 없다. 이런 점에서 한국 수출 제조업이 봉착한 위기는 원자재 수입 의존에 따른 구조적인 문제라 진단된다.

특히 한국이 수출 주력으로 삼고 있는 IT 분야의 제품은 가벼우면서도 단단하여 날이 갈수록 그 이용범위가 확대되고 있는 마그네사이트, 알루미늄 같은 광물자원이 필수적으로 들어간다. 따라서 제품의 부가가치를 높이고 생산을 안정화하기 위해서는 이러한 광물자원을 자체적으로 확보하는 문제가 중요하다.

그 중에서도 21세기 산업의 비타민이라 불리는 '희토류'는 여러 광물자원 가운데서도 그 중요성이 날로 증대되고 있다. 희토류의 전부를 중국과 오스트레일리아 등지에서 수입하고 있는 실정에서, 희토류 공동개발은 자원 확보문제를 완전히 해소하고 국민 전체에 상당한 이익을 안겨줄 것이다.

남북 모두에 이익을 가져다주는 개발 방식으로

북쪽 입장에서 보더라도 희토류 개발은 경제적 이익을 가져다

줄 것이 분명하다. 하지만 《조선일보》를 비롯한 일부 보수언론의 시각처럼, 남쪽의 자본이 북쪽의 광산을 개발하고 원광석을 모조리 캐내는 방식은 비현실적이다.

첫째로, 남과 북이 경제협력을 통해 모두 이익을 얻기 위해서는 대규모 희토류 개발에 따른 환경오염 문제를 반드시 해결할 수 있어야 한다. 《시사인》의 보도에 의해 알려진 북한 합영투자위원회 자료에 의하면, 황해남도 청단군 덕달리 광산은 산의 정상 부근에 희토류 원광석이 집중적으로 매장되어 있으며, 평안북도 정주시 용포리의 희토류 광산은 깊은 골짜기와 비탈이 급한 산능선으로 되어 있다고 한다. 당연히 광산을 마구잡이로 개발하면 주변 계곡부터 지하수까지 모조리 오염될 것이 뻔하다. 한국 입장에서 보더라도 북한 지역의 희토류 광산 개발로 인한 환경오염은 희토류 개발사업이 본격화되는 과정에서 난관을 조성하는 원인이 될 수 있는 만큼, 사전에 예방하는 방식으로 접근하는 것이 합리적이다.

둘째로, 북한 입장에서 보자면 이미 희토류 제련소까지 갖추고 있는 조건에서 구태여 원광석을 대량 반출할 이유가 없다. 게다가 광산에서 채굴된 희토류 원광석보다 선광과 제련을 거쳐 가공된 희토류 제품을 교역하는 것이 부가가치가 높고 훨씬 이익이 된다. 따라서 북한은 광산 주변의 입지 좋은 곳에 제련소를 추가로 건설하는 형태의 경제협력을 선호할 가능성이 높다.

한국 기업 입장에서도 희토류 제련 경험이 전혀 없는 조건에서, 선광 작업부터 분리, 정제, 가공까지 일관된 공급망을 확보할 수 있는 데다 운송거리까지 가까우니 경제적으로 손해볼 것이 전혀 없다. 게다가 기존의 남북 경제협력 사례와 같이 북한이 '민족내부거래'의 입장에서 일정한 특혜를 제공할 경우 희토류 도입가격에서 상당한 혜택을 추가로 누릴 가능성도 얼마든지 있다.

자원 개발 과정에서 환경오염을 막고 자원의 부가가치를 높이는 협력 방식은 북한 당국의 정책 방향과도 부합한다. 실제로 북한 김정은 국방위원회 제1위원장은 2014년 신년사에서 "지하자원과 산림자원, 해양자원을 비롯한 나라의 귀중한 자원을 보호하고 적극 늘여나가야 한다"고 언급한 바 있다.

특히《연합뉴스》보도에 따르면, 김정은 제1위원장은 2013년 '국토관리총동원운동열성자대회'를 계기로 발표된 국토관리사업에 대한 담화에서 환경보호, 자연보호관리사업의 방향과 과제를 특화하여 제시한 바 있다. 그는 담화 중 광산 개발과 관련하여 "특히 광산들에서 침전지를 바로 꾸리고 미광이나 폐수가 강하천과 호수, 바다에 흘러들지 않도록 하여야"한다며 "유해가스와 먼지가 많이 나는 공장, 기업소들에서 유해가스와 먼지를 없애자면 기술적으로 해결하여야 할 문제들이 많고 자금이 많이 든다고 하면서 이 사업에 적극적으로 달라붙지 않고 있는데 이것은 인민성이 없는 표현"이라고 구체적으로 비판했다.

또한《연합뉴스》가《조선신보》보도를 인용한 데 따르면, 북한 김정하 내각 사무국장은 "우리나라의 일관한 정책은 지하자원을 그대로 팔지 말고 2차, 3차 가공하여 제품을 생산하여 수출한다는 것"이라고 말한 바 있다. 이와 관련해 임을출 경남대 극동문제연구소 연구교수는 "북한은 세계시장의 동향을 분석하면서 지하자원 등의 수출품 개발을 고민하는 것 같다"며 "특히 자원을 가공한 뒤 부가가치를 높여서 파는 방식에 관심이 많다"고 평가하였다.

남북 경제협력 과정에서 남측 당국이 북측 정책방향을 적극 고려하여 사업방안을 제시할 경우, 당국 간 신뢰를 높이는 데 기여하여 경제협력의 전망을 한층 밝게 할 것이다.

철원-평강-김화 경제특구 창설 가능성

이러한 정책방향에서 남쪽 철원군과 북쪽 평강군, 김화군 희토류 광산을 연결하는 첨단 경제특구 창설방안을 타진해볼 수 있다.

철원과 평강, 김화를 잇는 경제특구 창설 방안은 기존에 제안되어 있던 철원 남북경협특구 방안과 철원에 인접한 평강 압동 광산의 희토류 개발 방안을 연계한 제안이다.

평강 압동광산 개발 방안은 이미 한국광물자원공사가 2001년 6월 13일 당시 북한 민족경제협력연합회와 강원도 평강군 압동에 있는 탄탈룸 광산을 개발하기로 합의하여 구체화된 바 있다. 희토류의 일종인 탄탈룸은 콘덴서와 초경합금 제조에 사용되는 금속으로 한국에서는 전혀 생산되지 않는다. 이 사업이 본궤도에 진입했을 경우 2000년을 기준으로 1억7,196만 달러의 탄탈룸 수입 비용을 상당부분 절약할 수 있었을 것이다. 여기에 평강 압동광산과

철원-평강-김화의 지리적 위치

(자료 : 네이버지도)

김화군 희토류 광산 주변에 제련소를 건설하여 가공된 희토류를
활용하는 IT제조업 공장을 철원 공단에 유치하는 것이다.

철원은 평강-김화 희토류 광산과 인접해있을뿐더러 서울과 원
산을 잇는 경원선 철도가 지나는 교통요지이자 철원 평야가 있는
산업 요충지다. 따라서 철원에 희토류를 활용하는 첨단 IT제조업
공장과 각종 연구시설을 유치하는 특구를 창설해볼 수 있는 가능
성은 매우 높다.

이와 더불어 철원 평야에 북측 농업 인력을 활용한 남북 협력
농장을 운영한다면, 철원 일대는 명실상부한 '제2의 개성'으로 부
상할 수 있을 것이다. 이는 최근 북한이 러시아 연해주 지역에 농

업 인력을 파견하여 대규모 농장을 경영하는 협력 사업을 벌이고 있음을 감안해볼 때 가능성이 충분하다고 평가된다.

3. 그 외 주요자원 개발 협력

자원 공동개발의 직접적인 효과

남북협력을 통한 북한 지하자원 활용은 한국경제에 부담으로 작용하고 있는 불안정한 원자재 수입 구조를 개선할 수 있고, 북한경제 역시 채취산업 활성화를 통해 경제 전반에 더 큰 활력을 불어넣을 수 있는 계기를 마련하게 된다.

한국 입장에서 보자면, 우선 광물 수입 비용을 획기적으로 줄일 수 있다. 한국광물자원공사에 따르면, 2010년 기준으로 한국이 유연탄, 우라늄, 철, 동, 아연, 니켈 등 6대 전략광물을 수입하는 데 쓴 돈만 300억3,100만 달러에 달했다고 한다. 관련 제련업체들의 경우는 달러로 거래되는 원광석 가격 때문에 환율변동에 따라 심각한 수익률 변동을 감내할 수밖에 없는 취약한 구조에 놓여있다.

그런데 〈표 4-4〉과 같이 한국은 북한 광물자원을 국제가격의 절반 이하 수준으로 도입해왔던 경험이 있다. '민족내부거래'로 규정되어 수입관세가 없고, 물류비용이 대폭 절감된 것 이외에도 특혜를 받아 광물자원 단가가 낮게 책정되었던 까닭이다. 도입 단가 안정에 따라 수익률 변동성이 낮아지는 것도 부수적 효과다.

〈표 4-4〉 남북 광물자원 협력으로 인한 수입대체 효과

	반입가격(A)	국제가격(B)	B-A(달러)	반입 규모(MT)	이익 (만 달러)
마그네사이트	192.61	467.27	274.66	124,539	3,420.6
인상흑연	197.82	401.59	203.77	24.139	491.9
규석	53.67	174.87	121.20	3,585,286	43,453.7
고령토	185.18	187.56	2.38	2,583,027	614.8
합계				6,316,991	47,981

주 1) 단위당 가격은 북한에서 반입할 때의 금액/물량을 계산한 가격
　　2) 반입가격과 국제가격의 경우 인상흑연은 2007년 평균가격 기준, 마그네사이트, 규석과 고령토는 2009년 평균가격 기준
　　3) 반입 규모의 경우 2009년 내수 기준
자료 : 지식경제부, 『광산물 수급 현황』, 각호 참조

중장기적으로 한국이 유연탄을 제외한 6대 전략 광물의 절반을 북한에서 공급받는다고 가정할 때 도입가격차로 인한 이익만 매년 80억 달러로 추산된다. 그와 동시에 광물자원 수입비용이 절약되는 만큼 기업의 투자여력도 확대되고 해당 산업 종사자들에게 돌아갈 몫도 커지게 된다. 원자재 해외의존에 따른 피해를 고스란히 이익으로 돌릴 수 있는 것이다.

일반 국민들의 입장에서 보자면, 남북 광물자원 협력은 저렴한 가격에 국내에서 안정적으로 원자재를 공급할 수 있게 되어 관련

상품의 가격 인하효과를 기대해볼 수 있고, 이들 사업을 공공사업으로 진행할 경우 정부 재정 확충에 직접적으로 도움을 주게 되어 국민 전체의 복리 증진에 도움이 된다.

산업 원자재·광물자원 교환 확대해야

하지만 북한 자원 공동개발로 인한 경제적 효과는 단지 수입대체 효과에 그치는 것이 아니다. 광물자원을 단순 도입하는 수준을 넘어서 국내 기업에서 생산하는 각종 경공업 원자재를 광물자원 도입 대가로 지불하는 방식을 통해 산업 사이의 파급효과를 극대화하는 것이 필요하다. '유무상통' 원리를 전면 도입하는 것이다.

일례로 남북이 2005년 7월 제10차 남북경제협력추진위원회에서 합의한 바 있는 협력 사업의 경우 "남측은 2006년부터 북측에 긴요한 의복류, 신발, 비누 등을 생산하는데 필요한 원자재를 북측에 제공하며, 북측은 아연, 마그네사이트, 인회석 정광, 석탄 등 지하자원 개발에 대한 투자를 남측에 보장하고 생산물을 제공"하기로 했다. 이에 따라 2007년 12월 말, 남측은 북측에 미화 6,993만 달러 상당의 경공업원자재를 제공했고, 3차례에 걸쳐 제품생산 기술지원을 실시했으며, 북측은 2007년 12월 14일과 2008년 1월 4일 2차례에 걸쳐 아연괴 약 1,000톤을 제공했다.

남측의 경공업 원자재와 북측의 광물자원을 교환하는 방식은 '유무상통', 즉 있는 것과 없는 것을 서로 교환하여 쌍방에 모두 이익이 되는 전형적인 물물교환 방식이다. 이러한 과거의 경험을 살려 향후 진행될 북한 광물자원 개발 사업에 확대 적용할 경우, 관련 원자재를 생산 공급하는 남측의 중소기업과 광물자원을 생산하는 북측 채취산업이 동시에 활성화되게 된다. 당연히 관련 산업의 고용도 늘어날 수밖에 없다.

물론 북측 광물자원의 도입 대가로 반출되는 산업용 원자재는 경공업 관련 자재에 국한시킬 필요가 없다. 농업용 비닐과 무균 씨감자, 통일 볍씨 등 여러 농자재들도 얼마든지 '유무상통'의 대상이 될 수 있다. 남측의 산업용 원자재와 북측 광물자원 교환이 확대되면 될수록 남북 각 지역 경제의 연관성은 깊어질 수밖에 없으며, 바로 이러한 연관성의 심화 발전이 곧 통일시대 민족경제공동체를 만들어가는 하나의 과정이 되는 것이다.

주목되는 단천지역 광산

광물자원 개발협력에서는 구체적으로 '단천지역 3개 광산 개발 사업' 정상화를 주목할 필요가 있다. '단천지역 3개 광산 개발 사업'이란, 2005년 7월 12일에 진행된'남북경제협력추진위원회 제10차 합의' 내용에 따라 남북이 공동으로 함경남도 단천시에 위치한 검덕 아연 광산, 대흥 마그네사이트 광산, 룡양 마그네사이트 광산을 개발하는 사업을 말한다.

단천지역 광산 개발을 위한 전력, 철도 등 사회간접자본들은 이미 갖춰져 있다. 남북교류협력지원협회에 따르면, 이 지역 전력은 인근 허천강 유역에 4개의 수력발전소가 책임지고 있으며, 철도는 단천시내에서 출발하여 약 90km까지 연장되어 있는 '금골선'이 운행 중이다. 단천지역 광산 개발 사업은 한국광물자원공사를 주관사업자로 하여 '사업타당성평가'까지 끝났다. 한국에서 개발에 참여할 각종 부품 소재 업계가 컨소시엄을 구성하기만 하면 본격적인 개발에 나설 수 있는 단계까지 이른 것이다. 그러나 안타깝게도 이 사업 역시 '5·24조치' 이후 전면 중단되고 말았다.

단천지역 광산 개발 사업은 개발조건이 갈수록 나아지고 있다. 북한 당국은 그동안 단천지역 자원 개발과 운송을 위해 항만을 완전히 새로 건설하였다. 북한 당국이 2012년 완공한 단천 신항만은 1만~3만 톤급 선박 3척을 동시에 정박할 수 있는 접안 시설을 갖추고, 항만과 단천 마그네사이트공장, 단천제련소를 잇는 컨베이어 벨트로 물자를 운송하는 시스템을 갖춰 이 일대에서 가공된 지하자원을 수출하는 데 이용하고 있는 것으로 알려졌다.[48]

북한 당국은 단천지구 개발을 독려하고 있으며, 이 지역에서 나오는 수익을 모두 경공업 발전에 투자하고 있다. 김정일 국방위원장은 2009년 함경북도 단천지구에 있는 검덕광산을 현지지도한 후 '국방위원장 명령 제002호'로 단천광업지구의 모든 수익을 경공업 발전에 투자하도록 지시한 바 있다.[49]

---

48) 「북한 단천항 준공…지하자원 수출용 항만」, 『연합뉴스』, 2012. 5. 4.
49) 정창현, 「신년사를 통해 본 북한의 정책방향과 남북관계 전망」, 『통일뉴스』,

게다가 최경수 북한자원연구소장에 따르면 2007년 7월에 실시된 단천지구 3개 광산에 대한 남북 공동평가 당시 예측된 수익률이 무려 18%에 달했던 것으로 알려졌다. 그는 "북한에 투자하기로 한 단천 지하자원 개발사업은 우리 기술진의 조사와 평가 결과 북한의 전력문제 해결을 위한 인프라 투자와 함께 현재 낙후된 광산시설의 개보수 비용을 부담하고서도 수익률이 무려 18% 이상인 것으로 평가된 바 있다. 또한 우리가 연간 170만 톤을 외국으로부터 수입하고 있는 아연의 경우 만약 남북이 공동으로 개발키로 한 검덕 아연광산이 정상화된다면 수입량의 30%까지도 공급받을 수 있다"[50]며 안타까워 한 바 있다.

　최경수 소장의 주장대로라면, 검덕 아연광산 개발로 인한 직접적인 수입 대체 효과만 해도 한국이 아연 수입을 위해 1년 동안 들이는 돈 13억 달러의 30%인 약 4억 달러나 된다.

　게다가 한국광물자원공사가 추산한 수익률 18%는 단천 신항만이 건설되기 전의 수치다. 2012년 단천 신항만 준공으로 단천제련소에서 가공된 마그네시아크링카[51]를 곧바로 배에 실어 수출할 수 있게 돼 물류비가 거의 절반으로 줄어들게 되었으니,[52] 단천

　　2014. 1. 2.
50) 최경수, 「甲午년 새해, 北 자원공동개발 톱뉴스 되길」, 『에너지경제』, 2013. 12. 31.
51) 단천지역의 노천이나 갱에서 채굴한 마그네사이트는 파쇄 공정을 거친 뒤 고온의 화로에 구워 마그네시아크링카로 만들어져 수출된다.
52) 「[단독] 북한 왜 단천항에 목매나…광산 내부 들여다보니」, 『중앙일보』, 2012. 5. 11.

광산 개발을 통한 수익률은 더욱 높아질 수밖에 없다.

단천지역 광산 개발을 정상화하는 과제는 단지 수익률 측면만이 아니라 남북경제협력 사업을 한 단계 높은 차원으로 끌어올리는 데 있어서도 중요한 의의를 갖고 있다. 단천지역 광산 개발 사업은 남측의 자본과 기술, 북측의 노동력과 자원이 결합하는 기존 남북 경제협력 방식을 본격적인 '유무상통'의 단계로 한 차원 높이는 '원자재-지하자원 협력 모델'이다.

〈표 4-5〉 북한 개발 유망 광산물의 한국 내수 규모와 가용 연한

광종	한국			북한	내수의 50% 북측 조달시 가용 연한
	보유규모 (억 달러)	내수규모 (억 달러)	지급률(%)	보유규모 (억 달러)	
금	18	14.1	4	857	122년
아연	3	13.1	0	185	28년
철	7	231.6	1	8,775	76년
동	1	42.5	0	73	3년
몰리브덴	5	4.0	4	11	6년
마그네사이트	-	0.8	0	24.048	60,120년
인상흑연	2	0.2	0	30	300년
인회석	-	1.5	0	270	360년
총계	36	307.8		34,249	

자료 : 지식경제부·한국지질자원연구원, 『광산물 수급 현황, 2011』, 2012, 6
주 : 보유 규모 및 내수 규모는 2011년 수입단가 기준.
(자료 : 현대경제연구원, 『통일 한국의 미래상』, 2012)

비록 단천지역 광산 개발 사업은 이명박 정부의 등장과 함께 전면 중단되고 말았지만, 이러한 경제협력의 경험은 앞으로 남과 북

이 각자 있는 것과 없는 것을 교환하여 얼마든지 경제 발전을 이룩할 수 있음을 여실히 보여준 사례다. 이처럼 단천지구의 자원 개발이 남과 북 모두의 경제 발전에 이익이 된다는 것은 재론의 여지가 없다. 이 지역의 자원 개발을 정상 궤도로 올려놓게 된다면, 향후 민족경제공동체 건설 과정에서 중요한 의의를 가지는 사업으로 자리매김하게 될 것이다.

4. 농업 협력

농림수산물 교류 정상화

경제주권을 행사하기 위해서는 농림수산업을 발전시켜 식량주권을 확보해야 한다.

한국의 곡물자급률은 약 25%, 그나마 쌀을 빼면 약 5%로 충격적인 상황이다. 농림수산업을 살리는 것은 결코 포기할 수 없는 식량주권 확보의 문제이며 사지로 내몰린 농어민의 삶을 살리는 일이다. 산업 사이의 관계를 보더라도 농림수산업은 식품가공공업 자립의 기초가 되는 핵심 산업이다.

농업 발전에 대한 절실한 요구는 북한이라고 해서 크게 다르지 않다. 《연합뉴스》 보도에 의하면 김정은 국방위원회 제1위원장은 2013년 신년사에서 농업을 "경제건설의 주공전선"으로 지목하고 "축산과 수산, 과수부문을 결정적으로 추켜세워 인민들의 식생활을 개선"하겠다고 한 데 이어, 2014년 신년사에서도 농업을 "주타격 방향"[53]으로 제시했다.

전체 민족의 식량주권을 확보하는 사업은 기후에 맞는 경작지 확보, 수리시설 조성 등 인프라 건설, 농림수산업의 기계화, 과학화, '남북공동식량계획' 마련[54] 등이 망라된 장기적인 사업이다. 게다가 이는 남과 북이 분단된 조건에서, 남북 농업과 그것을 뒷받침하는 농기계, 비료, 종자 산업, 그리고 농산물 유통 산업 등이 한반도 전역에서 상호 보완적으로 발전해야 하는 매우 복잡한 사업이다.

그러나 첫 단추를 잘 꿰면 의외로 문제는 쉽게 풀릴 수 있다. 현 단계에서 당면한 농업협력사업은 크게 두 가지이다. 하나는 현재 남북이 각기 생산하고 있는 농림수산물을 교환하는 것이며, 다른 하나는 남북한 농업 생산력을 늘리기 위해 협력하는 것이다.

이를 통해 남과 북은 기본적인 농산물을 서로 안정적으로 확보하는 한편, 한반도 전역에 걸친 농업생태계를 점차 복원해 식량주권 확보를 향한 첫 걸음을 내디딜 수 있다.

농림수산물을 교환하는 사업은 남북경제협력의 기본으로써 '5·24조치'만 해제되면 당장이라도 실현가능한 사안이다. 2009년만 해도 남측으로 반입된 북측 농림수산물은 9만7,500톤 정도가 됐다. 특히 북한산 송이버섯과 고사리, 마늘 등 밭작물과 바지락, 피

---

53) 「북한 김정은 2014년 신년사 전문」, 『연합뉴스』, 2014. 1. 2.
54) 강동원, 「통일한국의 식량문제 해결방안 연구」, 2011.

조개 등 갯벌에서 나는 수산물은 한국에서 안전하고 질 좋은 상품으로 많은 관심을 받았다. 심지어 2008년의 경우 서울 가락동 농수산물시장에서 유통되는 바지락의 90%를 북한산이 차지했을 정도였다.

'5·24조치'로 남북관계가 단절되기 직전인 2010년 4월《월간남북교류동향》을 살펴보면, 북한산 농림수산물은 2009년 4월과 비교하여 반입량이 44.2%나 폭증했다. 이 중 새롭게 반입된 품목만 해도 무, 고추, 은행 등 견과류, 목재류, 오징어, 낙지, 굴 등 다양했다. 반면 북한으로 반출된 농림수산물을 보면 쌀이 압도적이었다. 쌀은 1995년 북한이 입은 최악의 수해 당시 15만 톤이 반출된 이후, 2000년부터 2007년까지 총 240만 톤 가량이 차관 형식으로 북측에 반출되었다. 전체적으로 보았을 때, 북에서는 밭작물과 수산물이 남으로 들어오고, 남에서는 쌀이 북으로 올라갔음을 알 수 있다.

향후 재개될 농수산물 교환 사업은 품목별로 남과 북의 공급량과 수요량, 그리고 생산조건 등을 종합적으로 고려하여 좀 더 계획적으로 진행될 필요가 있다. 이전까지 진행된 농수산물 교류는 차관으로 제공된 쌀을 제외한다면 주로 상업적 필요에 의해 진행된 측면이 강하다.

그러나 장기적으로 민족농업을 살리고 남북의 농민들이 모두 이익을 보는 교류협력이 되기 위해서는, 향후 '민족공동식량계획'이 될 수 있는 남북 공동의 '농업정책추진안'을 마련하여 남측의

쌀과 북측의 임산물과 옥수수, 콩, 감 등 잡곡을 서로 계획적으로 교역하는 것이 필요하다.[55]

북측에서 재배하기 유리한 환경의 작물이 남측에서 어려운 조건에서 재배되고 있는 경우, 또는 그 반대의 경우가 얼마든지 있을 수 있다. 이런 경우 남북이 정책적으로 협력해 작물 재배 지역을 큰 틀에서 재배치할 수도 있을 것이다. 이를 통해 한반도 안에서 농수산물의 생산과 유통, 소비에 이르는 전 과정이 되살아나고, 남과 북의 식량 자급률이 상승하면서 안전한 먹거리를 확보할 수 있을 것이다.

남북 농업생산 현황

민족 농업을 되살리기 위한 다른 하나의 사업은 한반도의 농업 생산력을 늘리는 것이다. 2013년 4월 농식품부에서 발표한 2012년 한국 곡물 생산량은 484만 톤이다. 이에 따르면 한국은 무려 1,435만 톤의 곡물을 수입하여 국내 수요를 충당하고 있는 실정이다.

그 원인으로는 우선 농업 생산의 토대가 되는 경지면적이 해마다 감소하고 있다. 한국의 총 경지면적은 2003년 184만 ha에서, 2011년 169만 ha로 8.8% 줄어들었다. 특히 우려스러운 것은 민족의 주식인 쌀의 재배면적이 빠르게 줄어들고 있다는 점이다. 2011년 한국의 논 면적은 96만 ha로 2003년의 112만 ha에서 14.9%나

---

55) 강동원, 「통일한국의 식량문제 해결방안 연구」, 2011.

감소한 것으로 조사되었다. WTO체제와 한·미FTA 체결 등 농업 개방 정책이 계속되고, 쌀농사를 지원하던 정책을 정부가 포기하면서 생긴 결과다.

⟨표 4-6⟩ 남북한 총 경지면적 및 식량작물 재배면적 추이

구분	남한		북한	
	총 경지면적 (식량 + 사료 등)	식량작물 재배면적	총 경지면적 (식량 + 사료 등)	식량작물 재배면적
1980	2,196	1,982	2,104	1,822
1985	2,144	1,780	2,140	1,728
1990	2,109	1,669	2,141	1,734
1995	1,985	1,346	1,992	1,486
2000	1,889	1,318	1,992	1,572
2005	1,824	1,234	1,907	1,608
2009	1,737	1,127	1,910	1,614

(자료 : 통계청, 단위 : 천ha)

반면, 현재 북한의 농업 생산 사정은 점차 나아지고 있는 것으로 확인된다. 유엔식량농업기구(FAO)에 따르면, 북한의 곡물 생산량은 2013년 503만 톤으로 추정되었다. 자체 생산량으로 비교하면 한국보다 오히려 많아졌다. 북한은 연간 30만 톤의 곡물을 수입하여 2014년 북한 지역의 총 수요량에 근접한 곡물을 확보할 전망이라 한다.

유엔식량농업기구(FAO)와 세계식량계획(WFP) 작황 및 식량안보평가단은 2014년 북한 내 곡물 총 소비량을 537만 톤으로 예상

했으며, 곡물수입필요량은 34만 톤으로 추정했다. 이들은 "북한의 2014년 곡물 수입계획이 30만 톤인 점을 감안하면, 식량부족분은 약 4만 톤이 될 전망"이라며, "이는 최근 수년간 가장 적은 수준으로, 2013년도 생산량 증가에 주로 기인한 것으로 평가된다"[56]고 밝혔다.

한편《NK투데이》는《조선신보》2014년 12월 29일 보도를 인용하여 김지석 북한 수매양정성 부상이 "올해 식량수확량이 571만 톤으로 작년에 비해 5만 톤이 늘어났다"고 밝힌 사실을 전했다. 그에 따르면《조선신보》는 북한이 올해 극심한 가뭄에도 농업 증산을 달성했다면서 ▲과학기술도입 ▲토지의 효과적 이용 ▲포전담당제 세 가지를 식량 증산을 이룬 3대 요인이라고 소개했다. 새로운 벼모 기르기 방법의 도입과 두 벌, 세 벌 심지어는 네 벌 농사를 통해 농사짓는 땅을 효과적으로 이용하는 등 과학적·효율적 농경에다가 농민 10~15명으로 짜인 협동농장 말단 단위인 '분조'에서 3~5명이 하나의 '포전(일정한 면적의 논밭)'을 경작하도록 한 제도인 '포전담당제'를 도입하면서 올해 북한 농사가 성과를 거두었다는 것이다.

이와 관련《조선신보》는 "포전담당책임제와 같은 김정은 시대 농업시책이 온 나라 협동벌의 현실에 착실히 뿌리내려 거대한 생활력을 발휘하고 있다"고 분석하기도 했다.

---

56) FAO/WFP, 'Special Report : FAO/WFP Crop and Food Security Assessment Mission To the Demacratic People's Republic of Korea'. 2013. 11. 28.

북한의 총 경지면적도 2003년 185만 ha에서 2009년 191만 ha로 다소 늘었다. 사료용 작물을 제외한 식량작물 재배면적도 1993년 158만 ha보다 오히려 2~3만 ha 가량 늘어났다. 북한 경지면적에 대한 통계청의 자료가 얼마나 현실에 부합할 지는 미지수다. 다만 분명한 사실은 1995년 최악의 수해와 연이은 자연재해로 막심한 피해를 입었던 북한 농업의 토대가 상당한 수준으로 회복되었다는 점이다.

농업 생산량 증대의 가능성

남북의 농업 생산량을 전체적으로 고려했을 때, 남북 모두의 식량 생산은 전체 민족을 먹여 살릴 만큼 충분치 못하다. 민족농업을 되살리기 위한 최대의 과제는 바로 농업 생산량 자체를 늘리는 데 있다.

남과 북의 식량 생산을 충분히 늘리기 위해서는 남과 북이 힘을 합쳐 비료와 농기계 등을 투입해 한반도 전체의 농업 생산성을 향상시켜야 한다. 북한의 농업생산성을 현재 한국 수준으로 향상시키는 것만으로도 우리 민족 전체의 식량 수급문제는 상당한 수준에서 해결될 가능성이 높다.

통계청 자료에 따르면, 북한의 농업생산성은 한국 농업생산성의 61% 정도로 추정되고 있다. 그러나 이를 반대로 해석한다면, 생산성이 한국 수준으로 높아질 경우 북한의 전체식량 생산량은 곧바로 1.63배 더 늘어날 여지가 있는 것으로 평가할 수 있다.

북한 주민이 한국 주민과 동일한 수준의 식량을 소비한다고 단순하게 가정하고, 2,400만 북한 인구로 나눌 경우 〈표 4-7〉과 같은 식량 수요가 발생한다. 북한의 농업 생산성이 한국 수준으로 1.63배 향상될 경우 식량은 100% 자급이 가능하며, 사료를 포함한 곡류 전체의 자급률은 74.5%로 향상되는 놀라운 결과가 나온다.

물론 이와 같은 계산 결과는 현실과 차이가 있을 것이다. 남과 북의 기후 등 구체적인 농작물 재배 조건이 다르기 때문이다.

〈표 4-7〉 북한의 농업생산성이 한국 수준에 도달할 경우 북한의 곡물자급률

구분	한국주민 수준의 식생활을 위한 북한의 식량 수요량(만톤)	북한의 식량 생산량(만톤) 2008년	남측수준의 농업 생산성을 보일 경우 북한의 예측생산량 2020년	자급률
곡류전체	908.0	414.9	676.3	74.5%
(식량)	487.8	367.4	487.8	100%
(사료)	420.2	47.5	188.5	44.9%
채소류	537.6	323.9	528.0	98.2%
과실류	159.1	48.8	79.5	49.9%

하지만 북한의 식량작물 재배면적이 2007년 현재 161만 ha에 육박해 112만 ha 수준인 한국보다 오히려 넓은 데 비해 인구는 2,400만 수준으로 적음을 감안한다면, 농업생산성을 향상시켰을 때 남북을 합친 우리 민족의 식량자급률은 큰 폭으로 상승될 가능

성을 보여주기에는 충분한 결과다.

이러한 가능성이 현실로 된다면, 북한의 양곡용 식량문제는 완전히 해소가 가능하다. 또한 채소와 과일의 경우 한국 주민생활 수준으로 공급이 가능해진다. 북한의 옥수수, 감자를 축산사료로 전환하면 북한 축산업의 토대를 구축할 수 있다. 이는 한반도 전체로 볼 때 민족의 식량주권을 보다 공고히 할 수 있다는 것을 보여준다.

유무상통, 철광석·농자재 협력

북한의 농업 생산량을 높이는 과제는 남북의 협력을 통해 얼마든지 가능하다.

이미 한국은 북한에 대해 1999년부터 2007년까지 비료를 해마다 30만 톤가량 보내왔다. 또 민간 차원에서도 농기계와 농업용 비닐 등 각종 농자재를 보냈던 사례가 있다. 남과 북이 교류협력의 초기단계에서 '유무상통'의 원리에 맞게 농업생산성을 향상시킬 수 있는 방법도 있다.

〈표 4-8〉 한국 철광 수입량과 비용

년도	2008	2009	2010	2011	2012
철광 수입량(만톤)	4954	4208	5630	6485	6599
철광 수입액(억 달러)	48	35	60	114	95

(자료 : 관세청)

일례로, 북한 철광석과 한국의 농업자재 협력이 가능하다. 북한 무산철광은 채굴이 용이한 노천광산이다. 곧바로 채굴할 수 있는 매장량도 13억 톤에 달하며 현재 생산능력은 연간 800만 톤 수준이다. 다만 무산철광은 철의 함량이 낮은 자철광(Fe 24% 내외)이라 채굴 이후에 선별과정을 거쳐야 한다.

한국은 연간 6,500만 톤 이상의 철광석을 호주와 브라질 등, 사실상 지구반대편이라 할 수 있는 곳으로부터 수입하고 있다. 이는 현재 철광석의 국제시장가격으로 볼 때 연간 10조 원이나 되는 막대한 규모이다. 따라서 북으로부터 철광석을 받고 그 대가로 남측의 농기계, 비닐하우스 등 농업자재를 제공해 북한의 식량생산을 증대하는 협력사업은 얼마든지 실현 가능하다.

이를 위해서는 먼저 관련 법률을 정비할 필요가 있다. 통일부의 교역사업 거부권을 폐지하는 것을 비롯해 남북교류협력에 관한 법률을 정비하고, 지하자원과 농업자재 교환사업에 대한 특별법을 제정할 필요가 있다.

지금까지는 북한 농업의 생산성 향상을 위한 교류 사업이 인도주의적 차원에서 장기적 계획 없이 이루어졌다면, 앞으로는 농림수산물 교류와 마찬가지로 남북 공동의 '농업정책추진안'을 마련하여 진행하는 것이 옳다.

남북 당국이 머리를 맞대고 민족 전체의 식량 주권을 확보하기 위한 장기적 전망과 계획을 세울 때, 북한 농업 생산성을 향상시키기 위한 남북 교류 사업도 더욱 성과적으로 진행될 수 있을 것이다.

5. 경의선 현대화

경의선 현대화 사업

철도, 도로, 전력, 공단조성 등 사회간접자본을 확충하는 사업은 경제 자립 기반을 조성하는 또 하나의 중요한 사업이다. 그 동안 남과 북은 개성공단, 금강산 관광지구 조성, 임진강 수해방지 사업 등을 함께 해 온 경험이 있다.

한반도 사회간접자본은 종합적인 확충이 필요하지만, 남북을 하나의 경제권으로 만들기 위해서는 현 단계에서 단절된 교통, 물

〈표 4-9〉 화물운송수단별 수송비용과 연료소비량

화물운송수단	단위 수송비용 (1톤-1km)	수송량 1톤 당 연료소비량
도로	545.1원	81.43kcal
철도	54.4원	30.11kcal
해운	16.8원	65.56kcal
항공	176.4원	-

(자료 : 한국교통연구원)

류 체계를 잇는 사업이 우선적으로 제기된다.

서울에서 평양을 오가는 교통로가 한반도 군사 분계선을 우회하여 서해상으로 갈 수밖에 없는 현실, 육로가 연결되었다고는 하지만 상징적 수준에 그치고 있는 현실에서는 아무리 남과 북의 경제가 발전한다 해도 그 성과를 극대화하기 어렵다.

남과 북을 연결하는 물류 체계는 사실상 새롭게 구상하고 건설해야 한다. 오히려 이는 우리에게 저비용·고효율의 물류 체계를 만들 수 있는 '기회'인 셈이다. 물류 체계를 효율적으로 만드는 문제는 오늘날 국가 경제에서 대단히 중요한 현안으로 부상하고 있다. 실제로 한국의 경우를 보면 2004년 기준으로 국가물류비가 924,590억 원으로 GDP 대비 11.86%에 달해 일본의 9.6%, 미국의 9.5%보다 높은 수준[57]이다. 특히 한국은 국가물류비 중 수송비가 차지하는 비율이 76.5%로 대부분을 차지해 국가물류비를 감소시키기 위해서는 수송비를 감소시키는 것이 중요한 과제[58]로 제기된다.

통일경제의 물류체계는 저비용·고효율인 철도체계를 중심으로 나아가야 한다. 한국교통연구원에 따르면, 2004년 기준 1km당 1톤을 운송하는 데 들어가는 비용은 도로가 545.1원인 반면, 철도

---

57) 「미래형 철도물류체계 구축방안 연구」, 한국교통연구원, 한국철도기술연구원, 2007.
58) 「미래형 철도물류체계 구축방안 연구」, 한국교통연구원, 한국철도기술연구원, 2007.

가 54.4원, 해운 16.8원으로 해운과 철도가 도로에 비하여 비용 측면에서 효율성이 월등히 높은 것으로 나타났다. 그러나 화물 1톤당 에너지 소모량은 철도화물이 30.11Kcal로써 해운화물의 82.75Kcal 보다 월등히 효율적인 것으로 나타났다.

특히 수송효율이 높은 '2단 적재열차'를 도입할 경우, 수송능력이 84% 증대되고 운임은 25% 인하 가능[59]한 것으로 나타났다. 이처럼 경제의 효율성을 높이는 측면에서 철도를 중심으로 한 물류체계를 만드는 것은 반드시 해결해야 할 국가적 과제다.

또한 철도중심 물류 체계는 시베리아횡단철도(TSR), 중국횡단철도(TCR) 연결을 통해 한반도의 지정학적 장점을 극대화하는 가장 유리한 방법이다. 미국 중심의 경제가 점차 쇠퇴하면서, 향후 세계 경제의 발전을 이끌어 갈 지역이 북미대륙에서 아시아-유럽으로 점차 무게중심이 옮겨오고 있다는 점에는 세계적 범위에서 공감대가 형성되어 있는 실정이다. 육지로 연결되어 있는 아시아-유럽, 즉 유라시아 지역의 교역에서 장점을 발휘할 수 있는 교통수단은 단연 철도일 수밖에 없다. 또한 유라시아와 태평양을 잇는 교두보에 위치한 한반도는 철도운수와 해양운수를 연결할 수 있는 최적의 입지에 있다. 이러한 점을 고려했을 때, 향후 한반도 물류체계는 철도를 중심으로 기존 도로와 해운을 결합한 형태로 재건되어야 할 것이다.

---

59) 「제2차 국가철도망 구축계획」, 국토해양부, 2011.

남북 물류체계의 현황은 향후 한반도가 철도중심 물류 체계를 건설하는데 유리한 정책적 조건을 갖추고 있다.

한국은 기존 도로 일변도였던 물류 체계를 철도 확충을 통해 보완하려 하고 있다. 국토해양부는 2011년, "기후변화에 대응하고 광역 대도시 경제권 발전에 따른 여건 변화에 대응하기 위해" 철도 중심의 국가 교통체계를 구축하는 것을 골자로 한 '제2차 국가 철도망 구축계획'을 고시한 바 있다. 이 계획에 따르면, 정부는 2008년 현재 15.9% 수준인 철도의 여객 수송 분담률을 2020년 27.3%까지 끌어올리며, 화물 수송 분담률은 2008년 현재 8%에서 2020년 18.5%까지 향상시킬 예정이다.

정부는 이를 위해 대전과 대구 도심구간을 고속화하는 등의 기존 경부고속철도 2단계 사업과 광주까지 이어지는 호남고속철도 사업을 2014년 완공하기로 하였다. 또 기존 일반철도를 복선 전철화하고 시속 230km로 달릴 수 있도록 고속화한다는 계획이다.

특히 정부는 철도 물류 수송체계를 혁신하기 위해 핵심 물류거점인 항만·산업단지·내륙화물기지를 간선철도망과 연결하는 '인입철도'를 확충하기 위해 동해항, 마산신항, 여수, 구미, 아산산업단지의 인입철도 등 5개 사업을 신규로 추진하며, 광양항, 울산신항, 포항 영일신항, 군장산업단지 등 4곳의 인입철도 사업도 예정대로 완공할 계획이다. 정부는 이를 통해 연간 약 774만 톤에 해당하는 이산화탄소 배출이 줄어들며, 석유로 환산할 경우 연간 약 259만 톤에 달하는 에너지가 절감될 것으로 기대했다.

북한은 예로부터 철도 중심의 물류 체계를 구축하고 있었다. 북한은 매년 〈신년사〉와 〈신년공동사설〉, 《로동신문》, 《민주조선》 등 매체를 통해 수시로 전력, 석탄, 금속공업과 함께 철도운수를 인민경제의 선행부문으로 강조하고 있다.[60]

산업은행의 「남북철도연결에 따른 경제적 파급효과 분석」에 따르면, 이미 북한은 화물수송의 90%, 여객수송의 62%를 철도가 분담하고 있다고 한다. 또 북한의 철도노선은 총연장 5,214km 중에서 전철화 구간이 전체의 79%인 4,132km로서 한국의 60.4%에 비해 비중이 상당히 높다. 이러한 북한 철도 환경은 향후 저렴한 비용으로 물류를 수송하는데 매우 유리한 장점을 갖고 있다. 다만, 90% 이상이 단선 철도로 되어 있어 복선화가 필요하고, 기존 선로 역시 침목을 교체하는 등 상당한 보수가 필요한 것으로 전해지고 있다.

철도에 대한 남과 북의 정책적 환경은 향후 한반도 철도 중심 물류 체계를 마련하는 데 대단히 유리한 상황이다.

경의선의 답답한 현실

이미 남북은 경의선-동해선 철도 연결을 통해 철도 중심 물류체계를 마련하는 첫걸음을 내딛었다. 특히 동해선이 금강산 관광과 잇닿은 관광열차의 이미지라면, 경의선의 경우 개성공단 사업과

---

60) 「북 철도의 현주소와 우리의 과제」, 『오마이뉴스』, 2013. 11. 8.

맞물리면서 한반도 철도 물류의 상징과도 같은 존재로 자리매김한 바 있다.

경의선만 제대로 연결되어도 남과 북은 상당한 경제적 이익을 누릴 수 있는 것으로 알려져 있다.

안병민 교통개발연구원 동북아연구팀장은 「경의선 연결의 경제적 효과」라는 보고서에서 경의선 복원사업의 경제성에 대해 5조1,287억 원을 투자해서 8조1,063억 원의 이익을 누릴 수 있는 매우 경제성 있는 노선으로 평가하였다. 이 때문에 남북은 2000년대 교류 협력 과정에서 개성공단과 더불어 경의선 연결을 최우선 과제중 하나로 추진했던 것이다.

하지만 현재 개성공단 인근까지 연결된 것으로 알려져 있는 경의선 운행은 사실 지지부진한 상황을 면치 못하고 있다.《조선일보》는 2008년 11월, 철도공사를 인용하며 2007년 12월 11일부터 2008년 4월 말까지 4개월 동안 화물열차를 운행한 87일 중 실제로 화물을 운송한 날은 11일에 불과할 정도라고 보도하였다.

"2007년 12월 263톤(반출 244톤, 반입 19톤)에 달했던 물동량도 올해 1월엔 57톤(반출), 2월 12톤(반출 3톤, 반입 9톤), 3, 4월에는 각각 2톤씩(각각 반출)에 그쳤으며 2008년 10월에도 편도 기준으로 42회 운행했지만 실어 나른 물량은 13.5톤에 머물렀다"는 것이다.《조선일보》는 경의선이 하루 평균 320kg 정도 수송한 셈이라며 그 효과를 폄하하였다.

경의선 운행이 지지부진한 이유는 실지 개성공단 입주업체들이

철도보다는 트럭을 선호하면서 철도운행 물량을 확보하지 못한데 있다.

개성공단 입주업체들은 왜 철도수송보다 도로수송을 선호하게 되었을까? 일반적으로 철도는 대규모 물동량을 일시에 나를 수 있고, 도로 정체가 없어 정시에 도착할 수 있는 정확성이 있으므로, 일정 시간마다 정기적으로 화물을 수송하는 산업공단 같은 지역은 당연히 도로보다 철도를 선호하는 것이 정상이다.

예를 들어, 개성공단에서 신발을 생산하는 업체가 있다고 가정해보자. 매월 10만 켤레의 신발을 생산한다면, 그 업체는 매주 약 2만5,000켤레 정도의 일정한 신발을 남측으로 수송해야 한다. 이러한 업체가 10개, 20개가 있다면, 컨테이너 박스를 실은 화물차들이 매주 남북을 오가는 것보다 일주일에 한 차례씩 화물열차가 오고가면서 원자재를 개성공단으로 실어 나르고, 대신 완제품을 서울로 실어오는 것이 훨씬 효율적이다.

그런데 개성공단 입주업체들의 경우 대체로 규모가 작고, 그 숫자도 123개사에 머물러 시범단지 수준에 불과하기 때문에 대규모 물량을 수송하는 철도가 적합하지 않다. 열차는 대규모 운송수단이므로 기관차에 화차가 많이 연결될수록 경제적이다. 당시 경의선 연결 사업을 주도하였던 김대중·노무현 정부도 경의선 연결 사업을 장차 개성공단 2단계 개발 등을 염두에 둔 사업이라고 설명하였다.

또 한 가지 이유는, 남측의 교통체계가 경의선을 전혀 뒷받침하지 못하는 상황을 지적할 수 있다. 개성공단에 가장 인접한 북측 역은 판문역이다. 그런데 경의선 화물열차는 판문역에서 남측 문산역까지만 운행하고 있다. 경의선을 통한 화물수송은 그야말로 비무장지대를 통과하는 상징적인 행사인 것이다. 실제 개성공단의 물품은 개성공단에서 판문역까지 차량으로 수송한 이후, 판문역에서 문산역까지 경의선으로 실어 나르고, 문산역에서 남측 각지로 다시 차량으로 수송해야하는 번거로움이 발생한다. 사실상 의주에서 서울까지 운행하는 경의선이 아니라 문산에서 봉동까지 운행하는 문봉선이 되어 버렸다.

정부가 경의선을 운행하는 방식도 경부선과 철저히 분리된 형태로 운행하고 있다. 남쪽으로 향하는 여객 수송은 대부분 서울역과 용산역을 종착점으로 두고 있다. 실제 수도권 시민들이 이용하는 경의선은 경기북부 일대 시민들의 서울 출퇴근용 전철 정도로 인식되는 실정이다.

이러한 상황에서 기업인들이 번거로운 경의선 화물열차 수송을 선호할 리가 없는 것이다.

시급히 착수해야 할 경의선 현대화 사업

경의선이 원래 의미를 되찾으려면 무엇보다 개성공단 1단계 건설을 시급히 완료하고 조속한 시일 내에 2단계 확장공사가 단행되어야 한다. 이와 더불어 실질적으로 경의선 운행을 남측 철도운행 체계에 맞추어 북측 판문역에서 실은 물동량을 곧바로 서울로 수송하고, 이를 남측 각지로 실어 나를 수 있는 철도수송체계를 마련해야 한다.

경의선 기차는 서울-(신)의주라는 본래의 이름에 걸맞게, 남측 운행구간을 문산역에서 서울역으로 연장하는 것뿐만 아니라 북쪽 운행구간도 봉동역에서 신의주역까지 연장시켜야 한다.

경의선 전체를 현대화하기 위한 전 단계로 총연장 187㎞인 평양-개성 구간을 현대화하는 사업이 필요하다. 평양-개성 구간이 현대화되고, 개성에서 서울까지의 연결이 정상화될 경우 서울-평양 사이의 정기 열차 운행이 가능해진다. 이를 통해 서울-개성 사이의 화물 운송이 제자리를 잡게 되면, 서울-평양 사이의 관광 열차 등의 운행도 실현될 것이다. 이렇게 되어야 명실상부한 남북 철도 연결이 이루어지는 것이다.

경의선과 동해선의 북측 구간 33.8㎞를 건설하는 데 투입된 돈이 ㎞당 약 53억 원으로, 총 1,800억 원이었던 점을 감안하면 개성-평양 구간 현대화에 9,900억 원이 필요하다는 계산이 나온다.

하지만 이마저도 북한과 러시아가 합의한 북한 철도 현대화 사업 '포베다(승리)'가 진척되고 있음을 감안한다면 더 적은 비용이 들어갈 것으로 예상할 수 있다. 2014년 12월 5일《러시아 포커스》보도에 따르면 러시아 건설업체인 '모스토빅'의 올렉 시쇼프 사장은 경제 분석 주간지《엑스페르트 온라인》과의 인터뷰에서 "북한 정부와 함께 철도 재건 계획을 이미 수립해 놓았다"고 밝혔다고 한다.

올렉 시쇼프 사장은 또한 "우리는 세계에서 가장 안전하고 현대적인 철도를 건설할 계획이다. 기존 철도망을 재건할 뿐만 아니라 남북 양쪽에서 평양 주변을 통과하는 화물 수송용 구간도 새로 건설할 예정"이라고 말했다. 그는 이어 "프로젝트 실행을 위해 북한의 철도망을 10개 구간으로 구분했고, 필요한 자료 수집과 함께 첫 구간인 동평양 분기역 설계에도 이미 착수했다"고 밝혔다. 동평양 분기역이란 2014년 10월 21일 착공한 평안남도 온산군 재동역과 평양시 강동역, 남포시 남포역을 잇는 구간 철도 개건 사업을 말한다.

이 사업은 러시아가 70%, 북한이 30%를 투자하는 광산회사를 만들고 이 회사가 북한에 있는 광물 자원을 개발해 해외 시장에 판매하여 얻은 수입을 '포베다 프로젝트'에 투자하는 방식으로 이루어진다. 이런 상황에서 우리 기업들은 북·러 합작투자회사의 러시아 지분을 사들이는 방식으로 손쉽게 한반도 철도 현대화 프로젝트에 참여할 수 있다. 러시아 지분에 투자하는 방식은 나진항에서 포항으로 러시아의 유연탄을 실어 나르는 '라진-하산 프로젝트'와 같이 '5·24조치'에 대해 예외로 인정된 바 있어 남북이 직접 경제협력을 당장 시작하기 어려운 조건에서 실현 가능성이 더 높은 방식이다.

특히 지난 2014년 12월 29일, 나진·하산사업과 같이 남북과 국제사회가 공유하는 경제협력 사업의 추진을 위해 정부와 긴밀히

협력하겠다고 밝힌 대통령 직속 통일준비위원회의 방침은 이와 같은 남북·러 3자 협력 방식의 실현가능성을 높여주고 있다.

물론 이와 같은 방식은 대기업 중심으로 실현될 가능성이 높아 중소기업의 참여가 배재될 수도 있다. 따라서 '5·24조치'를 해제하는 것만이 중소기업과 노동자들의 참여를 제대로 보장할 수 있는 선결조건이다.

한편 언론을 통해 북·중 사이에 추진되고 있는 것처럼 보도된 경의선 고속철도 사업[61]의 경우는 고속철도의 특성상 화물 수송보다는 국제여객을 수송하는 목적으로 추진될 가능성이 높다. 이와 같은 언론 보도 내용이 사실이라면, 한국이 경의선 고속철도 건설 사업에 '포베다 프로젝트'나 '라진-하산 프로젝트'와 같이 중국 측 지분을 사들이는 방식으로 참여할 수 있는 길이 열릴 수 있다. 이른바 남북·중 3자 경제협력 방식이다. 경의선 고속철도를 복선으로 만드는 비용도 9조4천억 원으로 적지 않은 규모인 것으로 알려져 있다. 이 사업이 시행된다면 열차 화물은 기존 일반 선로를 이용하고 여객은 고속철도를 이용하는 이원화된 철도교통이 구축된다.

---

61) 「통일부 "북한 고속철, 한국 참여 어려워"」, 『자유아시아방송』, 2013. 12. 23.

6. 대륙횡단철도 연결 사업 : 통일경제의 날개

경의선을 시베리아횡단철도(TSR) 등 유라시아 대륙횡단철도에 연결하면 한국경제의 물류비용을 결정적으로 줄일 수 있다. 아울러 물류비용 절감을 바라는 일본의 물류수송도 대륙횡단철도를 통한다면, 그 출발점인 부산항은 싱가포르, 상하이에 필적하는 국제물류기지로 발전할 수 있다. 바야흐로 한반도가 동북아 물류의 중심지로 부상할 수 있는 것이다.

대륙횡단철도 연결 사업은 실현가능성이 매우 높다. 남북을 포함해 중국, 러시아, 일본 모두 대륙횡단철도 연결에 이해관계를 갖고 있다. 중국은 이미 동북3성 개발과 태평양으로의 진출에 박차를 가하고 있고, 러시아는 푸틴 대통령 취임 직후부터 시베리아의 자연자원 개발과 극동지역의 물류 기능을 높이기 위한 노력들을 기울여 왔다.

이러한 중국과 러시아의 움직임은 기존의 중국횡단철도(TCR),

시베리아횡단철도(TSR)의 필요성과 가치를 한층 끌어올리기 위함이다. 당연히 중국과 러시아의 입장에서도 경제적으로 이익이 될 수밖에 없다. 일본의 경우도 대륙횡단철도 연결 사업이 실현된다면 유럽과의 교역에서 새로운 지평이 열리게 된다. 해상운송에 전적으로 의존하고 있는 일본은 물류비용을 줄이기 위해서라도 부산이나 북의 라선특구에서 출발하는 철도를 이용할 수밖에 없을 것이다.

대륙횡단철도 연결은 사업 추진과정에서 동북아 국가들의 협력을 필요로 하며, 이 과정에서 우리 경제의 영향력을 강화할 수 있는 계기가 마련될 수 있다. 대륙횡단철도 연결은 사실상 남북 사이의 철도 연결을 전제로 하고 있다. 그리고 남북 사이의 철도가 연결되어야 일본의 철도 이용가능성이 높아진다. 이러한 점에서 대륙횡단철도 연결은 동북아 내에서 남북의 입지를 강화시켜 나갈 수 있는 통로가 될 수 있다.

대륙으로의 철도 연결은 이미 가시화되었다. 북은 2013년 9월 22일, 나진항과 러시아 연해주의 하산을 연결하는 철도를 개통했으며, 2014년 7월 단둥과 신의주를 연결하는 신압록강대교까지 건설을 마무리하는 등 대륙철도 연결에 박차를 가하고 있다.

게다가 대륙횡단 철도를 연결하기 위한 국제적 환경도 마련되어 있다. 지난 2006년 부산 전시컨벤션센터(BEXCO)에서 열린 UN 아시아태평양경제사회이사회(ESCAP) 제3차 교통장관회의에서는 각국의 정부 대표들이 참석한 가운데 아시아횡단철도망

(TAR) 정부 간 협정이 체결되었다. 이 협정은 총 8만1,000km의 아시아횡단철도망을 구성하는 아시아 역내 및 인접국가 28개국을 협정 당사국으로 하는 다자간 국제조약이다. 협정이 체결된 이후 국가 사이에 통관절차 간소화, 철도운임과 운행조건 등에 관한 국제협정 체결 단계를 거치면 본격적으로 열차가 운행될 수 있다.

상상 초월하는 경제적 효과

남북 철도 연결을 통한 대륙횡단철도의 완성은 상상을 초월하는 경제적 효과를 유발시킬 것이다. 가장 먼저 떠올릴 수 있는 효과는 바로 운송거리와 운송시간의 단축효과다. 한국 화물이 한반도 횡단철도망(TKR)을 이용해 중국이나 러시아를 통과해 유럽으로 가는 노선은 바다로 돌아가는 것보다 운송거리를 크게 단축시킨다. 부산에서 유럽의 베를린까지는 12,485km로 해상 운송거리인 21,319km에 비해 운송거리가 절반 정도로 단축된다.

운송거리가 줄어드는 만큼 운송시간도 줄어든다. 해상운송은 부산항에서 출발하여 독일 함부르크항까지 28일 이상이 소요되지만, TKR-TSR 경로를 이용하면 17일의 운송시간이 소요된다. 결국 해상운송보다 약 11일 정도가 단축된다. 타 지역도 마찬가지로 철도운송을 이용하면 대체로 7~10일 정도의 운송시간이 단축되는 것으로 알려지고 있다.[62] 운송거리와 시간이 줄어들고, 여기에 철도

---

62) 송창훈(2003), 「한반도종단철도와 시베리아횡단철도의 연결이 한국 물류운

<표 4-10> 노선 및 구간별 물류비용 비교

	철도운송		해상운송	
	비용	시간 또는 거리	비용	시간 또는 거리
인천 - 남포	$132	355.7km	$800	354.2km
부산 - 나진	$453	1283.3km	$850	742.5km
부산 - 바르샤바	$1188	18일	$2250	28~31일
부산 - 모스크바	$1822	15일	$2130	30일

(자료 : 대한무역투자진흥공사, 『한반도 철도의 TSR 연결 프로젝트가 우리나라의 대러 교역 및 투자에 미치는 영향』, 건설교통부, 『경의선·동해선 참고자료』 등에서 재구성)

교통의 에너지 효율성까지 합쳐지면 운송비용은 확연히 줄어든다.

UN 아시아태평양경제사회이사회(ESCAP)의 연구결과에 따르면 한국과 유럽 베를린 사이에 철도운송은 해운운송에 비해 약 10,000km의 운송거리 단축과 평균 14~15일의 수송기간 단축 효과가 있으며, 이에 따라 1TEU[63]당 260달러의 수송요금 인하 효과가 발생할 것으로 예상하고 있다.[64]

UN 아시아태평양경제사회이사회(ESCAP)의 연구결과를 한국에 적용해본다면 어떻게 될까.

국토해양부에 따르면 2011년 전국 무역항의 컨테이너 처리실적은 2,155만1,000TEU라고 한다. 이 중 수출은 663만1,000TEU이며,

---

송에 미치는 효과 연구」, 한국외국어대 세계경영대학원./재인용 : 조영일 (2009), 「유라시아철도 연결이 우리나라에 미치게 될 경제적·물류적 효과 극대화 방안에 관한 연구」, 홍익대학교.

63) Twenty-foot Equivalent Units의 약자로 20피트(약 6m) 정도 크기의 컨테이너 1대 분을 의미.

64) 건설교통부(2002), 「남북 간 철도·도로 연결의 의의와 효과」

이 가운데 대륙횡단철도망을 이용할 수 있는 EU, CIS, 동유럽 국가로의 수출이 차지하는 비중은 15%이다.

UN 아시아태평양경제사회이사회(ESCAP)의 연구결과를 받아들여 1TEU당 260달러의 수송요금 인하효과가 있다고 가정하면, 약 1억7,241만 달러(원화 약 1,725억 원)의 비용절감 효과가 나타나는 것으로 추정할 수 있다.

위와 같은 분석들은 현재의 물동량을 기준으로 분석한 것이다. 하지만 대륙 철도가 연결되면 한반도를 통과하는 물동량은 크게 늘어날 것이다. 특히 유럽으로 운송되는 일본 및 동남아시아의 화물을 시베리아횡단철도로 운송하게 할 경우 물동량은 급속히 증가할 것으로 예상된다. UN 아시아태평양경제사회이사회(ESCAP) 보고서도 대륙연결철도가 완성된다면 일본 물량이 70% 이상을 차지할 것으로 전망했다.[65]

또 러시아의 안정적 발전이 확보되어 통관체제가 개선되고 TSR의 운영체제가 개선될 경우를 가정하면 한반도를 통과한 유럽과 동북아 지역 내 국가 사이의 물동량은 연평균 18%나 증가할 것으로 전망된다.[66] 물동량이 증가하면 할수록 물류비용 절감 효과는 더욱 커지게 된다. 나아가 한반도가 동북아 물류 거점으로 기능하게 될 가능성도 높아지게 된다.

---

65) 김익한(2002), 「대륙철도 연결의 기대효과에 관한 연구」, 서울산업대학교.
66) 안병민(1999), 「시베리아 횡단철도망(TSR) 활성화를 위한 한반도 종단철도(TKR)의 역할」, 한국시베리아학회.

대륙횡단철도 연결은 단지 물류비용 절감 효과만이 아니라 물류 통과 수입까지 가져다준다. 김익한은 2002년 당시 TSR의 컨테이너 운임 요율 0.13US$/km를 적용하여 남북의 예상 수입을 산출한 바 있다. 그는 2005년도에 한반도를 통과하는 물동량으로 인한 수입은 남측 461만 달러, 북측 1,013만 달러로 예상했다. 김익한은 대륙횡단철도의 운영조건을 개선할 경우 수입이 더 늘어나 남측 1,018만 달러, 북측 2,241만 달러로 남북을 합쳐 3,258만 달러, 한국 돈으로 최소 340억 원에 이를 것으로 추정했다. 이러한 운임 수입은 〈표 4-11〉에서 확인할 수 있듯이 시간이 지날수록 물동량이 늘어남과 더불어 지속적으로 증가할 것으로 예측되었고, 그 증가폭도 매년 확대될 것으로 추정되었다.

〈표 4-11〉 대륙횡단철도 연결 시 남북한 운임 수입 추정치

구분	운영조건 미개선시		운영조건 개선시	
	남한통과	북한통과	남한통과	북한통과
2005년	4,606	10,134	10,183	22,405
2006년	5,020	11,047	12,016	26,438
2007년	5,472	12,041	14,178	31,197
2008년	5,965	13,124	16,730	36,813
2009년	6,501	14,306	19,742	43,439
2010년	7,087	15,593	23,295	51,258

주 : 1. 컨테이넌 관리비 제외 2. 요율은 0.13US$/km 적용
자료 : 한국철도기술연구원, 교통개발연구원, 21세기국가철도망구축 기본계획수립연구.
재인용 : 김익한(2002), 「대륙철도 연결의 기대효과에 관한 연구」, 서울산업대학교.

이 외에도 물류 수송을 위한 부대 시설이용 등 관련 서비스 산

업의 수입 증가, 무역 경로가 대륙 국가로 다변화되면서 나타나는 대외 안정성 강화 등을 고려할 경우 대륙횡단철도 연결을 통한 경제적 파급 효과는 상상을 초월하게 된다.

대륙횡단열차를 이용한 동북아 경제협력은 이미 시작되었다. 갈루쉬카 러시아 극동개발부 장관은 시베리아횡단철도와 한반도종단철도를 연결하는 프로젝트에 국가 예산을 포함해 국가복지펀드 및 러시아철도공사 자금을 모아 프로젝트 실행에 150억 달러 이상을 투자할 방침이라고 《타스통신》과의 인터뷰에서 밝힌 바 있다.

이 사업은 이미 구체화되고 있다. 지난 2014년 11월 27일 북의 나진항에서 러시아의 유연탄 4만500톤을 실은 배가 포항으로 출발했다. '라진-하산 프로젝트'의 시범운영 차원에서 진행된 것이다. 이 사업은 러시아 하산과 북의 나진항을 연결하는 철도가 현대화되었기 때문에 가능했던 사업이다.

이와 관련 세르게이 라브로프 러시아 외무장관은 "석탄 공급 시범사업 결과 우리는 한반도종단철도(TKR)와 시베리아횡단철도(TSR)를 연결하는 구체적인 작업이 시작될 것으로 기대하고 있다. 이는 북·러 양자 및 남·북·러 삼자 관계의 틀을 뛰어넘는 중요한 인프라 프로젝트"라고 말했다. 또한 블라디미르 야쿠닌 러시아 철도공사(RZD) 사장도 '라진-하산 프로젝트'가 "한반도종단철도(TKR)를 이어나가는 또 하나의 첫걸음"이라며 상업적으로 충분히 가능성이 있는 만큼 한국기업들도 관심을 가져달라고 촉구하기도 했다.

한반도종단철도와 시베리아횡단철도를 연결하는 사업은 북한의 철도 현대화와 밀접하게 연관된 사업이다. 야쿠닌 사장은 "시베리아횡단철도와 관련해서는 북한의 철도 구간을 복구하는 것이 가장 중요한 관건이 될 것이다. 복구라는 것은 철도궤도 표준기준인 러시아 광궤(1,566mm)와 한국의 협궤(1,435mm) 표준에 부합하게 북한의 구간을 맞추는 것으로, 이미 기술이 충분하게 갖춰져 있기 때문에 가능할 뿐만 아니라 전혀 문제가 없다. 나머지 이해관계 부분에서 조율해야 할 점은 앞으로 진행하면서 맞춰나가는 것이 가능하다"고 기대감을 나타냈다.

경의선을 중국횡단철도와 연결하는 것과 더불어 경원선, 동해선 등을 시베리아횡단철도와 연결하게 된다면, 한반도 경제가 철도를 통해 날개를 다는 것은 시간문제일 뿐이다.

7. 관광 협력 : 고부가가치 산업으로
재조명 받는 관광

수출제조업이 구조적인 침체에 빠진 오늘날, 관광산업은 내수 산업 확장을 위한 하나의 대안 산업으로 재조명되고 있다. 관광산업은 일자리 만들기와 소득 증대 면에서 경제적 파급효과가 큰 산업이다. 한국은행 통계에 따르면, 관광은 매출이 100억 원 증가할 때 고용이 229명 늘어나, 수출 100억 원으로 인한 고용 79명 증가에 비해 새 배 가까운 효과를 내는 것으로 조사되었다.

관광산업은 종사자들의 소득을 늘리는 효과도 높다. 한국문화관광연구원의 2010년 11월 조사 결과에 따르면, 관광산업이 발전함에 따라 종사자들의 소득이 증가하는 효과는 전체 산업 평균보다 37.7%나 높게 측정되었다.

이러한 조사 결과는 결국 관광산업이 취약계층의 일자리 마련에 도움이 되며 소득 증대에도 기여하므로 사회 전반의 양극화 현상을 누그러뜨리는 효과를 기대할 수 있으며, 나아가 사회 전체의 소비 여력을 늘려 내수 경제를 활성화하는데 상당한 도움이 될 수 있다는 것을 보여준다.

금강산관광만 하더라도 경제적 파급효과가 상당했던 것으로 알려지고 있다. 남측 사업주체인 현대아산에 따르면, 금강산관광은 2008년 7월 전면 중단될 때까지 10년간 약 2,000억 원에 이르는 경제적 파급효과를 발생시키고, 2,000여 명의 일자리를 새로 만든 것으로 집계되었다.

게다가 남북 사이의 협력을 통한 관광산업은 민족 동질성 회복이라는, 숫자로 나타내기 어려운 중요한 기능까지 담당할 수 있다는 점에서 그 의의가 더욱 크다고 할 것이다.

날로 높아지는 남북 관광벨트 조성 가능성

관광산업 육성과 관련해 최근 북의 '관광대국'을 향한 행보가 주목된다.

《연합뉴스》가 인용 보도한 《조선중앙통신》에 따르면 북은 2014년 5월 2일 '원산-금강산지구 총계획'을 공개한 데 이어, 6월 12일 원산-금강산 지역을 국제관광지대로 정하고 집중적으로 육성한다는 내용의 최고인민위원회 상임위원회 정령을 발표했다고 한다.

이들 지역에는 북의 대표 관광지인 금강산과 5개 슬로프를 개방하고 본격적으로 운영을 시작한 동양 최대 규모의 마식령 스키

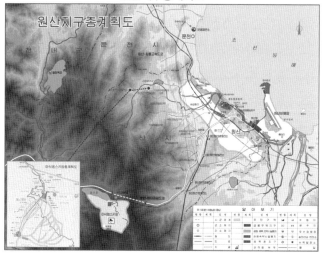

원산지구총계획도

장, 폭포소리가 4km 밖까지 들린다는 울림폭포, 고려시대 전통사찰인 석왕사 등 유명 문화재·관광지가 밀집해 있다.

2014년 4월 30일부터는 중국 지린(吉林)성 투먼(圖們)시와 함경북도 칠보산을 연결하는 중국인 관광열차도 개통됐다. 열차는 국경을 넘어 북의 회령·청진·경성을 지나 칠보산이 있는 명천역까지 연결되며, 관광객들은 온천욕, 민박 체험 등을 즐길 수 있다고 한다. 북은 자강도 만포시, 함경북도 청진시, 평안북도 동림군 등 다른 지역도 관광코스로 개발해 추가로 운영할 것으로 알려졌다.

북한의 관광산업 개발은 철도·도로 등 교통 인프라 개선과 함께 추진되면서 더욱 탄력을 받는 모양새다. 북한은 원산-금강산 지역을 찾는 관광객의 접근 편의성을 높이려고 원산시 중심부와 마식령 스키장, 울림폭포, 금강산지구를 연결하는 국제 관광도로와 고속철도 건설을 추진하고 있다. 《연합뉴스》가 인용 보도한 포털사이트 《내나라》에 따르면 북한은 러시아 관광객을 끌어들이기 위해 최근 평양과 모스크바·하바롭스크·블라디보스토크 관광열차 개통도 추진하고 있다고 한다.

외국인 관광객 수도 꾸준히 증가하는 것으로 나타나고 있다. 《연합뉴스》 보도에 의하면, 중국 단둥의 북한 전문 여행사는 "오는 10월까지 하루 평균 300명 내외의 중국인들이 북한을 찾을 걸로 내다보면서, 북한 관광이 올해 사상 최대의 호황을 누릴 것"으로 전망하고 있다고 한다. 관광객들은 대부분 중국인이지만 유럽 등 다른 나라에서 온 여행객들도 적지 않다는 게 중국 관광업계 관계자들의 전언이다. 북한 관광 상품을 취급하는 상하이 진장(錦江)여행사 관계자에 따르면 "유럽인 등 외국인들도 관심이 많아 예약자 가운데 5~10%를 차지하고 있다"고 한다.

이에 따라 북한은 관광산업 인력 양성에도 박차를 가하고 있는 것으로 보인다. 2014년 9월 10일 《자유아시아방송》이 《통일신보》를 인용한 보도에 따르면 북은 관광산업 육성을 위해 지방에도 호텔을 짓고 호텔 전문인력을 대대적으로 양성하고 있다고 한다.

이처럼 북한 당국이 추진하는 관광산업 육성 정책은 2014년 한 해 동안 가시적인 성과를 거둔 것으로 보인다. 사정이 이렇다보니 금강산관광을 비롯한 남북 관광협력을 정상화해야 한다는 목소리가 높아지는 것도 당연하다.

관광협력의 밝은 전망

사실 남북 관광협력은 1990년대 이후 성공적인 경험을 갖고 있다. 1998년 11월 18일, 금강산 관광객 937명을 실은 '금강호'의 출항은 분단 역사상 기념비적인 사건이었다. 뱃길을 통해서 외금강, 해금강 지역에서만 이루어지던 금강산관광은 2003년 9월 1일부터 육로관광 시대가 열리게 되었으며, 2007년 7월부터는 내금강지역으로까지 관광이 확대된 바 있다.

2003년 9월 15일에는 평양관광이, 2007년 12월에는 개성관광이 시작되기도 했다. 또한 남북은 2007년 정상회담에서 발표된 10·4 정상선언을 통해 "백두산 관광"을 실시하고, 이를 위해 "백두산-서울 직항로를 개설"하기로 합의하였다.

10·4정상선언의 합의대로 "백두산-서울 직항로"가 개설된다면, 이는 관광뿐만 아니라 남북의 경제 전반의 교류를 증진하는 데도 상당한 기여를 할 수 있다. 직항로를 개설하기 위해서는 항공운수에 관한 합의가 필요하며, 통관 체계에 대한 새로운 대안도 마련되어야 한다. 또 "백두산-서울 직항로"가 성공적으로 운영된다면, 앞으로 '서울-평양'을 비롯해 '서울-신의주', '서울-나선'과 같이 북의 주요지역과 경제특구를 연결하는 직항로도 얼마든지 개설될 수 있는 가능성이 열리게 될 것이다. 기존에 남북 사이에 연결된 도로망도 다시 관광 목적으로 활용될 수 있을 것이다.

남북 주민들의 자유왕래가 실현되지 않은 조건에서도 외국인을 대상으로 하는 남북연계 관광은 얼마든지 실현 가능하다. 이는 남북 관광협력을 한 단계 끌어올리는 하나의 효과적인 방법이 될 수 있다.

지금까지 남과 북을 모두 방문하고자 하는 외국인은 중국을 경유해야만 하는 불편함이 있었다. 남북 당국이 협력하여 외국인을 대상으로 하는 남북연계 관광상품을 내놓고, 외국인이 이용할 수 있도록 육로를 열어준다던지, 비행기 직항로를 개설한다면 관광 수익이 크게 늘 것으로 전망된다.

관광이 국민의 여가생활에 기반하고 있는 산업이고, 상대적으로 경기변동에 민감하게 반응한다는 단점을 극복하기 위해서는 한반도 내의 독특하고 아름다운 자연환경과 역사유적, 그리고 분단 현실 등을 종합적으로 반영한 특색 있는 관광 상품을 개발해야 한다. 그래야만 꾸준한 관광객 유치가 가능해지고, 관광산업이 민족경제의 균형적 발전에 기여할 수 있을 것이다.

이런 점에서 외국인을 대상으로 하는 남북연계 관광 상품으로는 한류 바람이 불고 있는 서울과 전형적인 사회주의 계획도시인 평양을 연계한 관광 상품을 생각할 수 있다. 서울과 평양을 연계한 관광 상품을 만들고 서울-평양 직항로를 개설할 수 있다면, 여기에 기존 한국 또는 북한의 국내 관광여행 상품을 결합하여 다양한 형태의 남북연계 관광이 가능해질 수 있다.

한반도의 아름다운 자연을 만끽하며 휴양할 수 있는 금강산-설악산 관광은 이미 설치되어 있는 도로와 남북출입국사무소를 활용한다면 얼마든지 실현가능하다. 이렇게 되면 금강산관광이 다시 열리는 차원을 넘어 한 단계 높은 수준의 관광으로 발전할 수 있으며, 저렴한 비용의 육로관광과 고급스러운 동해안 크루즈 관광 등으로 다양하게 구성할 수도 있을 것이다.

외국인을 대상으로 한 남북연계 관광이 실현된다면, 이는 한반도 평화통일에 기여하는 것은 물론 국제적 관광지로 거듭나게 되는 계기가 될 수 있는 가능성도 열게 될 것이다. 이러한 협력은 현재 북한 당국이 추진 중인 정책을 고려할 때, 그 실현 가능성이 2000년대에 비해 매우 높다고 전망된다. 금강산관광을 시급히 정상화하는 것은 그 시작이 될 것이다.

8. 과학기술 협력 : 기초 과학분야에 강점을 가진 북한

남북 과학기술 협력의 기대효과를 살펴보기 위해서는 북한 과학기술의 장점이 어디 있는지 잠시 가늠해 볼 필요가 있다. 2006년 개최된 민족과학기술학술대회를 추진했던 박찬모 포항공과대학교 총장의 평가를 들어보자.

"북측은 과학기술 중시사상을 국가정책으로 삼고 과학기술인재 양성과 연구개발에 최선을 다하고 있습니다. 특히 IT 분야에 중점을 두고 있으며 모든 산업체에 정보기술 도입을 장려하고 있지요. 게다가 어려서부터 훌륭한 과학자를 만들기 위해 금성 제1고등중학교 등 4개의 학교에 영재반을 두어 컴퓨터 교육에 전력하고 있다고 알고 있습니다. 국가적 차원에서 과학기술을 중시하다 보니 기초과학, 특히 수학에 매우 강합니다. 소학교 때부터 산수를 많이 가르쳐서 그런 것 같습니다.

또한 과학기술자들은 매우 성실하고 밤낮으로 열심히 연구활동을 하는 것을 봐왔습니다. IT 분야에서 본다면 하드웨어는 경제적 사정과 바세나르협약 등 규제로 매우 어려우나, 인간의 두뇌와 창의력만 있으면 좋은 제품을 만들 수 있는 소프트웨어 기술은 상당한 수준입니다. 국제컴퓨터바둑대회에 1998, 1999년 1등을 한 데 이어 최근에도 1등을 했다고 합니다. 핵물리 분야 등에서는 북이 우세한 것 같고요. 하지만 응용기술과 상업적 기술은 약한 것 같습니다."

실제로, 3차례에 걸친 핵시험을 거치며 사실상 '핵보유국 지위'를 확보한 북한은 2012년 12월 12일 은하3호-2호기 로켓 발사에 성공하면서 독자적인 위성발사가 가능한 세계 몇 안 되는 나라 가운데 하나가 되었다. 이러한 사실을 바탕으로 본다면, 북의 핵물리학이 상당한 수준에 올라섰음을 알 수 있다. 또한 인공위성을 우주 공간으로 안정되기 실어 나르는 로켓, 그리고 지구탐사 인공위성을 개발하기 위한 첨단 재료공학, 기계공학, 광학공학, 화학공학과 관련 제조기술을 갖추고 있음을 알 수 있다.

《통일뉴스》가 《조선신보》 2012년 12월 13일자 보도를 인용한 데 따르면, 선군경제노선을 채택한 북한은 국방 분야에서 이룩한 첨단과학기술의 성과를 적극 활용하여 경공업과 농업을 동시에 발전시키겠다는 구상아래 과학기술정책을 꾸준히 전개해왔다. 이러한 조건 속에서 자력으로 제작하고 발사 및 궤도진입에 성공한 인공위성은 북한 과학기술의 결정체이자 종합보고서에 해당한다.

북한 위성발사체 은하3호

인공위성 제작에 필요한 핵심공업은 공작기계다. CNC (Computer Numerical Control, 컴퓨터 수치 제어)로 대표되는 기계공업을 발전시키기 위해서는 강재가 필수적으로 요구된다. 2008년 12월 24일, 김정일 국방위원장은 천리마제강연합기업소 현지지도를 통해 철강 증산을 독려했고, 2009년 성진제강연합기업소는 주체철 생산체계를 완성했다. 이러한 가운데 2011년에는 북한의 핵심 기계

제작공장인 희천기계종합공장이 CNC 전용 제작공장으로 전환되었고, '어미 CNC'인 '11축복합가공중심반'을 제작하였다. 이는 북한이 사실상 세계적 수준의 CNC 생산기술을 갖추고 있다는 것을 보여주고 있다.

한편 인공위성에서 IT기술을 빼놓을 수 없다. 이미 2000년대 알려진 바와 같이, 북한의 IT기술은 소프트웨어 분야에서 상당한 수준에 이른 것으로 드러나 삼성전자를 비롯한 몇몇 주요 기업이 북한 당국과 합작기업을 창설하기도 했다. 최근 북한당국은 IT기술을 소프트웨어 상품 생산만이 아니라 생산의 자동화, 정보화를 목표로 발전시켜나가고 있는 것으로 보인다. 이는 IT기술과 CNC가 만나면 가능한 일이다. 이와 관련해 김정은 국방위원회 제1위원장은 지난 2013년 3월 개최된 전국경공업대회 연설을 통해 "생산능률이 낮은 설비들과 손로동이 많은 생산공정들을 현대적으로 개조하기 위한 단계별목표를 높이 세우고", "생산공정의 CNC화, 무인화를 실현"해야 함을 강조한 바 있다.

북한이 생산한 CNC설비(자료 : 북한정보포털)

북한 관영 《조선중앙통신》이 2014년 12월 29일 소개한 2014년 도 과학기술분야 성과도 참고할 만하다. 《통일뉴스》에 따르면, 《조선중앙통신》은 농업과학원의 다수확 우량품종 육성사업에서 성과가 있었으며 가뭄에 효과가 있는 모판 종합영양제 개발 및 도입이 이루어졌다고 밝혔다. 또 세포지구 축산기지 건설장에서는 토지개량방법, 부착활성제 생성방법, 소출 높은 새 품종 뚝감자 재배방법 등이 연구, 완성됐으며, 인공풀판 용배수체계 확립을 통한 종합토양관리기계가 제작됐다고 한다. 또한 석탄공업 부문에서는 새로운 발파기가 도입됐고, 전력공업 부문에서는 특고압 대용량 변압기를 단권화하는 새 기술을 개발, 기존 변압기를 통해 전력 안정성을 높였다고 한다.

이처럼 확인된 사실만을 놓고 볼 때, 북한 과학기술의 장점이 국방 분야에서 점차 민간분야로 확산되고 있으며 주로 기계, 재료, 화학, IT 등의 분야에서 강점을 보이고 있음을 알 수 있다.

남북 과학기술협력이 미래

북의 과학기술의 이러한 장점은 남쪽의 과학기술 현황을 볼 때 시사하는 바가 크다. 그것은 공교롭게도 주로 남쪽이 약점을 갖고 있는 분야에서 북이 강하다는 것이다. 한국은 핵과 로켓 관련 기술을 미국의 제재로 인해 개발 자체가 제약당한 상황이다. 게다가 삼성전자 등 주요 전기전자 업체가 세계적 수준에 도달하지 못한 분야가 소프트웨어 개발 분야다. 남과 북이 가진 과학기술의 장점을 교류 협력을 통해 발전시켜나간다면, 우리 민족이 원천기술의 외국 의존에서 벗어나 세계 과학기술의 첨단에 서게 될 날도 곧 오게 되리라 기대된다.

남북 사이에 과학기술 교류가 기대되는 분야는 이 외에도 많다. 대표적으로 의료분야, 신약 개발을 들 수 있다. 이미 남과 북은 중국과 함께 2006년 6월, 폭발적으로 늘어날 뇌신경계 질환의 치료제 개발을 위해 '동북아 신약개발 협력단'을 구성하고 연구개발에 돌입한 경험을 갖고 있다.

북한의 신약 개발 기술은 일정 수준에 오른 것으로 평가되고 있다. 대표적으로 2014년 5월, 신약에 나노기술을 접목시켜 간장 질환과 당뇨병, 암성질병들에서 효과적인 치료 결과를 내놓은 '나노금주사'를 개발, 국제특허를 신청한 바 있다.

북에서 대량으로 생산 가능한 희토류 등 지하자원을 이용해 남북이 신소재를 개발하는 협력, 풍력과 태양열 등 신재생에너지 개발, 농업분야에서 새로운 종자를 만드는 협력 등도 전망이 밝은 분야로 평가된다.

특히 풍력 발전은 북쪽이 큰 관심을 나타내는 분야다. 북한은 전략물자 기술이전 금지 대상인 태양에너지 기술보다도 자유롭게 쓸 수 있는 풍력 에너지에 큰 관심을 보여왔다. 한국과학기술단체총연합회의 이욱환 기획정책실장은 2007년 《한겨레》와의 인터뷰에서 "생산단위나 주거단위별로 송배전 시설 없이 필요한 만큼의 전기를 만들어 쓰는 풍력 발전에 북한이 많이 투자하고 있다"고 말했다. 손충렬 인하대 교수도 2007년 당시 김책공업대학을 중심으로 한 풍력 발전 연구성과가 호평을 받고 있다고 전한 바 있다.

자연사 분야에서는 2007년까지 계룡산자연사박물관 조한희 관장이 여러 차례 방북해 김일성종합대학과 협력·제휴 방안을 논의해왔다. 조 관장은 "민족동질성 회복에 과학문화 교류가 크게 기여할 것"이라며 "성과가 있다"고 말했다. 또 기생충이나 말라리아 같은 보건위생 분야의 주제들도 남북 과학기술 교류의 실질적 현안으로 거론되고 있다.

백두산도 남쪽 과학자들의 관심을 끄는 대상이다. 이 분야에선 진재화 한국지질자원연구원 책임연구원이 2004년부터 백두산 지질 연구에 관심을 기울여 왔다. 그는 "백두산 천지의 퇴적층을 통해 지구환경 변화를 살피고 향후 장기 변화를 예측할 수 있으며, 특히 동북아 기후에 큰 영향을 끼칠 수 있는 백두산의 화산 활동 가능성에 관심이 커 협력 연구를 모색해 왔다"고 말했다.

이처럼 미래 산업의 동력이 되는 정보기술(IT)·나노기술(NT)·생명공학(BT) 및 환경공학(ET) 분야는 남북이 모두 중요시하는 분야로써, 이 분야의 전문가들이 서로 발표를 하고 토론을 하며 함께 응용분야를 찾아 산업화로 연결한다면 남북 경제발전에 지대한 공헌을 할 수 있을 것이다. 일례로 BT, IT, NT기술을 연계한 것으로 우리 몸의 질병을 찾아내는 바이오칩 같은 것을 만들 수 있다.

이와 관련한 박찬모 포항공대 총장의 평가는 대단히 긍정적이다.

"북측의 소프트웨어 기술과 남측의 하드웨어 기술, 상업화 기술을 결합하면 좋은 결과를 얻을 수 있을 겁니다. 남측은 현재 우수한 소프트웨어 기술을 소지한 과학자들은 인건비가 높아서 어려움이 있는데, 북측 인력을 활용하면 이를 보완할 수 있을 것 같습니다.

또한 북측에는 희귀 금속이 많이 매장되어 있는데 이에 대한 남북 공동연구도 생각해볼 만하고요. 군사분계선 근방의 완충지대를 생태계 보호구역으로 정하고 동식물에 관한 연구도 공동으로 하면 세계에 내놓을만한 성과가 나올 수도 있습니다. IT 분야로 보면 애니메이션 분야와 가상현실 분야, 휴대전화에 들어가는 내장형 소프트웨어 공동개발 등도 좋은 아이템이 될 것 같습니다. 좀 더 장래를 내다보면 융합기술 분야에 공동연구과제를 선정하여 새로운 상품, 새로운 서비스를 개발하면 남북경제 활성화에 도움이 될 것으로 보고 있습니다."

남북 과학기술 협력 현황

그렇다면 실제 과학기술 교류 현황은 어떠할까. 남북 과학기술 협력의 구체적인 사례는 2001년 포항공대와 평양정보센터가 가상현실 분야 공동연구에 대한 합의서를 체결하고, 평양정보센터의 CAD소프트웨어(일명 '산악') 개발진들이 포항공대 컴퓨터공학과 가상현실연구실의 연구원들과 평양과 중국 단동을 오가며 연구개발을 진행한 것이 대표적이다.

또한 개성공단 사업자를 포함하여 KT, 삼성과 같은 국내 기업들과 북측 기업들 사이의 연구교류, 생명공학연구원, 과학기술기획평가원, 화학연구원, 지질자원연구원 사이에 진행됐던 교류도 있었다.

2006년 평양에서 개최된 민족과학기술토론회(자료 : 포항공대)

이러한 산발적인 기술교류는 2006년에 이르러 민족과학기술학술대회 개최라는 결실을 맺기도 했다. 평양 인민문화궁전에서 열린 이 대회에는 전체 참가자 200여 명 중 남측에서 25명, 재중국동포 10명, 재미국동포 7명, 재일본동포 1명이 참가하여 명실상부한 남북해외를 포괄하는 전 민족적 과학기술 교류가 성사되었다. 당시 대회에서는 「미래를 이끌 융합기술(Convergence Technology)」, 「경구용혈전용해제 '청곡키나제(형궁볼로정)'의 다기능적 특성에 관한 연구」 등 정보기술(IT)·나노기술(NT)·생명공학(BT) 및 환경공학(ET) 분야에서 총 90여 편의 논문 발표가 이어졌다.

기술협력을 앞당기기 위한 구체적 과제

이처럼 남북 사이에 과학기술 교류가 이루어지고 있지만 그 수준이 공동연구와 기술협력이 전면화된 단계에 이르지는 못하고 있다.

본래 과학기술 교류의 목적은 과학기술 경쟁력을 갖추자는 것이므로 이는 필수불가결하게 세계적 차원의 앞선 기술교류가 되어야 한다. 하지만 고차원적인 기술교류는 첨단과학기술이 민간 분야에서 군사적 목적으로 얼마든지 전용될 가능성이 있으므로 남북의 정치군사적 신뢰가 낮고 분단이 지속되는 한 한계를 가질 수밖에 없다.

실제로 북한에 대한 과학기술관련 제재는 바세나르 협정에 의해 국제적으로 가해지고 있는 형편이고, 미국은 여기에 자체적인 대외무역법을 통해 추가적인 제재를 가하고 있다. 따라서 남북 과학기술 교류협력은 '연합연방제' 방식의 통일이 높은 수준에서 진행되었을 때 비로소 본격적인 첨단 분야에서의 공동연구와 기술교류 및 이전이 가능할 것으로 예상할 수 있다.

남북 과학기술 교류를 높은 수준으로 끌어올리기 위해서는 남북 정부의 과학기술계 주요 인사들이 서로 만나 남북 과학기술 교류협력에 대한 기본계획을 세워야 한다. 특히 한국 정부는 교류를 제도적으로 저해하는 바세나르 협정과 같은 문제들을 해소해 주어야 한다. 민간 교류에 대한 자금지원을 해주어야 함은 물론이다.

이를 위해서는 2007년 합의된 남북경협공동위 산하에 과학기술 분과가 추가로 설치될 필요가 있다. 또한 이에 대한 법제도적 장치를 마련하기 위해 국회 과학기술정보통신위원회 산하에 남북과학기술협력소위원회를 설치해야 한다.

통일시대를 준비하기 위해 남북과학기술표준연구소를 설치할 필요도 있다. 이를 통해 서로 다른 남북의 과학기술 표준을 점차 하나로 통일해나가고, 그 과정에서 실질적인 과학기술 공동연구와 기술이전 등이 광범위하게 벌어지도록 해야 한다.

민간영역에서 시행할 수 있는 구체적인 과제로는 먼저 인적교류를 활성화해야 한다. 무엇보다 남북 과학기술 인재들이 다양한 만남과 교류를 통해 서로의 장단점을 파악하고 신뢰를 구축하는 것이 필요하다. 이를 위해서는 남북 대학들이 전방위적으로 자매결연을 맺고, 학생, 교수, 교직원들의 인적 교류를 시행해야 한다. 교환학생제도, 교환교수제도 등을 활용하면 될 것이다.

제5장 통일경제, 어떻게 실현할 것인가?

"기초적 신뢰구축(1단계), 경협의 전면화(2단계), 통일경제로의 진입(3단계) 등의 과정을 거쳐 완성될 통일경제의 전망은 매우 밝다. 미국의 대표적인 금융 독점자본인 골드만삭스는 2009년 '통일 한국의 GDP가 30년에서 40년 후 프랑스, 독일을 추월하고 일본까지도 앞지를 수 있을 것'이라며, '2050년 통일 한국의 규모는 미국을 제외한 대부분의 G-7 국가와 동등하거나 넘어설 것'이라고 분석한 바 있다."

1. 다방면 교류협력으로 촉진되는 통일 경제

　민족경제공동체 실현을 촉진하기 위해서는 다방면에 걸친 사회문화적 교류협력이 필요하다. 분단 70년 세월동안 서로의 생활문화가 많이 달라졌기 때문에, 교류협력을 무난히 벌여나가려면 언어부터 시작해서 조그마한 문화적 차이도 서로 이해하고 극복해야 한다.

　일례로 지난 2006년 평양에서 개최된 민족과학기술학술대회 당시, 남북 실무진들은 대회 개최 형식을 놓고 곤란을 겪은 바 있다. 남쪽에서는 일반적으로 주최·주관·후원 기관으로 구성되는 것이 통례인데 북에서는 주관이라는 말을 쓰지 않는다는 것이 그 이유였다. 당시 남측 실무진들은 북측 실무진에게 이를 한동안 이해시키느라 진땀을 흘렸다고 한다.

　물론 이 사례는 교류사업 자체를 불가능하게 만든 심각한 문제는 아니었다. 하지만 실제 남북교류가 왕성하게 전개된다면, 남북 간의 사소한 차이점이 사업 자체를 난관에 빠뜨리게 만들 수도 있다. 따라서 남북은 통일경제 실현을 위해 경제분야의 협력에만 신경을 쓸 것이 아니라 교육, 환경, 여성, 학술, 체육 등 다양한 분야에서 교류를 활발하게 벌여 사회문화적 차이에서 비롯되는 걸림돌들을 제거해나가야 할 것이다.

'겨레말큰사전'을 낳은 남북 언어분야 교류

남북이 서로의 차이를 해소해야 할 대표적인 분야는 바로 언어분야라 할 수 있다. 남과 북은 비록 같은 언어를 사용하고는 있지만 같은 사물이나 현상 등을 다르게 표현하기도 한다. 특히 외래어에서 이러한 현상이 두드러지는 것으로 보이는데, 이를테면 남쪽의 '아이스크림'이 북에서는 '얼음보숭이'로, '트랙터'는 '뜨락

2005년 8월 16일 서울 백범기념관에서 열린 겨레말큰사전 남북(북남)공동 편찬사업 보고대회

또르'로 통용되는 것 등이다.

남북은 지난 2005년부터 '겨레말큰사전'을 공동편찬하기로 결정하고 언어 분야에서부터 동질감을 회복하기 위해 노력하고 있다. 편찬 작업은 약 33만 개의 낱말의 뜻을 정리하는 '1차 집필'에 이어 남북이 집필원고를 서로 교환해 '교정·교열'하는 과정으로 진행된다고 한다. 하지만 이 사업은 이명박 정부 당시 '5·24조치'로 인해 완전 중단된 후 2014년 7월 29일 가까스로 재개되는 우여곡절을 겪기도 했다.

남과 북이 각자가 갖고 있는 언어의 장단점을 살피는 학술 토론이 활성화된다면 국민들 속에서 자연스레 좀 더 바르고 고운 말을 사용하게 될 것이며, 궁극적으로는 민족의 언어를 바른 방향으로 발전시켜나갈 수 있는 원동력이 될 것이다.

남북 공동교과서 편찬 사업

언어 분야 교류의 성과로 '겨레말큰사전'이 편찬된다면, 이 성과를 토대로 남북 어린이들이 함께 사용하는 교과서 편찬 사업을 시작해볼 수 있을 것이다.

다가올 통일시대의 주역은 누가 뭐래도 아동과 청소년들이다. 이 땅에 살고 있는 미래 세대는 마땅히 분단시대 대결의 잔재가 묻어나는 낡은 교과서 대신 통일된 우리 민족의 혼이 담긴 민족공동의 교과서로 함께 공부해야 한다.

남북이 함께 사용할 수 있는 교과서에는 어떤 과목이 있을까. 아무래도 국어, 수학, 과학, 역사와 같은 기초과목들이 우선적으로 가능할 것이다. 이 가운데서 단연 가능성이 높고, 또 필요성이 높은 과목은 역사로 생각된다. 근현대사를 제외한 일제강점기까지의 역사는 우리 민족이 분단되기 전 함께 공유해 온 역사다. 사실 우리 민족을 강점했던 일본과도 공동역사교과서 편찬사업을 진행했던 마당에, 같은 민족인 남과 북이 이를 못한다는 것은 말이 되지 않는다. 게다가 과거 한국사회에서 논란이 많았던 김일성 주석의 항일무장투쟁도 역사적 사실로 판명된 상황이다. 따라서 남과 북의 역사학자들이 함께 모여 토론한 내용을 바탕으로 교과서를 만든다면 우리 민족의 혼이 담긴 역사교과서를 얼마든지 만들어 낼 수 있을 것이다.

역사문화재 발굴 복원 사업

민족의 동질감을 회복시키면서도 경제적으로 의의가 있는 교류 분야는 바로 유물 유적 관련 분야다. 남과 북은 역사관련 분야에서 공동 학술교류나 발굴조사 등을 통해 우리 민족사의 실체를 규명하는 데 많은 노력을 기울여 왔다. 특히 남북은 이를 통해 대외적으로 중국의 동북공정에 대응하거나 일본의 군국주의 부활 움직임, 또는 독도 영유권 주장 등에 대처하기도 했다.

역사 분야에서 이루어진 최초의 남북 협력과 성과는 1993년 연

개성 만월대 남북 공동 발굴 현장(자료 : 통일부)

해주에서 진행된 발해유적 공동 발굴 작업이었다. 1993년 남북의
역사학자들과 고고학자들은 러시아 연해주 우수리스크 교외의 발
해 사원유적에서 분단 후 처음으로 공동발굴을 진행했다. 남측 방
송국까지 동참한 이 작업에서, 공동발굴단은 불상을 포함하여 봉
황과 연꽃모양이 새겨진 발해 수막새 기와를 발굴하는 등 큰 성과
를 올렸다. 이 유물들은 사료가 극히 적어 실체를 파악하기 어려
웠던 발해의 역사와 문화를 복원하는데 매우 중요한 단서가 되는
것들이었다.[67]

　이후에도 남북은 2000년 정상회담을 계기로 개성 영통사 복원
사업, 2003년 금강산 신계사 복원 사업 등이 불교계를 중심으로
이루어지기도 하였다. 2005년부터는 민간학술재단인 고구려연구
재단과 북의 사회과학원이 공동으로 평양일대의 고구려 유적에

---

67) 「1993년 남북학자, 발해유적 첫 공동 발굴」, 『시사뉴스라인』, 2011. 5. 27.

대한 학술조사를 진행했으며, 2006년에는 고구려연구재단과 김일성종합대학이 공동으로 평양 고구려 궁궐인 안학궁터를 발굴하기도 했다. 남북은 이를 통해 우수한 고구려의 건축과 토목기술에 대한 이해를 높이는데 기여했다.

특히 2007년부터 진행한 고려 궁궐터인 개성 만월대 공동발굴조사에서는 40여 동의 건물터와 청자를 비롯한 1,200여 점의 유물들을 수습하는 쾌거를 올렸다. 개성지역은 이 발굴조사의 성과를 토대로 유네스코 세계문화 유산으로 등재되었다.

남과 북이 문화재를 공동으로 발굴하고 복원하는 사업은 결국 관광자원화라는 측면에서 보더라도 그 의의가 자못 크다. 역사문화재 발굴 조사 사업은 남북의 민족적 동질성을 회복하는 동시에 관광산업 활성화에도 기여하는 효과적인 교류협력이 될 것이다.

남북 공동 발굴조사를 통해 출토된 유물. 왼쪽은 평양 고구려 안학궁터 공동발굴 조사에서 출토된 독특한 문양의 귀신기와. 오른쪽은 개성 만월대 공동발굴 조사에서 출토된 고려 유물(자료 : 통일부)

'단일기' 공동 입장을 낳은 체육교류

체육 분야의 경우는 1991년 세계청소년축구대회와 세계탁구선수권대회에서 단일팀을 구성하여 좋은 성과를 낸 경험이 있다.

1991년 포르투갈 리스본에서 개최된 세계청소년축구대회에서는 남북단일팀, '코리아팀'이 조별리그에서 아르헨티나를 꺾으며 8강에 진출하는 파란을 일으켰다. 같은 해 일본 지바에서 개최된 세계탁구선수권대회에서는 남측 현정화 선수와 북측 리분희 선수의 복식조가 단연 화제였다.

특히 이 대회에서는 남과 북이 힘을 합하여 '난공불락' 중국을 넘고 단체전에서 우승, 전 세계가 지켜보는 가운데 '단일기'가 게양되고 '아리랑'이 울려 퍼지기도 했다. 남북 단일팀의 1991년 세계탁구선수권대회 여자 단체전 우승은 2012년 영화 〈코리아〉로 각색되어 연간 관객동원 11위에 오르는 인기를 누리기도 했다.

각종 국제대회에서 '단일기'를 앞세우고 이루어진 남북 선수단 공동 입장은 2000년 시드니 올림픽을 시작으로 남북교류가 중단되기 전 2007년까지 총 9차례나 진행되면서 하나의 관례처럼 정착되기도 했다.

체육 분야의 남북 교류는 다른 분야에 비해 상당한 장점을 갖고 있다. 남북체육회담 대표였던 한양대 체육학과 이학래 교수는 "남북 체육교류는 경기력 향상이나 스포츠산업 발전이라는 체육 자체의 이익을 주기도 하지만, 분단이라는 특수상황 속에서의 체육

2003년 대구 유니버시아드대회에서 단일기를 들고 공동 입장하는 남북 임원 및 선수단(자료 :《민중의 소리》)

교류는 몸과 몸, 마음과 마음을 맞닿게 함으로써 다른 어떤 분야보다도 상호 신뢰와 동질성을 회복하고 화해분위기를 조성해 민족 공동체를 이루어 나가는 지름길이 될 수 있다"고 말했다.[68]

또 체육과학연구원의 성문정 연구원은 체육교류의 장점에 대해, 이미 남북 사이에 '경평전'과 같은 축구대회로 상징되는 남북 체육교류의 역사가 있고, 음악, 미술 등에 비해 훨씬 대중적이며, 국제 대회 규정으로 인해 남북 체육의 형식적 차이가 거의 없다는 점 등을 거론하기도 했다.[69]

이처럼 남과 북의 다방면적인 교류 협력은 민족의 동질성을 빠르게 회복시켜 경제공동체 형성을 촉진하는 효과를 가져다 줄 수 있다.

68) 「시드니 올림픽 남북 공동 입장으로 본 남북체육교류 역사」, 『오마이뉴스』, 2000. 9. 16.
69) 성문정(2008), 「정상회담 이후 남북체육교류의 전망」, 통일교육원.

2. 통일경제 재원 마련 방안

통일경제를 실현하기 위한 비용은 얼마이며, 그에 소요되는 재원은 어떻게 마련해야 할까. 4장에서 살펴본 경제협력 과제들은 넓게 보아 2007년 남북 정상이 합의한 10·4선언에 입각한 사업들이다. 따라서 통일경제를 추진하기 위한 사업비용은 10·4선언을 이행하기 위한 비용과 사실상 같다고 생각해볼 수 있다.

연간 3조 원이면 해결

10·4선언에서 합의된 경제협력 사업들은 경제 기반시설에 대한 투자가 상당부분을 차지하므로 초기 투자비용이 많이 들어가는 대신 이익이 회수되기까지 시간이 걸린다. 따라서 남북 경제협력 사업이 본격화되는 수준을 넘어 남북 각 지역 경제가 명실상부하게 서로를 보완하여 발전해나가는 공동체 수준에 이르기 전 단계에서는 재원 마련이 매우 중요하다.

〈표 5-1〉 10·4선언에 합의된 경제협력사업 이행에 필요한 자본 추산 결과

구분	철도 및 도로 등	개성공단 2단계	해주특구 등	총 합계
통일부	8조 6700억	3조 3000억	1조 1430억	14조 3000억
현대경제연구원	2조 5000억	2조 7000억	5조	12조

10·4선언에 합의된 사업들에 필요한 재원은 어느 정도일까? 2008년 9월, 통일부가 국회에 제출한 자료[70])에 의하면, 정부는 10·4선언 이행에 필요한 자금을 총 14조3,000억 원 정도로 추산하였다. 정부는 개성-신의주 철도 복선화 및 도로 개보수 사업을 포함한 사회간접자본 개발지원에 최대 8조6,700억 원이 소요될 것으로 보았으며, 자원 개발 사업에 5,000억 원, 농업협력에 1,230억 원 등이 소요될 것으로 추산했다. 그 외에도 개성공단 2단계 사업에 3조3,000억 원, 개성공단보다 규모가 큰 해주경제특구 및 인천-해주 직항로 개설 등 서해평화협력특별지대 개발에 1조1,430억 원이 들어갈 것으로 추산했다.

한편, 현대경제연구원은 2007년 10월 5일, 10·4선언에서 합의된 경제협력사업을 이행하는데 113억 달러, 약 12조 원이 투자될 것으로 추산한 바 있다. 현대경제연구원은 해주특구 개발에 약 5조 원, 철도 및 도로 등 사회간접자본 개발에 약 2조5,000억 원, 농업협력 등에 7,000억 원 등이 소요될 것으로 보았다.

개성공단이 2003년 6월 착공식을 가진 이후 처음으로 생산품이

---

70) 「10·4선언 합의사업 소요재원 추계」, 통일부.

반출되기까지 3년 정도의 시간이 걸렸고, 대규모 고속도로 및 철도 신설에 4~5년 정도가 필요한 사실을 감안해본다면, 10·4선언에 명시된 사업들을 동시다발적으로 착수해 나갈 경우 늦어도 5년 안에는 충분히 이행이 가능하리라 생각해볼 수 있다.

여기에 10·4선언에 포함되지 않은 서해유전사업에 투자될 자본 규모는 베트남 15-1 광구의 사례를 참조해 볼 수 있다. 한국석유공사에 따르면, 베트남 15-1 광구에 투자된 자금은 2000년 최초 개발에 착수한 때로부터 2013년까지 모두 15억5,096만 달러, 약 1조7,000억 원 수준이다. 서해유전을 일단 베트남 15-1 광구와 비슷한 규모로 개발할 경우, 북한 서한만 지역은 이미 탐사작업이 어느 정도 완료되었으므로 베트남 15-1 광구보다 오히려 비용이 적게 들 가능성이 높다.

10·4선언 이행비용 14조3,000억 원에 서해유전 개발비용 1조7,000억 원을 더하면 16조 원이다. 이를 5년으로 나누면 매년 약 3조원의 자금이 있으면 충분하다는 계산이 나온다. 연간 3조원이면, 총 22조2,000억 원, 직접적인 토지보상 비용까지 합할 경우 30조 원[71])이 투입되어 연간 최소 6조 원 이상 소요된 4대강 사업에 비해서 절반밖에 되지 않는 돈이다.

---

71) 「민주, '4대강 실제 예산' 35조8천억 원」, 『KBS』, 2009. 12. 18.

정부 재정으로 마련하는 재원

통일경제 재원은 정부 재정을 중심으로 마련되어야 한다. 민간
자본을 무분별하게 유치하려 한다면, 경제협력의 이익은 또 다시
일부 재벌과 외국자본의 수중으로 들어갈 것이 뻔하다. 따라서 통
일경제를 추진해나가는 3조 원은 최대한 기존 정부 재정에서 확
보해나가는 것이 가장 바람직하다. 3조 원 규모라면 정부 한 해
예산의 1%도 되지 않는 규모이므로 이를 확보하는 것은 크게 어
렵지 않을 것이다.

기존 재정을 활용할 수 있는 방안을 구체적으로 모색해보자. 대
표적이면서 직접적으로 남북 경제협력에 관계된 예산은 '남북협
력기금'이다. 남북협력기금은 남북 경제협력 사업에 직접적으로
쓰이거나, 민간영역의 교류협력 사업에 대출되는 형태로, 연간 약

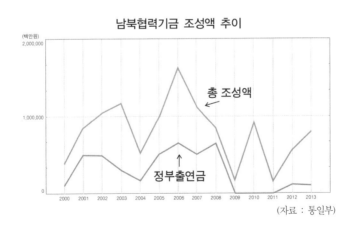

남북협력기금 조성액 추이

(자료 : 통일부)

1조 원 규모로 운용되어 왔다. 이 기금은 정부가 해마다 5,000억 원 가량의 예산을 출연하고 운용 수익과 기타 수입을 합하여 조성되어 왔지만 이명박 정부 출범 이후 예산 배정이 사실상 미미한 실정이다. 앞으로 남북 경제협력이 정상화된다면 '남북협력기금' 도 연간 최소 1조 원 규모로 조성될 수 있으며, 협력의 확대에 따라 그 규모 역시 늘어날 여지가 많다.

에너지와 자원 협력사업, 항만 개발 등 사회간접자본 관련 투자가 많은 남북 경제협력 사업의 특성을 보면, 이에 관련된 정부 예산과 정부가 공기업을 통해 지원하는 각종 해외 개발 자금을 사용할 수도 있다. 석유공사나 가스공사, 광물자원공사의 해외 에너지/자원 개발 자금이나 2조 원 규모의 해외 항만 개발 자금과 같이 기존 정부 재정에 포함되어 있는 이른바 '특별 회계'를 이용할 수도 있다. 한국석유공사의 '해외 유전 개발 자금', 한국가스공사의 '해외 가스전 개발 자금', 한국항만공사의 '해외 항만 개발 자금' 등이 여기에 해당한다.

해외 개발 자금을 남북 경제협력에 사용하는 방안은 이미 2007년 10월, 당시 권오규 경제부총리에 의해 제안된 바 있다. 권오규 경제부총리는 해주항 개발에 필요한 자원조달 방식을 예로 들며 "항만공사 등이 추진하고 있는 2조 원 규모의 '해외항만개발펀드' 로 마련할 수 있다"고 말한 바 있다.[72]

---

72) 「權부총리 "해주항, 2조 규모 '해외항만펀드'로 개발"」, 『데일리NK』, 2007. 10. 5.

이 외에 이른바 '에특회계'라 불리는 에너지 및 자원사업 특별 회계도 있다. 에너지 및 자원사업 특별회계는 2014년 기준으로 해외 자원개발에 약 2,000억 원 규모의 재정을 별도로 책정하여 지원하고 있다.[73] 특히 한국석유공사나 광물자원공사의 경우는 해마다 10조 원 이상의 규모로 전 세계적 범위에서 40개 사업에 신규로 참여하고 있으며, 이 가운데 본격적인 개발은커녕 탐사중인 사업만 전 세계에 100군데가 넘는다. 해외 유전이나 광산 개발 자금 중에서 이제 탐색 단계에 있는 사업의 경우는 사업성이 확실한 북한 지역의 유전과 광산 개발에 과감하게 투입하는 것이 훨씬 경제적일 것이다.

이처럼 기존 정부 예산만 합리적으로 이용해도 연간 3조 원의 종자돈은 얼마든지 마련할 수 있다는 결론이 나온다.

북한의 자체충당 가능성

통일경제 재원을 북한이 자체적으로 조달할 가능성도 열리고 있다. 북·미, 북·일관계가 정상화된다면 활용 가능한 자본도 자연스레 늘어날 것으로 보인다. 대표적인 자금이 바로 북한의 대일본 식민지배 배상청구권 자금(이하 대일 청구권 자금)이다.

대일 청구권 자금은 북한 입장에서도 민족경제공동체를 만들어가는 데 투자할 가능성이 높다. 북한이 받을 대일 청구권 자금 규

---

73) 「산업부, 올해 세출예산 7조8,000억 규모」, 『에너지신문』, 2014. 1. 2.

모는 확정된 바 없다. 이와 관련해 《시사인》은 2012년 9월 10일 보도에서 대일 청구권 자금 규모를 "100억 달러", 현재 가치로 약 11조 원으로, 《한겨레》는 2007년, "최소 50억 달러", 약 5조5,000억 원 이상으로 각각 추정한 바 있다.

《한겨레》는 2007년 당시 북한의 대일 청구권 자금에 대해, "북·일 수교가 이뤄질 경우, 최소 50억 달러 이상이 될 것으로 추산되는 북한의 대일 청구권 자금도 개발 재원으로 이용될 수 있다"고 보도하였다.

대륙횡단철도 사업과 같이 중국, 러시아, 일본 등이 모두 이익을 기대할 수 있는 사업의 경우는 남북 정부 당국이 이들 나라에서 장기 저리의 특별 자금을 유치해 볼 수 있는 가능성도 얼마든지 있다.

망상적인 '통일세'

하지만 일각에서는 연간 3조 원이면 충분한 남북 경제협력 사업을 마치 천문학적인 자금이 들어갈 것처럼 왜곡하면서 '통일세' 도입이 필요하다는 주장까지 등장하고 있다.

《조선일보》는 〈경협 비용 최소 50조… 결국 국민 부담〉이라는 2007년 10월 5일자 보도에서, 10·4선언 이행에만 최소 50조 원이 들어갈 것으로 부풀리면서 "'통일 비용'이라는 이름으로 증세, 적자 국채 발행 등을 통해 국민들이 부담하는 것이 불가피할 것"이라 주장했다. 이명박 대통령은 이에 화답하듯, 2010년 8월 15일, 65주년 광복절 경축식에서 "통일을 대비해 이제 통일세 등 현실적인 방안도 준비할 때가 되었다고 생각한다"며 이른바 '통일세' 도입 논란을 불러일으켰다.

이들은 남북 경제협력 방식을 6·15공동선언에 의거한 '유무상통' '공리공영'에 기초한 방식이 아니라 이른바 '흡수통일론'에 입각한 방식으로 채택하고 있다는 점에서, 비용이 필연적으로 과다하게 추산될 수밖에 없다. 흡수통일을 하게 되면, 그 과정에 빚어질 혼란과 피해는 차치하더라도 북측의 경제성장과 주민들에 대한 복지를 모두 남측 정부가 책임져야 한다는 결론에 이르게 된다.

하지만 6·15, 10·4선언에 기초하여 '유무상통' '공리공영'의 원칙아래 경제협력을 진행해나간다면, 저들이 말하는 "천문학적인 비용"은 애초에 발생하지 않는다. '연합연방제' 방식에 따른 체제 공존형 통일에서는 남북 각 지역의 경제는 본래대로 지역 정부가 책임지게 된다. 따라서 북의 경제를 남쪽 사회가 책임질 필요가 없으며, 북측 주민의 생활수준을 끌어올리는 책임을 남측 국민들이 부담할 필요도 없게 된다.

3. 통일경제는 어떤 단계를 밟아 완성될까?

통일경제는 기초적 신뢰구축단계(1단계), 경협의 전면화 단계(2단계), 통일경제로 진입(3단계) 등 3단계과정을 거쳐 완성될 것으로 전망된다.

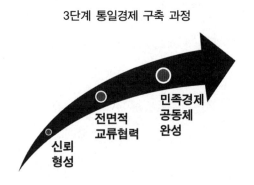

3단계 통일경제 구축 과정

1) 1단계 : 기초적 신뢰구축

통일경제를 원만히 추진하려면 남북이 서로를 믿을 수 있는 사회 전반적인 분위기를 먼저 조성해야 한다.

기초적인 교류협력도 남북이 서로를 헐뜯는 가운데 성과를 내기란 어려우며, 북미 사이에 군사적으로 첨예한 대치가 이어지는 가운데 평화적인 경제공동체를 만들기는 불가능하다. 통일경제를 원만히 추진해 나가려면 남북공동의 이익을 앞세워 화해와 단결을 위한 정치, 군사, 사회 여건을 만들어나가는 것이 필수적이다.

교류협력을 가로막는 대북적대정책

통일경제를 추진하기 위해서는 먼저 교류 협력을 조율하는 남북 당국 사이에 정치·군사적인 여건을 마련하는 것이 중요하다.

남북관계 개선에 대한 국민들의 열망은 '북핵 폐기', '북한 인권'을 앞세운 박근혜 정부의 대북정책으로 표류하고 있다. 박근혜 정부는 이명박 정부 시절부터 이어져오고 있는 남북교류 차단조치인 '5·24조치'를 고집하고 있으며, 6·15공동선언 등 남북정상 사이의 합의사항 이행을 거부하였다.

결국 '한반도 신뢰프로세스'라는 이름으로 등장한 박근혜 정부의 대북정책은 '비핵·개방·3000'으로 알려졌던 이명박 정부의 대북 적대정책과 근본적으로 다를 바 없는 대결정책에 불과하다. 이

2013년 3월 19일 한·미합동군사훈련인 키리졸브-독수리 연습 시 한반도 상공에 전개된 B-52 전략폭격기.(자료 : Federation of American Scientist, http://www.fas.org)

러한 조건에서는 통일경제를 추진하기는커녕 인도적 차원의 남북교류조차 제대로 진행되기 어렵다.

이들의 정책의 뿌리는 바로 미국의 대북적대정책이다. 동북아 패권을 유지하고자 하는 미국의 정책은 2013년 B-52전략폭격기, B-2 스텔스폭격기, 핵 잠수함 샤이엔 등 온갖 전략핵무기들을 한반도 상공과 주변 수역에 전개하는 군사훈련으로 나타났다.

북한이 미국 당국자들도 인정하는 "사실상의 핵보유국"이 되었고 『2014 국방백서』에서 밝힌 대로 북한 탄도미사일이 미국 본토를 사정거리에 두게 된 이상, 북한 상륙을 연습하는 등의 위험천만한 한·미합동군사훈련은 자칫 북한의 군사적 대응을 초래할 가능성이 있다.

미국의 대북경제봉쇄정책도 남북 경제협력에 직접적인 장애를 조성하는 주된 원인 중의 하나다. 미국은 대북경제봉쇄정책을 통해 컴퓨터와 같은 필수적인 사무용품이라도 군사적으로 전용될 수 있다는 가능성을 제기하며 북한으로 마음대로 반출할 수 없도록 하고 있다. 이와 같은 봉쇄 조치는 개성공단의 정상적 발전을 가로막아 왔고, 전면적인 남북 교류협력을 차단하는 결과를 낳고 있다.

대북적대정책을 화해협력정책으로

미국의 영향에서 자유로울 수 없는 남이 북과 항구적 평화정착과 경제적 실리라는 공동 이익을 최우선에 놓고 통일경제를 본격적으로 추진하기 위해서는 미국의 입김에서 상대적으로 자유로운 정책들 중에서 정치군사적인 신뢰를 조성하기 위한 최소한의 조치들이 필요하다.

무엇보다 기존의 남북 합의를 존중한다는 사실을 천명하고, 적극적으로 이행하려는 실천적인 모습을 보여주어야 한다. 남북 당국은 7.4남북공동성명, 남북기본합의서, 6·15남북공동선언, 10·4 남북정상선언 등 남북 사이의 주요 합의 중 최소한의 신뢰 조성을 위한 실천적 조치를 취해야 한다.

남북 간에 서로 비방·중상하지 않는다는 약속은 1972년 7.4남북공동성명의 합의사항이며 1991년 남북기본합의서 합의사항이

〈표 5-2〉 통일경제 실현을 위한 단계별 과제

구분	단계별 목표	경제 분야	그 외 분야
1단계 신뢰조성	·교류협력 여건마련	·5·24조치 해제 ·금강산관광 재개 ·민간 상업교역 허용	·상호 비방 중단 ·대규모 군사 훈련 축소 　내지 중단 ·민간 인도적 교류 재개
2단계 전면적 교류협력	·남북 지역경제 연계 　강화 ·경제공동체 토대 　구축	·4대 중점 분야별 과제 및 　10·4선언 협력과제 시행 ·4대 협력공사 설치	·당국간 각급 회담 및 협의 　체 가동 ·교류협력의 법제도화 ·남북 법제도 정비 ·서해 공동 경비 실현 ·종전선언
3단계 민족경제 공동체 형성	·경제공동체 심화 　발전	·경제공동체 중장기 발전계 　획 수립 및 집행	·민족통일기구 수립 ·평화군축

기도 하다. 그런 측면에서 현재 남북 당국 사이에 논평 등을 통해 연이어 증폭되는 상호 비방은 즉시 중단되어야 한다.

남북 모두 상호존중의 정신에 위배되는 정책을 추진하거나 언급하는 것은 근절해야 한다. 특히 이른바 '북한 인권문제'가 그러하다. 박근혜 대통령도 2007년 7월 《신동아》와의 인터뷰에서 북한 인권문제에 대한 질문에 "대화를 하려고 마주앉아서 인권 어떻고 하면 거기서 다 끝나는 것 아니냐"고 반문한 바 있을 정도로, 북한 인권문제는 남북관계의 최대 걸림돌 중 하나다.

하지만 새누리당은 내외의 우려에도 불구하고 '북한인권법안'을 추진하고 있다. '북한인권법안'은 북한에 대한 내정간섭으로 해석될 여지가 다분하다. 실제로 이해찬 의원은 "내정에 간섭하는 것은 관행으로서는 바람직하지 않다"면서 "다른 나라의 국내 정치 문제에 깊이 주장하거나 개입하는 건 외교적 결례"라고 주장하기도 했다.

미국은 2차 세계대전 이후 자신의 군사적 동맹국인 한국이나 사우디아라비아 등에 대한 '인권문제'에는 눈감은 채, 사회주의권에 대한 정치공세의 일환으로 '인권문제'를 지속적으로 제기해 왔던 전력이 있다.

따지고 보면 북한이 1990년대에 겪었던 경제난에는 미국의 경제봉쇄와 군사적 압박도 원인의 하나로 작용하였다. 따라서 분단모순 해결은 외면하면서 북한에 대해 '인권문제'를 제기하는 미국의 태도는 인권문제를 해결하기 위한 진정성이 있다고 보기 힘들다.

필수적인 군사적 긴장완화

군사분계선을 사이에 두고 벌어지는 남북 사이의 모든 심리전을 즉각 중단하며, 서해상에서의 무력 충돌 가능성도 철저히 차단해야 한다.

남북은 2004년 6월 4일 설악산에서 제2차 남북장성급 군사회담을 개최하고 ▲ 서해해상에서 함정(함선)이 서로 대치하지 않도록 철저히 통제할 것과 서해해상에서 상대측 함정(함선)과 민간 선박에 대하여 부당한 물리적 행위를 하지 않을 것 ▲ 군사분계선 지역에서 방송과 게시물, 전단 등을 통한 모든 선전활동을 중지할

2004년 6월 16일 오전 경기도 파주시 임진강변에 세워진 가로 4m, 세로 3m 크기의 대형 확성기가 대북 심리전단 소속 병사 15명에 의해 철거되고 있다.
(자료 : 국방부)

것 등을 합의, 실천한 전례가 있다.

남북은 상대방을 자극할 수 있는 대규모 전쟁연습을 전향적으로 축소하고 남북관계 개선에 따라 점진적으로는 중단할 필요가 있다.

대규모 전쟁 연습은 한반도의 군사적 긴장을 높일 수밖에 없다. 게다가 각종 핵무기를 탑재한 잠수함과 항공모함까지 동원된 전쟁 연습이 군사분계선 코앞에서 벌어지고 있다는 것은 위험천만한 문제이다. 특히 키리졸브 훈련과 을지프리덤가디언 훈련으로 대표되는 대규모 전쟁연습은 필연코 그에 상응하는 북한의 군사적 대응을 불러올 수밖에 없고, 이는 곧 남북교류의 위축, 단절을 불러오게 된다. 우리는 한반도 내에서 통일경제 추진을 위한 정치 군사적인 여건을 마련해서 협력에 지장이 없도록, 나아가 협력을 적극화할 수 있도록 도와주어야 한다.

위험천만한 대북삐라 살포

정치군사적인 여건을 마련하는 것과 함께 사회문화적인 분위기도 조성되어야 한다.

남북 화해와 단합을 저해하는 대표적인 사회현상이 바로 일부 탈북자단체들이 자행하는 대북삐라 살포다. 대북삐라 살포는 상호 비방을 하지 않기로 약속한 남북 간의 합의에 위배되며, 심지어 그 목적을 '북한 정권 붕괴'에 두고 있는 대표적인 남북대결 행위다. 대북삐라 살포를 주도하고 있는 '북한민주화추진연합회(이하 북민련)'에는 북한민주화운동본부, 북한인민해방전선 등 북한에 대한 반체제 성격을 전면에 내건 단체들이 망라되어 있다. 또한 북민련 김성민 위원장이 대표로 운영하는 '자유북한방송'의 주장에 따르면, 북민련은 "북한 주민들의 자유와 해방을 위한 새로운 결사체"라고 한다. 탈북자가 운영하는 인터넷 매체 《뉴포커스》 대표인 장진성은 북민련의 결성과 관련하여 "그동안의 단체활동을 통해 검증되고 선발된 20여 개의 우수한 핵심조직들로 구성됐다"고 평가하기도 하였다. 이들의 주장을 종합해본다면, 북민련은 사실상 북한 체제 붕괴를 위해 활동하는 단체인 셈이다.

탈북자단체의 대북삐라 살포는 북한의 거센 반발을 불러일으킬 수밖에 없다. 북한은 대북삐라 살포행위가 자신들의 정권 붕괴를 목적으로 하므로, 살포 장소인 임진강 주변 지역에 대해 "조준격파"하겠다는 의지를 천명했으며, 실제 2014년 북한 방향으로 날아오는 삐라가 든 풍선에 조준 사격을 가하기도 했다.

그러나 한국 정부는 탈북자단체의 대북삐라 살포행위가 '자유민주주의' 체제에서 구속할 수 없는 민간활동이라며 이를 방기하고 있다. 당국의 이러한 해명은 "대북전단 살포로 우리 국민의 생명과 신체가 급박한 위협에 놓이고, 이는 기본권을 제한할 수 있는 '명백하고 현존하는 위협'으로 볼 수 있다"고 판결한 의정부지법의 판례를 보아도 설득력이 없으며, 삐라 살포가 남북의 군사적 충돌까지 불러올 수 있는 위험천만한 행위라는 점에서 반드시 중단시켜야 할 것이다.

민간단체의 행위에 대한 정부의 이중 잣대도 심각한 문제다. 정부 당국은 탈북자단체의 대북삐라 살포와는 달리, 대통령과 정부

대북전단 살포를 반대하는 접경지역 주민들과 시민사회단체들(자료 : 한국진보연대)

를 비판하는 전단 살포에는 명예훼손, 건조물 침입죄를 적용하여 처벌하고 있다. 탈북자단체의 북한 정권 붕괴를 위한 행위는 보호해주어야 할 '표현의 자유'인데, 대다수 시민들의 민주주의에 대한 요구는 '불법행위'로 매도하는 정부의 이중적 잣대는 지탄받아 마땅하다.

화해와 단합을 바라는 남북 전체 겨레의 의지와는 배치되는 삐라살포와 같은 대결적 행위는 얼마든지 정부가 나서서 법적으로 대응할 수 있는 문제다. 북한을 비방하는 일부 탈북자단체의 대북 삐라 살포는 당장 근절되어야 한다. 물론 북측 당국도 남측 정부를 자극하는 대남삐라 살포 행위를 중단해야 남북 간 신뢰가 뿌리내릴 수 있을 것이다.

남북의 언론환경 개선해야

남북 화해와 단합을 위해 언론환경도 중요하다. "개성공단은 북한의 현금인출기"라는 자극적 보도로 인해 개성공단이 실제 중단되기에 이른 사태에서 보듯이, 언론의 보도 행태는 남북관계에 실제로 중대한 영향을 미치고 있다. 이명박 정부 이후 남북관계가 단절되면서, 언론의 북한관련 보도 행태는 최소한의 사실 확인조차 거치지 않은 채 각종 추측성 기사가 난무하는 실정이다.

언론의 북한관련 보도는 국민들의 대북 인식에 상당한 악영향을 주고 있다. 이처럼 사실 확인이라는 최소한의 양심마저 버린

보수언론의 행태는 화해와 단합, 나아가 통일을 지향해 나가는 우리 민족에게 아무런 쓸모도 없는 '황색잡지' 수준의 대북 보도만 양산하고 있다.

대북 보도 행태와 관련한 사실 확인 논란은 평양에 남측 언론사 소속의 기자 한 두 명만 파견되어도 금방 해결될 수 있는 문제다. 가장 기본적인 사실관계조차 왜곡하여 보도하는 보수언론의 대북 보도 행태는 민간 교류협력이 정상화되면 자연스레 해소될 수밖에 없다.

물론 북한 당국도 대남비방 보도를 자제해야 하며 남측에 대한 보도에서 신중성을 높여야 함은 재론할 여지가 없다.

이산가족 상봉 적극화해야

정부 당국은 최소한의 인도주의적 민간교류를 적극화해야 하며, 나아가 민간 교류협력을 전면 차단시킨 '5·24조치'를 해제해야 한다. 또한 외국 통신사와 방송사에만 허용하고 있는 언론사의 평양 진출을 허용하여 남북 언론교류도 본격화해야 할 것이다.

이산가족 상봉도 정례화 할 수 있는 분위기를 만들어야 한다. 전쟁과 분단으로 인한 직접적 피해자인 이산가족의 상봉은 겨레의 화해와 단합을 향한 상징과도 같다. 당연히 이산가족 상봉이 갖는 사회적 의미 또한 클 수밖에 없다. 이처럼 남북 공동의 이익을 최우선에 놓고 화해 협력적인 사회 분위기를 마련하는 것은 남

이산가족의 눈물겨운 상봉장면(자료 : 통일부)

북 교류협력을 발전시켜 나가기 위한 원동력이 될 수 있다.

2) 2단계 : 경협의 전면화

상호 비방 중단과 적대적인 군사훈련의 변경·축소 조치를 시작으로 초보적인 남북 당국 간 회담이 재개되기 시작하면 남북 경제협력은 점차 2007년 수준으로 회복될 수 있으며, 전면적 교류협력 시대를 열게 될 것이다.

경제공동체의 기반 마련

2단계는 남북 각 지역경제 요소와 기업 사이의 연계를 늘리고 경제공동체의 기반을 마련하는 것이 핵심목표다. 이를 위해 1단계에서 재개된 남북 경제협력 사업을 전면적으로 확대 심화해 나가야 한다. 특히 철도·도로 등 사회간접자본에 대한 투자 사업을 본격화하는 것이 중요하다.

구체적으로는 4장에서 제시했던 서해유전과 희토류 등 에너지·자원 협력사업, 경의선 철도 및 도로 개보수와 대륙 간 횡단철도 연결 사업, 농업 생산력을 늘리기 위한 협력사업, 과학기술 협력 등 주요 과제들을 본격적으로 하나하나 시행해나가야 한다.

2단계에서 중요한 지점은, 재개된 남북 협력사업이 또 다시 중단되지 않도록 이를 제도화하는 법적 조치들이 필요하다. "다시는 정세 변화에 의해 개성공단이 중단되지 않도록 하겠다"고 합의한 사례와 같이, 남북 당국은 교류협력 사업 전반에 걸쳐 이와 같은 조치를 취해야 할 것이다.

이와 같은 과제들을 적극화하기 위해서는 정부 당국 주도의 경제협력이 필수적이다. 또한 각각의 교류협력 사업 분야에 대응되는 남북협력공사를 설치하게 된다면, 교류협력을 지속적으로 추진해나가는 데 상당한 의미를 가질 수 있다.

특히 서해 어장에 대한 남북 공동경비를 실현하고, 과도적 정전협정으로 관리되고 있는 한반도 분단체제를 '종전선언'과 평화협정 체결 등을 통해 영구히 종식시키는 등, 민족경제공동체를 정치적·군사적으로 안전하게 담보하는 조치들이 취해져야 한다.

따라서 2단계는 사실상 6·15남북공동선언과 10·4남북정상선언의 합의사항들을 정부 당국 주도하에 전면적으로 이행해 나가는 단계가 된다. 교류 협력 시대가 활짝 열리고, 철도와 도로 등 산업 기반이 확충되면서 민족경제공동체의 토대가 마련된다. 3단계로 돌입하기 전까지 예상되는 기간은 각 사업의 소요 기간을 고려했을 때 5~10년이면 충분하다고 판단된다.

공리공영(公利公營) 원칙 구현하는 정부 주도 협력

2단계에서 제기되는 사업들을 원만히 추진해나가기 위해서는 사업 전반에 걸쳐 공익성을 강화하는 것과 동시에, 주요 사업들을 계획성 있게 추진해나가야 한다.

통일경제를 하자는 것은 결국 서민을 위한 경제를 만들자는 것이며, 파탄지경에 이른 민생에 대전환을 일으키자는 것이다. 이를 위해서는 남북 경제협력 사업에서 발생하는 수익이 사회 구성원들에게 고루 분배될 수 있도록 해야 하며, 이윤 추구만을 절대화하는 일반 기업의 논리를 적절하게 조절하고 통제할 수 있어야 한다.

물론 남북 경제협력 사업에서 재벌을 비롯한 한국 내 기업들의 참여는 중요하며, 또 배제되어서도 안 된다. 하지만 남북 경제협력 사업에 참여하는 기업들이 자기 이익을 최우선하는 기존 경영 방식을 고수할 경우, 남북 경제협력의 성과는 노동자·농민 등 서민계층에게 돌아가는 것이 아니라 일부 재벌과 기업주들에게만 편중될 것이 분명하다. 따라서 남북 경제협력 사업은 4대강 사업과 같이 재벌 대기업을 우선으로 진행되는 사업이 아니라 개성공단처럼 중소기업을 배려하는 협력 사업이 되어야 하며, 수출중심 기업보다는 내수를 겨냥한 기업을 배려해야 한다.

또한 남북은 경제협력 사업을 계획성 있게 추진해나가야 한다. 민족 전체가 부강번영하기 위해서는 남북의 경제가 골고루 발전해나가야 한다. 이를 위해서는 남과 북 각각의 장단점을 고려한 산업을 육성하고 재배치, 조정할 필요가 있다. 남북 경제가 골고루 발전하는 가운데 서민에게 그 혜택이 돌아가게 하기 위해서는 경제 각 분야별로 중장기 경제협력계획을 수립하는 것이 필수적이다.

이처럼 남북 경제협력사업의 공익성을 강화하고, 계획성 있게 사업을 추진해나가려면 남북 당국의 주도적 역할을 더욱 높여야 한다. 정부 당국은 "정부의 역할은 민간의 경제활동을 도와주는 데 있다"는 식의 신자유주의적 논리를 내세워 소극적 자세로 경제협력에 임하기보다는, 서민 경제를 살리기 위해 적극적인 정책적 대안을 제시해야 한다.

남북은 10·4선언에서 합의한 바와 같이 부총리급 남북경제협력공동위원회와 분과위원회에서 분야별 실정에 맞는 중장기 협력계획을 수립할 수 있다. 일례로 경협공동위 산하에 농수산분과위원회는 장기적인 남북 식량수급 계획을 수립할 수 있을 것이다.

남북이 머리를 맞대고 중장기 협력계획을 세워나간다면, 각자의 경험을 십분 살려 시행착오를 줄이며 더 나은 방향으로 서민

경제를 만들어갈 수 있을 것이다.

경협공동위로 전면화 되는 남북협력

남북 당국이 경제협력을 앞장서서 추진해나가기 위한 조치는 남북정상회담에서 합의하고 발표한 6·15공동선언과 10·4정상선언에 모두 밝혀져 있다.

경제협력을 추진해 나가기 위한 남북 공동의 협의체는 2000년 남북정상회담 이후 설치된 바 있는 차관급 남북경제협력추진위원회(이하 경협추진위)로 출발했다. 경협추진위는 2000년부터 2007년까지 남북 경제협력의 큰 방향을 설정하고 경제협력 과정에서 제기되는 다양한 분야의 실무적 문제들을 풀어나가는 하나의 사령탑으로 기능했다.

그러나 경협추진위는 남북 경제협력이 다방면에 걸쳐 확대됨에 따라 차관급이라는 권한의 한계로 인해 그 기능을 원활히 수행하기 어렵게 되었다. 이에 따라 2007년 남북정상회담에서 합의된 10·4선언에서는 기존의 경협추진위를 부총리급으로 격상하여 그 권한을 대폭 강화하는 남북경제협력공동위원회(이하 경협공동위)로 개편하기로 결정했다.

경협공동위는 확대 심화되어가는 경제협력을 남북 당국이 원만히 추진해나가기 위해 부총리급 위원회 산하에 다양한 경제협력 과제들을 구체적으로 다루기 위한 분과위원회를 별도로 설치하는

2005년 7월 9~12일 서울에서 열린 남북경제협력추진위원회 제10차회의 장면

조치도 취하였다.

　남북은 2007년 12월 4일 서울 홍은동 그랜드 힐튼호텔에서 '남북경제협력공동위원회 제1차 회의'를 갖고 경협공동위 산하에 도로, 철도, 조선 및 해운, 개성공단, 농수산, 보건의료·환경보호 협력 등 6개 분과위원회를 설치하는 한편, 각 분과위원회의 추진일정을 합의74)하기도 하였다. 각 분과위원회의 설치는 기존에 추진되어오던 개성공단 사업과 금강산 관광 외에도 10·4선언에서 새롭게 합의된 다양한 남북경제협력 사업을 본격적으로 추진해나가는 계기가 되었다.

　대표적인 사례가 바로 남북철도와 도로연결 사업이다. 2008년

---

74) 남북회담본부, 「남북경제협력공동위원회 제1차 회의 결과」, 2007

1월 29일, 개성에서 개최된 남북철도협력분과위원회 제1차 회의에서는 ▲ 개성-신의주 철도 개보수 문제 ▲ 문산-봉동 간 화물열차 운행문제가 구체적으로 협의75)되었다. 특히 개성공단의 화물을 실어 나르기 위한 문산-봉동 간 화물열차 운행과 관련해서는 판문역 출입절차를 간소화하고 운송 가능한 화물종류를 확대하는 등 화물운송 증대방안에 대해서 실무적인 토의가 이루어졌다.

또 2008년 2월 12일, 개성에서 개최된 남북도로협력분과위원회 제1차 회의에서는 ▲ 개성-평양 고속도로 개보수를 위해 작년 12월 두 차례 실시한 공동현지조사결과에 대한 보고서를 채택하고 ▲ 공동이용 ▲ 정밀조사 ▲ 공사범위와 방법 등 실무적 문제들을 협의76)하기도 하였다.

그 외에 분과위원회에서도 조선협력단지 건설문제, 민간선박의 해주직항로 통과문제, 농축산업 협력 시범사업으로 5천 마리 규모의 양돈사업 실시 등 다방면에 걸친 남북경제협력사업이 첫 삽을 뜬 바 있다.

이처럼 부총리급 경협공동위와 산하 분과위원회 설치는 남북 당국이 각급 경제협력 사업을 전면화하였으며, 좀 더 계획적이고 체계적으로 추진해나가는 데 있어서도 큰 도움이 되었다. 앞으로 남북경제협력은 10·4선언에서 합의되어 설치된 경협공동위와 각 분과위원회를 정상화하는 것을 기본으로 남북 당국의 역할을 더

---

75) 남북회담본부, 「남북철도협력분과위원회 제1차 회의 결과」, 2008
76) 남북회담본부, 「남북도로협력분과위원회 제1차 회의 결과」, 2008

욱 강화해 나가야 할 것이다.

공기업의 역할

정부 당국이 남북 경제협력 사업의 공공성과 계획성을 담보하면서 추진해나가려면 공기업이 제 몫을 다 하게끔 만들어야 한다.

공기업은 전기·수도·가스·전신전화·철도운수 등 국민들의 일상생활에 절대적으로 필요한 서비스를 제공하기 위해 정부가 설치하거나 정부가 출자한 기업형태를 말한다. 공기업은 공익을 목적으로 설치된 근본 취지에 맞게 국민을 상대로 한 필수적인 서비스를 중단 없이 제공하는 것이 우선적 책무이다. 공기업은 사업을 통해 발생한 이익을 저소득층 등 사회 취약계층을 대상으로 비교적 저렴한 가격에 서비스를 제공하는 데 이용할 수 있으므로 사회 양극화 현상을 완화·해소하는데 크게 도움을 줄 수 있다.

공기업이 남북경제협력 사업의 주체로 참여하게 해야 협력사업의 공익성을 원만히 담보할 수 있다. 공기업의 참여는 남북 당국 사이의 정책집행을 원활하게 하기 위해서도 필수적이다. 남북 당국 사이의 협의에 따라 진행될 장기적인 경제협력 사업을 이윤 추구를 절대시 하는 민간 기업을 중심으로 추진하면 우여곡절을 피하기 어렵다.

공기업이 제 역할을 다 한다면 중소기업 육성에도 커다란 도움을 줄 수 있다. 공기업이 협력사업의 주도권을 쥐고 중소기업을 이끌어 주면 중소기업 배려도 원만히 수행된다. 중소기업 육성은 중소기업에 종사하는 대다수 노동자들의 생존권을 지키는 문제이자 새로운 고용을 창출할 수 있는 유력한 방안이다. 임금과 토지 임대료 등에서 높은 특혜를 받는 개성공단 입주 중소기업의 사례를 발전시켜 간다면, 앞으로 남북경제협력 과정에서 중소기업을 우대하여 재벌 중심 경제에서 벗어날 수 있는 단초를 마련할 수 있고 새로운 성장 동력을 마련할 수 있는 가능성도 높아진다. 남북협력사업에 중소기업의 참여를 현실적으로 보장하기 위해서는 정부의 정책적 배려가 필수적이며, 이를 공기업의 사업 발주 과정에서부터 보장해 나가야 한다.

향후 육성해 나갈 중소기업은 북한 기업과의 합영·합작을 장려해야 한다. 한국 기업은 합영·합작을 통해 북한 내에서 안정적인 내수시장을 확보할 수 있다. 또한 북한 기업과의 합영 합작은 북의 원자재를 생산에 활용할 수 있는 가능성을 더욱 높일 것이다. 이렇게 되면 '내수 중심의 합영·합작'을 원칙으로 '유무상통'을 전면화하고 8,000만 경제공동체의 내수 기반을 마련하며 대외의존경제를 탈피할 단서를 마련할 수 있는 것이다.

중소기업 육성의 방향은 경공업 중심에서 출발하되 첨단산업으로 발전해야 한다. 이를테면 의료정밀기기, 신소재 개발, 자동차 부품, 소프트웨어, 대체에너지 개발, 생명공학 같은 분야가 여기에 해당될 수 있다. 첨단 산업을 장려해야 더 많은 부가가치가 발생되고 남북경제에 더 많은 이익이 돌아가게 된다.

이처럼 정부 당국이 공기업을 통해 사업의 공익성을 담보하면서 중소기업을 육성해 나간다면 한반도 경제를 "자립성 튼튼한 경제, 중소기업으로 발전하는 경제, 노동자 서민이 잘사는 경제"로 만들 수 있다.

3) 3단계 : 통일경제로 진입

하나된 민족 경제, 부강번영한 우리 미래

통일경제를 실현하기 위한 마지막 단계는 민족경제공동체를 부단히 완성해나가는 것이다. 이에 따라 남북 당국은 2단계에서 마련된 민족경제공동체의 토대에 기반하여 본격적인 통일경제 시대를 열게 된다. 민족 공동 식량계획, 한반도 국토관리 계획 등 분야

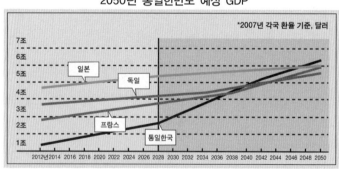

2050년 통일한반도 예상 GDP

(자료 : 골드만삭스, 2009)

별 중장기 발전 계획이 만들어지고 이에 따라 민족경제공동체는 전체 민족의 힘으로 확고한 발전 궤도에 올라서게 될 것이다.

8,000만 겨레가 화합, 단결함에 따라 남북 대결정치는 설 자리를 잃고, 반북·종북 이념 공세도 역사의 유물이 될 것이다. 반면 갈대마냥 흔들리는 민주주의는 한반도 평화체제 아래 확고히 정착되고 노동자·농민 등 서민을 대변하는 정치가 시대의 흐름으로 자리 잡게 될 것이다. 노동자·농민 등 서민의 지위도 지금과는 비할 바 없이 향상될 것이다.

세계적 경제 강국으로 부상

통일경제의 전망은 매우 밝다. 통일연구원 김영윤 선임연구위원은 10·4선언에서 합의된 경협 사업이 성공적으로 추진되면 한국은 최대 55조 원의 경제효과를 볼 수 있다고 주장한 바 있다. 정부 주장대로 14조3,000억 원을 투자해서 4배 가까운 55조 원의 효과를 누리는 셈이다.

현대경제연구원은 「2007 남북정상선언의 경제적 효과」라는 보고서를 통해 10·4선언에 포함된 경협사업을 이행하면 10배 이상의 경제적 효과를 누릴 수 잇을 것으로 추산하기도 했다. 현대경제연구원은 10·4선언 이행에 필요한 자금 수요는 최대 112억 달러인 반면, 그로 인한 경제효과는 1,430억 달러, 우리 돈으로 약 150조 원으로 10배가 넘을 것으로 전망했다.

남북이 하나 되는 통일경제가 실현되면 우리 민족은 세계 8대 경제강국으로 도약할 것으로 전망되고 있다. 미국의 대표적인 금융독점자본인 골드만삭스는 2009년 "통일 한국의 GDP가 30년에서 40년 후 프랑스, 독일을 추월하고 일본까지도 앞지를 수 있을 것"이라며, "2050년 통일 한국의 규모는 미국을 제외한 대부분의 G-7 국가와 동등하거나 넘어설 것"이라고 분석[77]했다.

미국의 대표적 독점자본이 세계 경제위기가 한창 진행 중이던 2009년에 한반도 통일에 주목하며 장밋빛 전망을 제시한 이유는 무엇일까. 그것은 그만큼 통일된 한반도가 세계경제에 미치는 영향이 크다는 점을 반영한 것이며, 또 통일된 한반도가 금융독점자본의 입장에서도 충분히 투자할 가치가 있는 곳이라는 것을 의미한다.

위 분석이 특히 주목되는 이유는, 골드만삭스가 한반도 통일정책을 독일식 흡수통일이 아니라 "한 국가에 두 개의 경제적·정치적 시스템이 공존하는 것을 허용하는 중국과 홍콩의 통합방식"을 채택하고 있다는 점이다.

물론 중국-홍콩의 통합방식이 한반도 통일정책과 반드시 일치할 것이라 보기는 어렵다. 그러나 골드만삭스의 전망은 한국이 북한을 흡수통일하는 것을 가정한 수많은 사례들보다 6·15공동선언에 기초한 한반도 통일방안에 보다 근접한 방식이다.

---

77) 권구훈(2009), 「글로벌 경제 보고서」 제188호

현대경제연구원도 2012년 8월 발표한 보고서, 「통일 한국의 미래상」에서 "남북한이 내년부터 단계적으로 통합해 2050년 통일하면 GDP가 총 6조560억 달러로 영국, 러시아, 프랑스, 일본 보다 높은 세계 9위를 차지할 것"으로 전망했다.

　현대경제연구원은 통일을 통해 문화재 측면에서도 세계 10위권 내의 문화강국으로 진입하게 되어 관광산업 발전 전망을 매우 밝게 보았으며, 하계올림픽에서도 세계 5위권의 스포츠 강국이 될 것으로 전망했다. 이러한 전망들은 한반도가 통일을 통해 아시아·태평양의 중심으로 부상하는 것이 결코 공허한 장밋빛 전망이 아님을 보여준다.

　'통일경제'는 이처럼 나라안팎이 공히 인정하는 민족 부강번영의 지름길이다. '통일경제'는 바로 8,000만 겨레의 찬란한 미래를 약속하는 진보적인 경제발전 전략이다.

통일경제는 민족의 미래 전략이다

'통일경제'는 민족의 숙원인 통일에 이바지하는 대안이며, 급변하는 세계에서 국가경제 발전원리를 충실히 반영하여 지속가능한 발전을 이루는 대안이다.

'통일경제'는 우리 민족이 처한 분단현실을 극복하고 통일에 이바지하는 대안이다. 우리는 민족, 그리고 이를 기반으로 형성된 민족의식이 엄연한 실체임을 직시해야 한다. 조국통일이 그 누구도 감히 반대할 수 없는 절박한 과제인 것도 민족이 엄연한 실체란 점을 입증한다. 결국 단결을 통해 자기 앞 길을 열어나가는 인류의 기본 생존방식, 그리고 남과 북이 하나의 운명 공동체라는 사실은 우리 민족의 미래가 통일에 있음을 알려준다.

현실에서 검증된 6·15공동선언에 입각한 '연합연방제' 통일은 통일의 근본 방법이며 통일경제의 경로이지만, 한국의 보수세력은 여전히 흡수통일을 고집하고 있다. 이는 대체로 1990년 서독이 동독을 흡수한 독일 통일의 경험과 20세기에 횡행했던 냉전적 사고에 바탕을 두고 있다. 독일 통일의 경우 사회주의 동독 정권이 사실상 붕괴하면서 자본주의 서독으로 흡수된 결과로 이루어진 것이다.

그러나 김정은 국방위원회 제1위원장의 집권 이후 북한을 방문하고 돌아온 해외동포나 외국인 관광객들의 방북기[78]에 의하면, 북한이 그 어느 때보다 빠른 속도로 변화, 발전하고 있다고 한다. 이런 점들로 볼 때 '북한정권 붕괴를 통한 흡수통일'이라는 보수진영의 목표는 미국도 20년째 어쩌지 못하고 있는 북한 핵문제만 보더라도 실현가능성이 거의 없다고 보는 게 맞을 것이다.

또한 보수진영의 흡수통일은 급격한 사회변화를 초래한다는 점에서도 대단히 비효율적이고 소모적이다. 사회문화적인 충격과 관련하여《경향신문》 2013년 10월 25일 보도에 의하면, 독일 흡수통일 당시 급격한 변화를 온몸으로 감당해야했던 당시 서독 주정부 총리였던 로타르 슈페트는 "당시 서독 정부는 소련 공산주의에 대해서는 별의별 대비를 다 했지만 장벽이 무너지는 것은 단한 차례 논의조차 없었다. 상상도 못했으며 대책도 없었다"고 술

---

78) 「김정은 면담 박상권 평화자동차 사장이 전한 '2013 북한'」, 『동아일보』, 2013. 8. 12.

회했다고 한다.

또 빌리 브란트와 함께 서독의 통일정책을 입안하고 주도한 에곤 바르 전 서독 연방 장관은 "우리가 저지른 가장 큰 실수는 동·서독 주민들의 정신적 차이를 과소평가했다는 점이다. 앞으로 최소 20년은 더 지나야 정신적 통일이 가능할 것이다"라고 독일 통일 20주년을 맞아 자책한 것으로 전해졌다. 필연적으로 사회문화적 충격을 초래하는 흡수통일이 지금도 사회구성원에게 커다란 짐이 되고 있음을 여실히 드러내주는 발언들이다.

한쪽이 다른 한편을 무너뜨리고 흡수하는 방식의 통일은 우리 민족에게 결코 이로울 것이 없다. 흡수통일을 고집할수록 상대방의 반발로 통일은 더욱 멀어지고 말 것이며, 마지막에는 한반도 주변의 외세에 어부지리를 줄 뿐이다. 통일경제는 '연합연방제' 통일 방안을 기초로 할 때 전체 민족이 단결하여 통일 실현에 기여할 수 있다.

지속가능한 발전을 이루는 대안

통일경제는 21세기에 변화한 국내외 환경을 적극 반영하고 있다. 삼천리 강토의 분단을 걷어내지 못한다면 나라 발전의 전제가 되는 경제 기초여건 강화, 항구적 평화를 실현하지 못할 것이며, 그 여파로 서민들의 삶은 끊임없이 표류할 수밖에 없다. 한반도에서 탄탄한 경제 기초여건, 경제 민주화, 항구적 평화실현을 만들

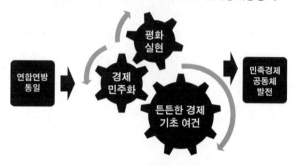

'튼튼한 경제 기초여건, 경제 민주화,
항구적 평화실현'의 힘으로 발전하는 민족경제공동체

연합연방 통일 → 경제 민주화 / 평화 실현 / 튼튼한 경제 기초 여건 → 민족경제 공동체 발전

어나가는 근본 수단은 바로 6·15공동선언 이행이다.

통일은 경제의 기초여건을 튼튼하게 한다. 남북의 평화통일로 경제 활동영역이 한반도 전역으로 확장되면 북의 경제요소와 남의 경제요소가 비로소 민족경제공동체를 이뤄 토지이용과 노동력의 효율성을 증대시켜 준다. 남과 북이 각기 장점을 갖고 있는 과학기술 분야의 교류협력은 통일조국이 강력한 경쟁력을 갖추고 당당한 주권을 행사하는 세계적 강국으로 발돋움하는 토대를 제공한다.

통일경제는 한반도에서의 대결상태를 영구히 해소하고, 동북아지역의 평화를 공고히 정착시킨다. 이를 통해 남북 각각의 발전을 제약했던 정치, 경제, 군사, 외교 등 다방면의 낭비요소를 해소할 수 있게 한다.

통일경제는 정치적 민주주의뿐만 아니라 경제적 민주주의, 이른바 '경제민주화'를 달성하는데도 효과적이다. 지금껏 제기되어

온 '경제민주화'는 재벌과 중소기업의 상생, 골목상권 보호 등으로 매우 협소하게 다루어졌다. 그러나 '경제민주화'는 말 그대로 국가경제가 국민을 위해 기능해야 한다는 뜻이며, '경제민주화'를 달성하기 위해서는 외국자본에 대한 적절한 통제가 필수적이다. 오늘날 재벌 계열사의 주식 지분을 상당부분 쥐고 있는 것이 외국자본이며, 실제로 주식과 채권 등 자본시장을 쥐락펴락 하는 것도 외국자본이다. 통일경제는 정치·경제적인 민주주의를 실현하게 함으로써, 국민이 주인 되는 경제, 국민을 위한 경제를 만드는 길을 열어주게 된다.

통일경제는 위기에 처한 한국경제의 현실에서 그 필요성과 정당성이 더욱 부각된다. 세계경제위기로 한 치 앞을 내다보기 어려운 한국경제의 현실에서, 북한과의 경제협력은 사실상 유일한 출구로 자리매김하고 있다. 북한과의 협력은 한반도 경제권을 회복하는 지름길이며, 시베리아, 몽골 등지로 뻗어가는 대륙과의 경제협력을 본격적으로 가능하게 하는 전제조건이다. 이러한 상황인식이 있었기에 김대중 전 대통령과 노무현 전 대통령은 김정일 국방위원장과의 남북정상회담을 수용하며 2000년 6·15공동선언과 2007년 10·4선언에 합의하였다.

반면 '비핵·개방·3000'으로 대표되는 이명박 전 대통령의 대북 적대정책은 남북관계 개선에 아무런 역할을 못한 채, 오히려 남북교류협력의 필요성만 더욱 절감하게 했을 뿐이다. 심지어 박근혜 정부도 자신들의 대북정책을 '한반도 신뢰프로세스'라고 표현하면서 이명박 정권의 대북정책과 차별성을 두기 위해 안간힘을 썼다.

이명박·박근혜 정권의 집권이후 위기에 봉착한 한국 민주주의의 현실은, 아직도 분단체제가 20세기 냉전논리에 기반을 둔 정치인들의 생존을 위한 숙주처럼 이용되고 있음을 보여주고 있다. 이른바 시민사회단체의 활동에 대한 '종북딱지' 붙이기로 대변되는 민주주의의 위기는 역설적으로 분단 극복의 필요성을 부각시켜주고 있다.

우리 민족은 무역과 내수의 균형, 한반도 내 분업구조 고도화를 기본전략으로 남북 모두가 부강·번영하는 민족경제공동체를 마련해나가는 한편, 다방면에 걸친 협력을 통해 명실상부한 민족문화를 꽃피워나갈 수 있을 것이다. 이처럼 통일경제는 지속 가능한 발전을 가능케 하여 민족의 밝은 미래를 약속한다.

통일경제는 다음과 같은 의의를 갖는다.

첫째, 통일경제는 한반도의 자연자원과 민족, 그리고 남북관계의 잠재적 발전가능성을 극대화하여 국가발전의 추동력을 제공한다. 기존 경제모순을 극복하고 민중들과 서민들을 위한 경제시스템을 만들기 위해서는 그것을 추동할 힘이 필요하다. 한국사회에서 그 동안 진보적 담론의 생성과 소통이 가로막히고, 진보세력들이 국가운영의 주체로 확고히 자리 잡지 못한 이유 중 하나가 바로 분단체제였다.

통일경제는 분단체제를 극복해 나가는 과정이다. 이를 통해 우리 민족은 한반도의 자연자원을 온전히 이용하고 첨단 과학기술 개발로 상징되는 민족의 잠재능력을 극대화하며, '유무상통'을 통해 남북관계를 회복, 발전시킴으로써 찬란한 미래를 열어나갈 것이다. 또한 통일경제는 한국사회에 정치·이데올로기적으로 많은 변화를 가져다 줄 것이며, 경제구조를 좀 더 민주화하고, 복지를 확대하는데 있어 다방면적으로 기여할 수 있다.

둘째, 통일경제는 변화하는 세계경제질서에 능동적으로 대처할 수 있게 해준다. 오늘날 세계경제는 위기상황이고, 장기간 저성장의 늪에 빠져 있다. 미국의 패권에도 석양이 드리운 지 오래이다. 이에 따라 세계 유수의 나라들은 오래 전부터 자기의 경제적 영향력을 확대하기 위해 각축전을 벌이고 있다. 대표적인 것이 미국을 중심으로 한 환태평양경제동반자협정(TPP)과 중국을 중심으로 한 역내포괄적경제동반자협정(RCEP)이다. 이러한 상황에서 통일경제는 우리 민족 자체적인 경제발전의 활로를 마련해 주고 대외관계에 있어서도 주도적인 역할을 할 수 있도록 입지를 넓혀 줄 것이다.

셋째, 통일경제는 한반도, 나아가 동아시아 차원의 대안체제로 기능할 수 있다. 통일경제는 지역적 차원에서의 대안이 아니라 한반도를 아우르는 대안체제이다. 또한 통일경제는 주변국들에도 영향을 미치게 된다. 예를 들어 대륙횡단 철도의 건설은 러시아, 중국 등의 국가에게도 이해관계가 걸려있다. 통일경제 실현 과정은 주변국들에게도 새로운 경제 활력을 불어 넣어줄 수 있다.

넷째, 통일경제는 평화질서에 기여한다. 서구의 '복지국가'는 제3세계 국가들을 착취하는 구조가 없었다면 지탱될 수 없는 체제였다. 실제 서구국가들은 복지 재원마련을 위해 무기수출 등을 해온 것이 사실이고, 각종 전쟁에도 직간접적으로 개입해 왔다. 세계에서 마지막 분단국가로 남아있고, 언제 다시 전쟁이 터질지 모르는 한반도에서 통일경제를 실현하는 과정은 세계 평화질서에 크게 기여하게 될 것이다. 통일경제를 만들어가는 과정에서 복지 확대를 위한 재원마련 방안도 군비축소나 남북 간 협력사업 확대가 될 것이며 이는 남북 간의 긴장을 해소하는데 기여할 것이다.

다섯째, 통일경제는 경제공공성 확대에 기여한다. 남북 간의 경제협력을 확대하고 통일경제를 실현해 가는 과정은 정부 주도의 사업이 되어야 한다. 체제가 다른 두 국가의 통일은 기업들의 손에 맡길 영역이 아니다. 통일경제를 실현해 나가는 과정에서 공적인 영역의 사업을 확대할 수 있는 길과 가능성이 열릴 것이다.

여섯째, 통일경제는 성장과 분배를 함께 고려한 대안이다. 기존의 대안경제는 성장과 분배를 분리해서 둘 중 하나를 선택하는 문제로 인식해 왔다. 하지만 성장전략과 분배전략은 다 같이 필요하다. 주로 보수진영에서는 성장을, 진보진영에서는 분배문제를 고민해 왔다고 인식되고 있지만, 통일경제는 이 두 마리 토끼를 함께 잡음으로써 진정으로 민생경제를 살릴 수 있는 효과적인 대안경제이다.

우리 민족은 무역과 내수의 균형, 한반도 내 분업구조 고도화를 기본전략으로 남북 모두가 부강해지고 번영하는 민족경제공동체를 마련해나가는 한편, 다방면에 걸친 협력을 통해 명실상부한 민족문화를 꽃피워나갈 수 있을 것이다.

이처럼, 통일경제는 지속 가능한 발전을 가능케 하여 민족의 밝은 미래를 약속한다. 그런 측면에서 통일경제는 진보의 새로운 성장전략이라고 결론내릴 수 있다.

저자 _ 김성훈

아주대학교를 졸업하고 국립경상대학교 대학원 정치경제학과 석사과정을 중퇴
했다. 현재 우리사회연구소 상임연구원으로 활동하며 남북관계, 통일경제 관련
글을 주로 쓰고 있다. 저서로는 『우리사회분석』(공저), 『통일이 출구다』(공저) 등
이 있다.

남북 통일경제론
-진보의 새로운 미래전략

　 초판 인쇄 | 2015년 6월 2일
　 초판 발행 | 2015년 6월 8일

　 저　　 자 | 김성훈
　 발 행 인 | 한정희
　 발 행 처 | 리아트코리아
　 등록번호 | 제2015-000055호(2015년 2월 12일)
　 주　　 소 | 서울특별시 마포구 마포대로4다길 8(마포동)
　 전　　 화 | 718-4831~2
　 팩　　 스 | 703-9711
　 홈페이지 | http://kyungin.mkstudy.com
　 이 메 일 | kyunginp@chol.com

　 ISBN　979-11-955516-0-6 94300
　　　　　 979-11-955516-1-3 (세트)
　 값 15,000원